주님의 기도로 뚫리는 하늘장막
통하는 기도

차동엽 글

위즈앤비즈
Wisdom & Vision

■ 차례

| 프롤로그 | 저희에게 기도하는 법을 가르쳐 주세요 ... 7

하늘에 계신 우리 아버지

01 '하늘에 계신'_흠숭기도 ... 20
02 '우리'_연대기도 ... 32
03 '아버지'_생떼기도 ... 44

아버지의 이름이 거룩히 빛나시며

04 '아버지의 이름이'(1)_시편기도 ... 58
05 '아버지의 이름이'(2)_호칭기도 ... 71
06 '거룩히 빛나시며'_찬미기도 ... 82

아버지의 나라가 오시며

07 '아버지의 나라가'(1)_축복기도 ... 98
08 '아버지의 나라가'(2)_중보기도 ... 111
09 '오시며'_관상기도 ... 123

아버지의 뜻이 하늘에서와 같이 땅에서도 이루어지소서!

10 '아버지의 뜻이'(1)_비전기도 ... 140
11 '아버지의 뜻이'(2)_뚝심기도 ... 155
12 '하늘에서와 같이 땅에서도 이루어지소서!'_소통기도 ... 167

오늘 저희에게 일용할 양식을 주시고

13　'오늘 저희에게'_화살기도 ...180
14　'일용할 양식을'_청원기도 ...192
15　'주시고'_성취기도 ...205

저희에게 잘못한 이를 저희가 용서하오니 저희 죄를 용서하시고

16　'저희에게 잘못한 이를'_치유기도 ...222
17　'저희가 용서하오니'_용서기도 ...238
18　'저희 죄를 용서하시고'_통회기도 ...251

저희를 유혹에 빠지지 않게 하시고 악에서 구하소서

19　'저희를 유혹에 빠지지 않게 하시고'_결심기도 ...266
20　'악에서 구하소서'(1) _수호기도 ...280
21　'악에서 구하소서'(2) _헌신기도 ...297

아멘!

22　'아멘!'(1) _명령기도 ...308
23　'아멘!'(2) _긍정기도 ...322
24　'아멘!'(3) _감사기도 ...334

| 에필로그 | 희망기도 ...347

■ 머리말

"왜 기도에 대한 책은 쓰지 않으세요?"

뉴욕에 살고 있는 한 자매가 필자의 연구소를 찾아와 몇 분간의 대화 끝에 불쑥 던진 말이었다. 고달픈 이국 생활 중에 필자의 저술들과 TV강의로 거의 매일 위로받으며 살고 있다는 자매는 이렇게 방문 의도를 밝혔다.

"사실 많은 그리스도인들이 기도하는 법을 몰라요. 다들 아는 것같이 얘기하지만 정작 어려움이 생기고 고민거리가 생길 때는 어떻게 기도해야 할지 막막해 해요. 꼭 기도하는 법을 책으로 써 주셨으면 해요."

이 말은 오랫동안 잊고 있던 필자의 구상을 자극하였다. 사실 필자는 언제쯤 시기가 되면 '주님의 기도'를 생활기도 버전으로 풀이한 책을 쓰고 싶었다. 그래서 성경과 해설서들을 가볍게 읽으면서 균형 잡힌 관점들을 익혀오고 있던 터였다.

때로 성령의 감도는 찰나의 스침으로 임한다. 그럴 때는 식별이고 성찰이고가 없다. 즉석에서 실행에 들어가는 것이다. 이렇게 해서 『통하는 기도 – 주님의 기도로 뚫리는 하늘장막』이 탄생했다.

초반 얼마간 답답함의 터널을 지나야 했지만, 곧 영감은 폭포수처럼 거세게 흘렀다. 이에 필자는 속으로 환호성을 올렸다.

"아하, 이만큼 신자들이 하늘의 은총에 목말라 있었구나! 이토록 힘찬 축복의 물보라로 하느님께서는 당신 자녀들의 영혼을 적셔주실 심산이시구나!"

독자들은 이 책을 통하여 최소한 24가지 파워기도 비법을 발견하는 기쁨을 누릴 것이다. 이윽고 책을 덮는 순간 저절로 믿음의 탄성을 발하게 될 것이다.
"이젠 내 기도가 통한다!"

이 책은 필자 혼자 쓴 책이 아니다. 필자의 말씀사도직에 자발적으로 동참하고 있는 많은 동지들이 함께 쓴 책이다. 그리고 이는 큰 품으로 필자를 신뢰해 주시는 교구장 님의 배려 덕택에 가능한 일이었다. 그들에게 기약된 더 큰 영광을 훼손치 않기 위하여 익명 속에 그들의 공로를 묻어두지만 단 한마디는 꼭 드리고 싶다.
"눈물로써 감사합니다."
끝으로 빼놓을 수 없는 한 가지. 데오 그라시아스(Deo gratias)!

고촌 천등고개 연구실에서
글쓴이 차동엽

■추천의 글

　주님의 기도를 놓고 기도 안내서를 쓰는 일은 그리스도 영성가라면 누구나 한번쯤 욕심낼 일이다. 동시에 엄두가 나지 않는 일이기도 하다. 굳이 이유를 밝힐 필요도 없다.

　『통하는 기도』는 예수님께서 직접 가르쳐 주신 '주님의 기도'를 근간으로 해서 24가지 다양한 기도유형들을 알기 쉽게 가르쳐 주고 있는 책이다.
　이 책은 참 무모하고도 장한 일을 해냈다. 물론 한계와 허전함이 여전히 남아 있다. 하지만 매우 가상한 시도다. 기도하기를 어려워하는 신자들에게 좋은 길잡이가 될 것으로 기대된다.

　모든 그리스도인들이 이 책을 통해 단 한 발걸음이라도 영적으로 진일보한다면 이 책은 충분히 자기 몫을 다한 셈이라 할 수 있다.

　저자를 치하하고 모든 독자들에게 말 그대로 '하늘장막이 뚫리'기를 기원한다.

2008년 10월

교구장 최기산 보니파시오

| 프롤로그 |

저희에게 기도하는 법을
가르쳐 주세요

유비쿼터스 시대의 기도

시작의 맘   한 학생이 아인슈타인에게 물었다.
"아직 아무도 손대지 않은 연구논문 주제가 있을까요?"
아인슈타인이 답했다.
"기도를 연구해 보게. 아직 그 신비를 밝혀내진 못했지만 누군가는 꼭 탐구해야 할 주제거든."

일찍이 대과학자 아인슈타인도 기도의 연구 가치를 충분히 인식하고 있었다. 그는 단순히 기도하는 것보다 '기도하면 어떤 일이 일어나는가'를 규명하고 싶었던 것이다. 이후 실제로 기도와 관련한 여러

가지 의학적 연구 결과들이 발표되고 있다. 이 책에서도 그 예들을 만나볼 수 있다.

사실, 기도에 대한 물음은 케케묵은 것이다. "기도하면 정말 효과가 있는 것인가?", "기도할 때 무슨 일이 일어나는 것인가?", "어떻게 기도해야 하는가?" 등등 기도와 관련된 물음들은 고래로 끊임없이 제기되어 왔다.

하지만 그 답은 여전히 미완성이다. 헤아릴 수 없이 많은 책들이 있음에도 불구하고 아직도 답답하고 허전한 것이다.

이 책 역시 조금 더 설득력 있고 조금 덜 공허한 답을 제시하려는 하나의 가상한 시도일 뿐임을 필자는 안다. 그래도 기도에 대해 최소한의 관심을 가진 이들에게 물 한 모금만큼의 해갈을 제공하리라는 기대로 대장정(?)에 오른다.

현대인의 악전고투   현대인의 기도생활을 잠깐 들여다보자. 들은 얘기들을 종합해 보건대, 사람들은 기도와 관련된 질문들에 십중팔구 다음과 같은 반응을 보일 것이다.

"기도가 중요하다고 생각하세요?" "물론이죠."

"매일 기도하세요?" "네, 그럭저럭……."

"하루에 몇 분씩 기도하세요?" "아마 3분쯤? 아니다, 5분 정도는 할걸요?"

"기도 중에 하느님의 임재를 느끼세요?" "가끔요. 자주는 아니구요."

밋밋한 기도생활의 단면이다.

왜 이런 일이 일어날까? 현대인의 기도생활을 방해하는 요인들이 있기 때문이다. 그 이유로 우리는 여러 가지 가운데 과학기술의 발전, 20세기를 풍미한 무신론과 회의론, '등 따습고 배부르게' 된 현실, 통신수단의 발달, 꽉 짜인 스케줄, 심리상담의 발전, 점집의 성행 등을 꼽을 수 있을 것이다.

이러한 현상은 '유비쿼터스' 시대의 한 단면일 뿐이다. 유비쿼터스(Ubiquitous)는 '언제 어디에나 존재한다'라는 뜻을 지닌 라틴어다. 이는 본래 하느님의 무소부재, 곧 '하느님이 아니 계신 곳이 없다'라는 것을 의미하는 용어였다.

그런데 오늘날 하느님 대신에 다른 것이 이 용어의 주인장 노릇을 하고 있다. 각종 신기술 전자기기들을 이용해 언제 어디서나 접속할 수 있는 네트워크 환경이 바로 그것이다. 바로 이러한 전자 네트워크의 '무소부재'를 일컬어 유비쿼터스라 부르고 있는 것이다.

말 그대로 하느님이 밀려났다. 사정이 이렇고 보니 기도가 점점 어렵게만 느껴지는 것은 어쩌면 당연한 일일지도 모른다.

노하우(Know-how)와 노웨어(Know-where) 미국의 가장 위대한 대통령으로 꼽히는 인물 중 하나가 '레이건'이다. 그와의 만남을 가졌던 영국의 마가렛 대처 수상은 이런 말을 했다.

"로널드 레이건과 이야기를 나누어 보니 그 사람이 그렇게 많은 것을 알고 있는 사람 같지는 않았어요. 각 분야에 대해 좀더 깊숙한 대화를 나누다 보면 오히려 내가 더 낫다거나, 그 말고도 빼어난 사람은 얼마든지 더 많다는 생각도 들었지요. 그런데 레이건에게는 분명 탁월한 점이 있었어요. 그는 어떤 문제에 직면했을 경우 그것을 누구와 상의해야 할지, 누구에게 물어봐야 할지 명확하게 알고 있었지요."[1]

과거 우리는 문제를 '어떻게' 해결할지에 관한 노하우(know-how)를 찾으려 전전긍긍했다. 하지만 인터넷 혁명으로 각종 '노하우'가 컴퓨터에 떠도는 이 시대에는 그 최고의 '노하우'가 어느 웹사이트에 있는지를 포착하는 노웨어(know-where)가 더 중요하다. '어디'에서 그것을 찾을 것인지가 관건이라는 얘기다. 레이건이 출중한 정치인이 될 수 있었던 것은 이 '노웨어'를 지니고 있었기 때문이다.

이는 기도에도 적용된다. 우리 인생의 제반 문제를 해결할 '노하우'를 가지고 있는 해결사가 과연 누군가? 우리는 과연 누구를 붙들고 하소연해야 하는가? 이 물음에 대한 '노웨어'를 지닌 사람이 바로 기도하는 사람인 것이다. 하느님이 바로 가장 탁월한 '노웨어'이기 때문이다.

핸들 잡은 예수님?

포뮬라 원(F1)은 가장 긴 역사와 높은 급을 자랑하는 자동차 경주대회. 이 대회에서 통상 일곱 번의 세계 챔피언을 차지한 전설적 황제의 이름은 미하엘 슈마허. 그가 한번은 '총알택시' 기사로 변신해 화제가 되었다.

슈마허가 독일 남부 코버그에서 30km쯤 떨어진 게휼츠에서 새 애완견을 데리고 공항으로 가는 길이었다. 비행기 시간이 다 되어가자 그는 택시 기사의 허락을 받고 직접 운전대를 잡았다. F1 챔피언의 솜씨가 발휘되는 순간이었다. 택시 기사 일마즈는 언론과의 인터뷰에서 당시 상황을 이렇게 전했다.

"슈마허의 운전은 그야말로 대단했어요. 코너에서도 전속력을 내더라구요. 저는 뒷자리에 앉아만 있었죠."

슈마허는 자신이 운전을 하고도 택시 요금과 그 배에 가까운 팁을 얹어 기사에게 건넸다고 한다.

슈마허의 해프닝이 우리에게 번쩍이는 깨달음을 제공해 준다. 느려 터지고 신통치 않은 우리 인생도로에서 예수님께 운전대를 맡겨 드리면 얼마나 좋을까! 가장 정확하고 가장 안전하게 목적지로 이끄실 그분께 말이다. 이것이 바로 기도인 것이다.

"나는 길이요 진리요 생명이다. 나를 통하지 않고서는 아무도 아버지께 갈 수 없다"(요한 14,6).

핸들 잡은 예수님? 얼마나 든든한 상상인가.

여러 갈래 길

영혼의 망원경　　만유인력의 법칙으로 유명한 아이작 뉴턴은 위대한 과학자면서 또한 열심한 신앙인이었다. 그는 삶이 힘들고 어려울 때마다 늘 골방에 들어가 기도함으로써 새 힘을 얻었다고 한다.

"나는 과학자로서 늘 천체망원경을 통해서 하늘의 별들을 관찰합니다. 그러나 동시에 나는 자주 골방에 들어가 천지를 지으신 하느님 앞에 무릎을 꿇습니다. 그러면 세상 그 어떤 망원경으로도 볼 수 없는 하늘의 영광을 보게 됩니다. 기도는 보이지 않는 세계를 볼 수 있게 하는 내 영혼의 망원경입니다."

뉴턴의 말대로 기도는 '내 영혼의 망원경'이다. 기도하지 않으면 보이지 않는 세계를 만날 수 없다. 기도하는 사람만이 전혀 상상치 못했던 다른 차원의 세상을 체험할 수 있다.

정작 중요한 것   이제 슬슬 기도에 대한 본격적인 이야기에 들어갈 것이다. 이야기보따리를 풀기 전에 꼭 상기해야 할 일화가 하나 있다.

당나라 때 두드러진 개성으로 많은 문학작품을 남긴 백거이가 항주 지사로 있을 때다. 한번은 그가 항주에 덕이 높다고 소문이 자자한 도림(道林)이라 하는 고승을 찾았다. 백거이가 도림에게 물었다.

"도(道)의 핵심이 무엇입니까?"

"악한 일은 아무리 작은 것이라도 행하지 않는 것이오, 선한 일은 아무리 작은 것이라도 행하는 것이오."

너무나 평범한 대답을 들은 백거이가 어이없다는 듯이 응대했다.

"그런 거야 세 살 먹은 아이들도 아는 소리가 아니겠소?"

그 말을 듣고 도림은 엄숙하게 말했다.

"그러하오. 세 살배기 아이들도 아는 것이지만, 팔십 노인도 행하기 어려운 것이오."

그러자 백거이는 진심으로 절하여 예를 갖추고 도림을 스승으로 섬겼다.

새삼 기도에 관하여 이야기를 한다고 하면 우리는 예화 속의 백거이 같은 반응을 보일지도 모른다. "이거 다 아는 얘기 아냐?"

다 아는 얘기일지언정 실제로 해 봐야 기도의 은혜를 체험하게 된다. 해 봐야 깨닫는다.

기도의 여러 유형들   그렇다면 기도란 무엇인가? "기도는 하느님과의 대화다"(성 아우구스티노), "기도는 하느님과의 친교다"(성 요한 크리소스토모) 등 많은 설명이 있지만 그 중에서도 필자가 가장 공감하는 것은 오리게네스가 내린 정의다.

"기도는 하느님의 현존을 의식하여 하느님과 대화하고 하느님을 바라보는 것이다."

멋지지 않은가. 여기서 '현존', '대화', '바라봄'이 바로 기도의 핵심 요소라는 사실을 놓쳐서는 안 될 것이다.

우리는 다음과 같이 네 가지 다른 방식으로 기도를 바칠 수 있다.[2]

첫째, 소리기도를 바칠 수 있다. 기도문을 읽으며 바치는 소리기도는 개인적으로 바칠 수도 있고 공동으로 바칠 수도 있다.

둘째, 염경(念經)기도를 바칠 수 있다. 염경기도란 어떤 기도문의 뜻을 마음속으로 생각하며 정성되이 소리 내어 외우는 기도를 말한다.

셋째, 묵상(默想)기도를 바칠 수 있다. 이 기도는 침묵 속에서 하느님의 말씀과 하느님의 뜻을 자신의 삶에 비추어서 새겨듣는 가운데 마음으로 하는 기도를 말한다. 그래서 '마음기도'라고도 한다. 묵상기도는 사고력, 상상력, 감정, 의욕을 동원하는 탐색적인 기도다.[3]

넷째, 관상(觀想)기도를 바칠 수 있다. 관상기도는 우리를 사랑하시는 하느님과 자주 단둘이서 지냄으로써 친밀한 우정을 맺는 것, 또는 하느님의 사랑을 통하여 진리를 직관하는 것을 말한다.

물론, 이들 네 가지가 기도의 모든 형식을 대표해 주지는 않는다. 특별히 우리는 이 책에서 24가지 통하는 기도의 모범을 만날 수 있다.

중요한 것은 어떤 형식이든 성령의 이끄심을 따라 그때그때 상황과 필요에 따라서 가장 효율적인 기도가 될 수 있도록 자유롭게 선택할 수 있어야 한다는 사실이다.

주님의 기도

예수님의 '통하는 기도' 예수님은 처음에 "기도해라" 하고 제자들에게 말씀하지 않으셨다. 먼저 당신이 기도하셨다. 한적한 곳에서, 새벽에, 밤새도록……. 그렇게 예수님이 기도만 하고 오시면 그분의 얼굴이 바뀌고 문제가 해결되는 것을 제자들은 경험했다.

"저분의 기도는 특별하구나."

제자들은 예수님의 기도가 자신들의 그것과는 다르다는 것을 깨달았다. 예수님의 기도는 확실히 '통하는 기도'였던 것이다.

예수님의 기도는 어떻게 통하였는가?

첫째, 하느님과 성령께 영향을 미쳤다. 예수님의 기도는 늘 하늘을 움직이는 기도였다. "예수님께서도 세례를 받으시고 기도를 하시는데, 하늘이 열리며 성령께서 비둘기 같은 형체로 그분 위에 내리시고, 하늘에서 소리가 들려왔다. '너는 내가 사랑하는 아들, 내 마음에 드는 아들이다'"(루카 3,21-22).

둘째, 그분 자신을 변화시켰다. 타보르 산에서의 영광스러운 변모를 상기해 보라. "예수님께서 기도하시는데, 그 얼굴 모습이 달라지고 의복은 하얗게 번쩍였다"(루카 9,29).

셋째, 군중들을 변화시켰다. 기도를 통한 기적을 경험했던 사람들은 예수님의 존재를 알고 그분을 따르게 되었다. "마리아에게 갔다가 예수님께서 하신 일을 본 유다인들 가운데에서 많은 사람이 예수님을 믿게 되었다"(요한 11,45).

넷째, 제자들을 변화시켰다. 기도의 맛을 모르던 제자들로 하여금 기도하고 싶게 만들었다. "그분께서 기도를 마치시자 제자들 가운데 어떤 사람이, '주님, […] 저희에게도 기도하는 것을 가르쳐 주십시오.' 하고 말하였다"(루카 11,1).

저희에게도 가르쳐 주소서   '저분의 기도는 다르구나!'라는 깨달음과 함께 곧바로 제자들은 예수님께 요청드렸다.

"저희에게도 기도하는 것을 가르쳐 주십시오"(루카 11,1).

제자들의 이 진실된 바람이 바로 오늘 우리들의 바람이 될 때, 하늘 장막이 뚫리는 '통하는 기도'는 시작될 것이다.

제자들의 간곡한 청원에 예수님께서 가르쳐 주신 기도를 우리는 '주님의 기도'라 부른다. '주님의 기도'(Oratio Dominica 또는 Oratio Domini)라는 전통적인 표현은 주 예수님께서 우리에게 가르쳐 주시고 전해 주신 기도라는 뜻이다.

'주님의 기도'는 복음서에서 두 군데에 나온다. 루카복음은 다섯 가지 청원으로 구성된 짧은 기도문을 전해 주는 반면에, 마태오복음은 일곱 가지 청원으로 된 좀더 긴 기도문을 전해 준다. 교회의 전례 전통에서는 마태오복음의 기도문(마태 6,9-13 참조)이 채택되어 사용되어 왔다.

최초의 공동체들은, 유다인들의 신심으로 바쳐 왔던 '열여덟 가지 찬미' 대신에, 주님의 기도를 '하루에 세 번' 바쳤다.[4]

'주님의 기도'와 관련하여 성 아우구스티노는 "성경에 실려 있는 어떤 기도문도 주님의 기도에 포함되어 있지 않은 것을 발견하리라 생각할 수 없다"라고 했다. 토마스 데 아퀴노 성인은 "주님의 기도는 가장 완전한 기도"라고 했다.

주님의 기도는 예수님께서 친히 가르쳐 주신 기도의 '본보기'로서 복음 전체를 아우르고 있는 기도의 정수라 할 수 있다.

이 기도에는 기도가 갖추어야 할 형식이 잘 나타나 있다. 즉 우리가 기도할 때에 1) 하느님을 '아빠'라고 부를 것, 2) 먼저 '하느님의 일'(거룩함, 나라, 뜻)을 위해 기도할 것, 3) 다음에 '사람의 일'(양식, 화해, 성화 등)을 위해 기도할 것을 골격으로 제시한다.

이것이 주님의 기도 속에 담긴 기도의 비결이다. 이는 "그동안 왜 우리의 기도가 힘이 없었는가?"를 핵심적으로 해명해 준다.

첫째, '아빠'를 제대로 배우지 못했기 때문이다.

둘째, '하느님의 영광을 드러내는 기도'를 제대로 드리지 못했기 때문이다.

셋째, 꼭 필요한 것을 요구하지 못했기 때문이다.

꼭 '주님의 기도'를 외우지 않아도 위의 공식대로 기도한다면 응답은 확실한 것이다.

빼앗길 수 없는 한 가지

2차 대전 때 독일 나치의 독재와 폭정을

반대하던 수많은 신부들이 쥐도 새도 모르게 행방불명되었다고 한다. 그 가운데 극단의 격리와 고문 중에 있던 어떤 신부가 쓴 쪽지 한 장이 흘러나왔는데, 거기에는 다음과 같은 내용이 적혀 있었다.

"지금 내가 어디에 있으며 어떤 고통을 받고 있는지를 알 친지는 아무도 없다. 나는 모든 것을 빼앗겼다. 그러나 이런 고통을 주는 사람들도 나에게서 한 가지만은 빼앗을 수 없다. 그것은 '주님의 기도'다. 나는 끊임없이 하늘에 계신 아버지와 대화하고 교류하기 때문에 그분의 은혜 속에서 항상 큰 힘과 위로를 받는다. 나는 어느 때보다도 행복하다."

'주님의 기도'가 있는 한 우리는 언제, 어디서나 하느님 아버지와 같이 있다. 이보다 더 큰 힘과 위로가 또 어디 있겠는가?[5]

상황은 덜 심각했지만, 필자도 '주님의 기도'가 지닌 힘을 체험한 적이 있다. 한창 젊었을 때 성소를 받기 전이었다. 필자는 어떤 집을 방문하게 될 때, 그 집의 영적 분위기에 따라 신고식을 톡톡히 치르곤 했다. 미신을 믿는 집에서 잠을 잘 경우, 반드시 꿈에 흉측한 것이 나타나 필자를 괴롭히는 것이었다.

그날은 마침 이사한 첫날밤이었다. 잠을 자는데 갑자기 느낌이 서늘해지고 이상한 것이 보였다. 아직 신앙이 시원찮을 때라 순간 무서운 느낌이 온몸을 감쌌다. 그때 아는 것은 다행히(?) 주님의 기도뿐이었다. 벌떡 일어나 앉아 주님의 기도를 힘차게 되뇌니 주변의 기분 나쁜 냉기가 사라지고 안온한 기운이 감도는 것이었다. 하느님의 임재가 온 방 안을 채웠던 것이다.

이런 일은 한두 번 겪은 일이 아니었다. 이렇듯이 '주님의 기도'에는 상상치 못했던 힘이 있다.

신앙 선조들이 바쳤던 '주님의 기도'(천주경)   오래전 우리 신앙 선조들이 바쳤던 주님의 기도는 현재와 얼마나 다를까? 사실 박해 시절, 우리 선조들은 아무것도 몰랐다. 우리는 현재 교리, 성경 등 신앙 생활을 하기 아주 좋은 여건 속에 있다. 반면 200년, 아니 150년 전 사람들은 기도 책자도 귀해서 입에서 입으로 구전되어 외우기 다반사였다. 그때 그들에게 주님의 기도는 목숨과 같은 것이었다.

오늘 우리는 이런 정황을 상기하면서 조상님들이 바쳤던 주님의 기도를 자신의 기도로 바쳐보자.(이 기도는 눈으로 읽지 마시고 꼭 소리를 내어 바쳐야 은혜가 됩니다!!!)

하늘에 계신 우리 아비신 자여
네 이름의 거룩하심이 나타나며
네 나라이 임하시며
네 거룩하신 뜻이 하늘에서 이룸 같이 땅에서 또한 이루어지이다.
오늘날 우리에게 일용할 양식을 주시고
우리 죄를 면하여 주심을 우리가 우리에게 득죄한 자를 면하여 줌같이 하시고
우리를 유감에 빠지지 말게 하시고
또한 우리를 흉악에서 구하소서. 아멘.[6]

"나를 불러라. 그러면 내가 너에게 대답해 주고, 네가 몰랐던 큰일과 숨겨진 일들을 너에게 알려 주겠다"(예레 33,3).

하늘에 계신 우리 아버지

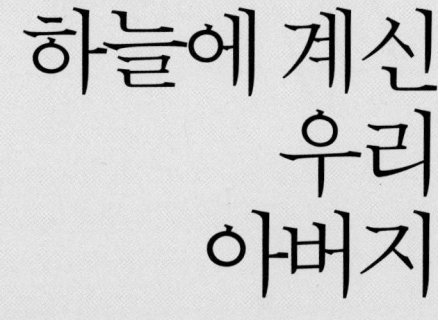

01 '하늘에 계신'_흠숭기도
02 '우리'_연대기도
03 '아버지'_생떼기도

01 '하늘에 계신' _흠숭기도

원문에 숨겨진 보물   주님의 기도는 그리스어 원문으로 다음과 같이 시작된다. '파테르 헤몬 호 엔 토이스 우라노이스'(Pater hemon ho en tois ouranois)……. 여기서 파테르 헤몬(Pater hemon)은 '우리 아버지'고, 호 엔 토이스 우라노이스(ho en tois ouranois)는 '하늘에 계신'을 뜻한다. 원문 상에서는 주님의 기도에서 제일 먼저 나오는 말이 파테르(Pater) 곧 '아버지'다. 하지만 편의상 우리는 우리말 '주님의 기도' 어순을 따라서 '하늘에 계신'부터 출발해 보고자 한다.

'하늘'로 번역된 그리스어 우라노이스(ouranois)는 본래 우주적인 하늘 곧 우리 눈에 보이는 창공을 뜻하지만, 일반적으로 성경에서 하느님의 처소를 가리키기 위해 사용되는 '하늘'은 질적인 '하늘'을 뜻한다. 그러니까 '하늘에 계신'은 어떤 장소를 가리키는 것이 아니라, 존재 양식을 가리키는 표현이 된다. 곧 하느님께서 저 하늘 꼭대기에 멀리 계심을 말하려는 것이 아니라 그분의 '초월적인'

위엄을 말하려는 것이다.

따라서 '하늘에 계신'이라는 표현은 전능하신 분, 무엇이든 해결해 주실 수 있는 분이라는 뜻이 된다. 이는 엄청 든든한 말이다.

결국 이는 아빠 하느님께서는 그 뒤에 나오는 일곱 가지 청원을 다 들어 주실 권한이 있는 분이라는 말이 된다. 곧 불가능해 보이는 것도 이루어 주실 수 있는 분이라는 뜻인 것이다. 이런 의미에서 우리들 기도의 최후의 보루가 되는 것이다.

'하늘에 계신'에 담긴 이러한 의미들을 깊이 묵상하면서 기도할 때, 우리는 절로 '흠숭기도'를 바치게 된다. 흠숭기도는 말뜻 그대로 하느님을 우러르면서 최고의 경배를 드리는 것을 가리킨다.

하늘을 우러르는 인간

하늘, 하늘고향, 하늘시민 '하늘에 계신'이라는 표현은 하늘을 우러르는 인간의 본능에 내재된 예지를 반영한다.

예로부터 사람들은 하늘을 성스럽게 여겼다. '하늘을 우러른다'는 말 속에 그런 공경심이 물씬 배어 있다. 또 하늘에서 내려오는 것에 대해서 말조차 허투루 하지 않았다. 그래서 우리말에만 있을 법한 기막힌 표현이 있지 않은가.

"비가 오신다.", "눈이 내리신다."…….

왜 이런 표현들이 생겼을까. 하늘을 하느님의 처소, 하느님의 보좌로 여겼기 때문이다. 하늘은 '아빠' 하느님의 집인 것이다.

'아빠'의 집, 우리 존재의 근원인 아빠가 계신 곳, 그곳은 당연히 우리의 '고향'이다. 우리가 언젠가 되돌아가야 할 집이다. 죄 때문에 계약의 땅에서 쫓겨난 인간은, 마음의 회개로써 아버지께 곧 하늘로 돌아가게 된다.[1] 이를 사도 바오로는 멋지게 표현했다.

"이 천막집에서 우리는 탄식하며, 우리의 하늘 거처를 옷처럼 덧입기를 갈망합니다"(2코린 5,2).

이는 그리스도인이 궁극적으로 누구인가를 규명해 주는 단서가 된다. 그리스도인은 지상에서 자신들의 생애를 보내고 있지만, 본래 그리고 궁극적으로 '하늘의 시민'인 것이다.

근원적인 갈망

평소 아무리 "하느님은 없다"고 큰소리치던 사람도 급할 때에는 하느님을 찾는다. "하느님 맙소사!", "아이고 하느님!"…….

왜 이런 말이 부지불식간에 툭툭 튀어나오는가. 사람은 자신도 모르는, 절대자에 대한 갈망을 지니고 있기 때문이다.

사람에게는 무한히 바르고(眞) 착하고(善) 아름다운(美) 삶을 영원히 누리고 싶어 하는 본능이 있다. 한마디로 사람의 본능은 최고의 진선미(眞善美)인 절대자를 갈망하고 있다.

참고로, 진선미는 궁극적으로 하나로 통한다. 철학자들은 이를 형이상학적으로 규명해냈다. 그 내용은 이렇다. 진리는 반드시 선하고 아름답다. 선함도 마찬가지로 참되며 아름답다. 아름다움 또한 선하며 참되다. 이들 세 가지를 온전히 구비하신 분을 우리는 절대자 하느님이라고 부른다. 결국, 진선미에 대한 갈망은 하느님에 대한 갈망과 다르지 않은 것이다.

이렇듯 사람은 본능적으로 하느님을 찾는 존재다. 그러기에 심리학자 제럴드 메이는 이렇게 말한다.

"마음이 외치는 소리에 20년 정도 귀를 기울여 보고 나서 내린 결론은 인간에게는 하느님을 향한 태생적 욕구가 있다. 신앙생활을 하든 말든, 이 욕구야말로 가장 깊은 내면에 자리 잡은 갈망이며 무엇보다 소중한 보물이다."

그러므로 멈춰라　　사람에게는 다른 무엇으로 대체할 수 없는, 근원을 향한 욕구가 있다.

몇 명의 미국인들이 하이티 섬으로 선교 여행을 떠났다. 그들은 그곳에서 하느님을 깊이 사랑하는 열아홉 살의 한 청년을 만났다. 청년의 뜨거운 열정에 감명받은 선교팀원들은 모든 경비를 대주겠다면서 그를 미국으로 초대했다.

하이티의 청년은 지금껏 보지 못한 세상에 연일 놀라움을 금치 못했다. 푹신한 시트, 실내의 욕조시설, 하루에 세 끼를 먹는다는 것도 햄버거와 스테이크도 모두 처음이었다.

한 달여의 방문이 끝나고 떠나기 전날, 그동안 사귄 많은 친구들이 하이티의 청년을 위해 성대한 환송파티를 열어 주었다. 돌아가며 한 마디씩을 나누는 가운데 마지막으로 청년의 차례가 되었다. 맑은 눈의 하이티 청년은 말했다.

"초대해 준 모두에게 진심으로 감사드립니다. 저는 미국에서 즐거운 시간들을 보냈습니다. 그러나 집에 가게 되어 얼마나 기쁜지 모릅니다. 풍족한 이곳에서의 삶은 하루하루 주님을 의지하는 내 본연의 습관을 잃어버리게 하는 것 같았기 때문입니다."[2]

이 청년의 말은 옳다. 우리는 현대 문명이 주는 편리를 풍요롭게 누리는 대신에, 하느님께 의지하는 본연의 습관을 상실했다. 이쯤에서 우리는 하느님의 호소 어린 초대에 귀를 기울일 줄 알아야 한다.
"너희는 멈추고 내가 하느님임을 알아라"(시편 46,11).
이는 분주한 일상의 모든 것을 잠시 내려놓고 하느님의 아늑한 품에 안기라는 조언이며 명령이다. 여기서 '멈추라'에 해당되는 라틴어 명령형이 재미있게도 'vacate'로서 휴가를 뜻하는 영어 'vacation'의 어원이라는 사실에 주목할 필요가 있다. 본연의 의미에서 휴가나 휴식은 하던 모든 일을 멈추고 기도에 잠겨 하느님의 임재를 체험하는 시간인 것이다.

초월신앙

신심, 종교심, 신앙   '하늘에 계신'이라는 표현은 하나의 냉정한 선택을 요구한다.
전문용어로 절대자에 대한 인간의 근원적인 갈망을 '신심'(信心: sensus fidei)이라 한다. 여기서 신심의 대상과 방향을 올바로 정하는 것이 결정적으로 중요하다.
예컨대, 우리의 신심은 그 대상인 절대자를 내재적(內在的) 관점에서 추구할 수 있다. 이는 신적인 존재를 우주 안에서 설명하려는 이해지평이다. 이럴 때 우리는 이 신심의 결정체를 '종교심'(宗敎心)이라 부른다. 애니미즘, 토테미즘, 불교, 범신론 등이 이에 속하며, 오늘날 뉴에이지와 신흥영성운동도 그 한 유형에 해당한다.

한편, 우리의 신심은 그 대상인 절대자를 초월적(超越的) 관점에서 찾을 수 있다. 이는 신을 우주를 만든 창조주요 우주를 관통해 있는 초월자로 여기는 관점이다. 이럴 때 우리는 그 신심의 결정체를 '신앙'(信仰)이라 부른다. 곧, 신심에서 출발하여 하느님의 부르심에 응답하는 것, 그것이 신앙(信仰)이요 믿음이다. 유다교, 이슬람교, 그리스도교 등이 이에 속한다.

이러한 구분을 전제로 할 때, '하늘에 계신'이라는 표현은 명백하게 초월신앙을 강조하고 있는 셈이 된다. 요컨대, '하늘에 계신'은 내재적 종교심이 아니라 초월적 신앙을 강력하게 요청한다.

잘못된 가르침의 죄 우리 신심의 방향이 내재적 종교심에 머무를 것인가 초월적 신앙을 향할 것인가는 대단히 중요한 문제다. 종국적으로 이는 우리의 생사(生死)를 가름할 수도 있다.

미국 동부에 극심한 눈보라가 몰아쳤다. 거북이처럼 움직이는 기차 안에 갓난아기를 안은 한 승객이 있었다. 그녀는 혹여 자신이 내릴 역을 지나칠까 봐 잔뜩 신경을 쓰는 중이었다. 맞은편 한 신사가 그 모습을 보고 여인에게 말했다.

"걱정하지 마세요. 제가 내릴 역을 가르쳐 드리지요."

얼마 후 기차가 어느 역에 멈추어 서자 신사가 여인에게 말했다.

"여기군요. 어서 내리세요."

여인은 신사에게 몇 번이나 고맙다고 고개 숙여 인사했다. 갓난아기와 여인은 기차 밖으로 서둘러 내렸다. 그런데 다음 정거장에 들어서자 신사는 머리를 감싸 안으며 울부짖었다. 여인이 내려야 할 곳이 바로 그 역이었던 것이다. 신사는 기차가 잠시 간이역에 멈춘 줄도 모르고 여인에게 내릴 곳을 잘못 가르쳐 준 것이었다.

이튿날 여인이 내린 철길 옆에 '아기를 감싸 안은 여인'의 모습을 한 눈덩이가 발견됐다. 여인은 철길에서 아기를 안은 채 얼어 죽었던 것이다.

얼마나 안타까운 비극인가. 이런 일은 우리 삶 가운데 그대로 일어난다. 제대로 된 진리를 가르쳐 주겠다면서 엉뚱한 데 내리게 해서 결과적으로 우리를 죽이는 종교들이 있을 수 있다는 말이다. 애매한 우주관이나 인간관을 내세워 마치 이야기 속 신사처럼 그것이 진실인 양 우리를 현혹시키는, 헷갈리는 종교들은 오늘날 부지기수다.

그러므로 우리는 종교를 선택할 때에 신중에 신중을 기해야 한다.

심리 체험과 영적 체험은 엄연히 다르다 신자들은 곧잘 필자에게 요즘 유행하는 뉴에이지 현상에 대해 서슴없이 말한다.

"마음수련이나 기치료 같은 것은 꼭 나쁘지만은 않은 것 같아요.", "머리가 더 맑아졌어요.", "마음이 편안해지고 참 좋아요.", "이전보다 하느님을 더 잘 알게 된 느낌이던데요." […] "제 생각엔 신앙에 도움이 되는 것 같은데 도대체 왜 나쁘다는 거죠?"

이 대목에서 필자는 그 위험성에 대하여 굳이 언급할 필요를 느낀다. 우리는 심리 체험과 영적 체험은 엄연히 다른 것이라는 사실을 알아야 한다.[3]

이는 필자의 주장이 아니라 교회의 가르침이다. 교황청에서는 1989년 10월 15일, 「그리스도교 명상의 일부 측면에 관하여 가톨릭교회의 주교들에게 보내는 서한 – 기도형태」라는 문헌에서 그리스도 교회 공동체들 안에 동양의 명상법들이 확산되고 있는 현상을 기술하면서 다음과 같이 문제점을 지적하였다.

"엄격한 의미에서 보면, 하느님께 더욱 가까이 나아가기 위한 방법은 기교에 바탕을 두는 것이 아니다. 기교로서의 기도 방법은 복음이 강조하고 있는 어린아이의 정신에 위배되는 것일지 모른다. 순수한 그리스도교 신비주의는 기술과 전혀 무관한 것이다."

곧 명상법은 하나의 '기교'지 영적 체험을 위한 '기도'가 될 수 없다는 것이다. 다시 말해서 기교의 결과는 하나의 심리적 현상이지 결코 영적 체험이 될 수 없다는 의미인 것이다.

영적 체험에서는 기교가 통하지 않는다. 영적인 체험은 관계와 대화로 이루어진다. 여기서 중요한 것은 파트너 관계라는 사실이다. 서로가 오고 가는 것이어야 하기 때문에 공식에 적용되지 않고 변화무쌍하다. 따라서 우리가 모르는 새로운 기대, 전혀 예상치 못한 놀라운 현상 등이 일어날 수 있는 것이다. 은총 중에 은총이, 예기치 않은 은총 아니던가. 기도는 예상할 수 없기 때문에 재미있는 것이다.

기도는 다른 것이다　　기도는 문제의 답을 초월적 존재인 하느님에게서 구한다. 이처럼 명상과 차별성을 지니는 기도를 언급할라치면, 수많은 질문들이 봇물처럼 쏟아진다.

"하느님은 정말 내 기도를 들으시는가? 과연 어떤 환자를 위해 기도하면 기도받지 못하는 환자보다 빨리 나을까? 하느님이 때로는 가까이, 때로는 멀리 계신 것처럼 느껴지는 이유는 무엇인가? 기도로써 하느님의 마음을 바꿀 수 있는가, 아니면 내 마음이 바뀌는 것인가? ……"

이에 대한 개별적인 답은 기도 체험의 깊이에 따라 달라질 수 있다. 여기 한 사람의 진솔한 고백이 있다. X세대라는 용어를 만들어낸 더글라스 쿠플란드는 『하느님을 좇는 삶』이라는 책에서 이런 결론을 고백으로 토해내고 있다.

"나한테는 하느님이 필요하다. 그것이 내 비밀이다. 상처투성이인 나는 더 이상 혼자 힘으로 살아갈 수 없다. 남한테 주는 것도 내 힘으로는 더 이상 안 된다. 하느님이 도와주셔야 한다. 친절을 베푸는 것도 내 힘으로는 더 이상 안 된다. 하느님이 도와주셔야 한다. 사랑하는 것도 내 힘으로는 안 된다. 하느님이 도와주셔야 한다."

쿠플란드는 자가수련이나 명상을 추구하는 노선에 있던 자기 자신으로부터 본능적으로 탈출하였다. 이는 생존을 위한 자구책이었다. 그는 '기도'가 유일한 탈출구요 해방구임을 역설하고 있는 것이다. '자아' 속에 답이 있는 것이 아니라 '하느님' 속에 답이 있다는 것이다. 요컨대, 그는 내재신앙이 아니라 초월신앙이 진정한 답이라고 강변하고 있는 것이다.

흠숭기도

흠숭기도 에센스 지금까지 '하늘에 계신'에 숨겨진 보물들을 탐사하였다. 먼저, 이 표현이 하느님의 초월적 존재방식과 전능하심을 드러내는 표현이라는 사실을 확인했다. 다음으로, 이는 절대자를 향한 인간의 근원적인 갈망과 마주 만나는 개념임을 깨달았다. 그리고, '하늘에 계신'은 인간의 신심이 우주 차원의 내재적 절대자를 믿는 '종교심'을 넘어서서 우주 자체의 창조주 하느님의 부르심에 응답하는 '신앙심'을 강력하게 요청한다는 사실을 확인했다. 따라서, 우리 기도의 대상은 초월적 하느님이시며 그 응답 역시 전능하신 하느님에게서만 올 수 있다.

이 정신을 극대화한 기도가 바로 흠숭기도다. 우리는 흠숭기도를 통해서 하늘에 계신 하느님의 전능하심과 거룩하심을 드높이 우러르고 내 삶에 그분의 하늘스런 임재를 갈망한다.

위험한 선택

나폴레옹이 유럽을 침공했을 때의 일이다. 그의 휘하 부대가 오스트리아의 한 국경 도시를 포위했다. 사태 수습을 위해 오스트리아 시의회가 비상 회의를 소집했다. 갖가지 의견들 속에 결국 항복하는 쪽으로 뜻이 모아지고 있었다. 이때 그 자리에 있던 한 사제가 일어나 말했다.

"여러분, 우리 힘에 의지한다면 어차피 우리는 패배할 수밖에 없는 운명입니다. 그러니 부활절인 오늘, 일정대로 대축일 미사를 드립시다. 나머지 문제는 모두 하느님께 맡깁시다."

논의 끝에 모두가 이 의견에 찬성했다. 한 시간 후 도시 곳곳에서는 종소리가 우렁차게 울렸고 부활 찬송이 퍼져나갔다. 멀리서 이 소리를 듣게 된 프랑스 군대가 즉각 다른 곳으로 퇴각했다. 그런데 신앙심 때문은 아니었다. 그들은 구원병들이 도착해 환영받는 소리로 착각하고 작전상 후퇴했던 것이다.[4]

이는 과연 위기의 때에 우리가 어떤 선택을 해야 할 것인지를 웅변적으로 가르쳐 주고 있다. 어떤 어려움이 닥쳐도, 우리가 기도하는 사람이 되면, 이러한 기적을 직접 체험할 수 있는 것이다.

누군지 알았더라면

주님은 우리에게 말씀하신다.

"네가 하느님의 선물을 알고 또 '나에게 마실 물을 좀 다오.' 하고 너에게 말하는 이가 누구인지 알았더라면, 오히려 네가 그에게 청하고 그는 너에게 생수를 주었을 것이다"(요한 4,10).

예수님께서 사마리아 여인에게 하신 말씀이다. 이것이 그리스도교의 영성의 백미다. 우리가 주님을 찾기 전에 주님께서 먼저 우리에게 다가오신다는 기막힌 메시지다. 하도 우리가 "물 주세요"라고 요청드리지 않으니까 대신에 주님께서 우리에게 오셔서 "물 좀 다오"라고 말씀하시는 것이다.

우리가 제대로 된 하느님을 알기만 한다면, 우리 입에서는 곧바로 "주님 저에게 그 물을 주십시오" 하고 기도하게 되어 있다.

우리 하느님은 하늘에 계신 하느님이시다. 그분은 우리에게 뭐든지 주실 수 있는 분이다. 우리는 그것을 모르니까 달라고 하지 않는 것이다. 하느님은 다 갖고 계신 분이다. 하느님은 다 주실 수 있는 분이다. 우리가 원하기만 한다면 말이다!

흠숭기도 바치기 _귀고의 기도

귀고는 카르투지오수도회 원장이었던 인물로 수도자들에게 신비스런 기도를 격려했다고 전해진다. 물질계와 영계를 아우르는 은유들로 가득 찬 귀고의 기도는 흠숭기도에 가깝다.[5] 이 장을 닫으면서 마음을 실어 자신의 기도로 바쳐보자. (이 기도는 눈으로 읽지 마시고 꼭 소리를 내어 바쳐야 은혜가 됩니다!!!)

주님, 얼마나 많은 즙을 당신은 포도 한 알에서 짜내시는지요.
얼마나 많은 물을 당신은 옹달샘에서 길어 올리시는지요.
얼마나 큰 불을 당신은 작은 불씨로 일으키시는지요.
얼마나 큰 나무를 당신은 씨알 하나로 자라게 하시는지요.
제 영혼은 너무 메말라, 혼자서는 기도를 할 수 없지만
당신은 그것에서 수천 마디 기도를 짜내십니다.
제 영혼은 너무 강퍅해, 혼자서는 사랑을 할 수 없지만
당신은 그것에서 당신과 저의 이웃을 위해
무한 사랑을 길어 올리십니다.
제 영혼은 너무 차가워, 혼자서는 아무 기쁨도 없지만
당신은 제 안에 하늘 기쁨의 불을 일으키십니다.
제 영혼은 너무 연약해, 혼자서는 아무 믿음도 없지만
당신 힘으로 제 믿음은 높이 자라납니다.
기도와 사랑과 기쁨과 믿음으로 인하여, 당신께 감사드립니다.
저로 하여금 늘 기도하고 사랑하고 기뻐하고 신실하게 하소서.

"그분께서는 너를 도우시러 하늘을 타고 오시며 당신의 권능과 함께 구름을 타고 오신다"(신명 33,26).

02 '우리'_연대기도

원문에 숨겨진 보물　　'우리'를 뜻하는 그리스어는 '헤몬'(hemon)이다. 이 단어는 형식상 '우리의'라는 뜻을 지닌 소유격으로 되어 있지만, 내용상으로는 하느님과 우리 사이에 맺어진 '관계'를 의미한다.

그런데 성경에서 이 '우리'의 관계는 본래 하느님과 이스라엘 백성들 사이에 맺어진 계약을 통해서 형성되었다. "너희는 나에게 사제들의 나라가 되고 거룩한 민족이 될 것이다"(탈출 19,6).

이로써 우리는 '하느님의' 백성이 되었고 그분은 '우리의' 하느님이 되셨다.

이는 결국 다음의 두 가지 심오한 의미를 지닌다.

첫째, '우리의' 하느님이라는 말로 성립되는 하느님과 인간 사이의 관계는 "우리의 모든 것을 그분께서 책임져 주신다"는 사실을 내포한다. 이는 마치 '우리 엄마', '우리 아빠'와 같은 표현을 쓸 때 '우리'가 나와 엄마 또는 나와 아빠

사이의 긴밀한 관계를 함축하고 있는 것과 같은 이치다. 결국 이 관계는 깊은 신뢰에 바탕을 두고 있으며, 이것이 바로 우리가 흉금을 털어놓고 기도하고 청할 수 있는 이유가 된다.

둘째, '우리'는 수평적인 의미에서 '공동체' 정신을 가리킨다. 우리는 서로 형제·자매다. 여기에는 아무도 제외되지 않는다. 모든 인류가 포함된다. 따라서 '우리'라는 말을 통하여 공동체는 어떤 기도인도 홀로 있지 않다는 것을 일깨워 주는 것이다.

이러한 '우리'의 정신을 충만히 살리면 어떤 기도가 될까? 다름 아닌 '연대 기도'가 된다.

관계의 끈

랍비의 선물   '우리'는 개별적 존재들을 하나의 관계로 묶어주는 표현이다. 그러므로 관계에서 중요한 인자들을 먼저 짚어보자.

한때 번성했던 대수도원이 있었다. 시대의 흐름을 따라 수많은 사람들이 떠나가고 나이 든 다섯 명의 수사들만이 수도원을 지키고 있었다. 수도원을 둘러싼 숲 속에는 한 랍비가 은둔하고 있었는데 그는 현인으로 이름이 높았다. 어느 날 수도원장이 그 랍비를 찾아가 말했다.

"꼭 한번 뵙고 싶었습니다. 저희 수도회가 다시 번성할 수 있는 방법이 있다면 조언해 주십시오."

랍비는 미소 띤 얼굴로 이렇게 말했다.

"제가 뭘 알겠습니까. 다만 한 가지 말씀드리면 남은 다섯 분의 수사님들 중 한 분이 바로 메시아라는 것입니다."

수도원장은 랍비의 말을 수사들에게 전했다. 그들은 쑥덕거렸다.

"우리 가운데 한 사람이 메시아라니……. 만일 그렇다면, 누구란 말인가?"

그때부터 수도원에 변화가 생기기 시작했다. 다섯 수사들은 매일 깊은 묵상을 하면서 메시아가 될 동료 수사를 위해 일찍 일어나 수도원을 청소하고 서로를 정중히 대하였다. 점점 수도원은 활기를 되찾아갔고 하나둘 사람들이 다시 찾아들기 시작했다. 서로를 향한 존경과 사랑의 기운이 사람들의 발길을 이끌었던 것이다. 찾아온 젊은이들 가운데 입회하는 경우도 늘어났다.

몇 년 후 수도원은 다시 예전의 명성을 되찾았다.[1]

이 이야기는 '우리'의 소중함을 일깨워준다. '우리'의 관계는 각자 서로를 존중할 때 돈독해진다. 이 이야기에서 서로를 메시아로 여기듯이 존중하는 마음이 회복되니, 공동체가 다시 살아나기 시작하였다. 우리 교회가, 나아가 우리 사회가 사는 방법은 이렇듯 의외로 간단하다.

'우리'를 향한 연민   '우리'는 '우리의'라는 면에서 하느님과 인류의 관계를 가리키고, '우리'라는 면에서 인간 상호 간의 관계를 가리킨다는 사실을 위에서 확인했다. 그렇다면 이 관계의 끈은 무엇일까? 그것은 바로 연민이다. 이를 동양에서는 인(仁)이라고 하고, 서양에서는 컴패션(compassion)이라고 한다. '우리'를 이야기하기 위해선 이 연민을 빼놓을 수 없다. 바로 내 옆의 사람이 어떤 고통을 당하고 있는지, 어떤 아픔을 느끼고 있는지 모르면서 우리는 '우리'가 될 수 없다.

필자의 책상 위에는 그림 한 장이 액자에 담겨 있다. 바로 눈물을 흘리시는 예수님의 얼굴이다. 그 예수님의 마음을 독자들은 헤아려 본 적이 있는가?

예수님께서는 진리를 모르는 이들, 고통받고 있는 생명들, 상처받은 영혼들의 아픔을 예민하게 느끼시는 고감도 연민을 지닌 분이셨다. 예수님의 구원행위는 바로 여기서 비롯된 것이었다. 예수님께서는 홀로 밤샘기도를 하실 때도 새벽기도를 하실 때에도, 고난 가운데 있는 모든 생명체의 신음 소리를 들으셨다. 예수님은 이 연민으로 심지어 울기까지 하셨다.

"예수님께서 예루살렘에 가까이 이르시어 그 도성을 보고 우시며 말씀하셨다. '오늘 너도 평화를 가져다주는 것이 무엇인지 알았더라면 ……!'"(루카 19,41-42).

1980년대 초반 군부 독재시절, 우리 사회가 어둠의 세력에 휩싸여 있을 때, 필자는 이 말씀을 읽으며 가슴이 뭉클하였다. 우리를 향해서 눈물 흘리시는 이 예수님의 모습이 마침내 필자의 마음을 움직여 사제가 되게 만들었다.

하느님께서는 우리를 연민 어린 눈으로 바라보신다. 사도 바오로의 편지에서 우리는 그런 연민 한 토막을 만난다.

"모든 교회에 대한 염려가 날마다 나를 짓누릅니다. 누가 약해지면 나도 약해지지 않겠습니까? 누가 다른 사람 때문에 죄를 지으면 나도 분개하지 않겠습니까?"(2코린 11,28-29)

우리 자신에게 물어보자. 내 마음에 정말 이웃을 향한 연민의 마음이 있는가?

하느님의 물음　　구약성경의 인물 카인은 동생 아벨을 죽이고 하느님께 다음과 같은 질문을 받는다.

"네 아우 아벨은 어디 있느냐?"(창세 4,9)

하느님의 질문에 카인은 대답한다.

"모릅니다. 제가 아우를 지키는 사람입니까?"(창세 4,9)

이러한 카인의 항변에 주님께서 말씀하신다.

"네 아우의 피가 땅바닥에서 나에게 울부짖고 있다. 이 소리가 하늘까지 찔렀다"(창세 4,10 참조).

이는 "나는 듣고 있는데 너는 들리지 않느냐?"라는 말씀이다. 이 말씀은 오늘날 우리에게 던지시는 말씀이기도 하다. 아주 구체적으로 우리의 가족을 향한 질문일 수도 있다. 그럴 때 우리는 어떻게 대답할까?

"저는 잘 모르겠어요. 제가 어떻게 그것까지 일일이 다 알아요."

주님께서는 이러한 우리를 향해 다음과 같이 말씀하실지도 모른다.

"나한테는 그가 지금 기침하는 소리도, 힘들어 한숨짓는 소리도, 괴로움에 고통받는 소리도 다 들리는데 너는 왜 모른단 말이냐?"

주님의 물음에 대해서 깊이 생각해 볼 필요가 있다.

또다시 주님께서 말씀하신다.

"나는 들었고 보았고 알고 있다"(탈출 3,7 참조).

고통받는 이스라엘 백성들을 위해 모세를 불러서 하신 말씀이다. 우리도 가족의 고통을, 이웃의 고통을 함께 나누고 함께 나아가야 한다.[2]

'우리'가 살려면

연대의식   '우리'는 공동체를 강조하고, 연대감을 드러낸다. 뭐니 뭐니 해도 현대 가톨릭교회의 정신을 가장 잘 반영하고 있는 문헌은 제2차 바티칸공의회의 「현대 세계의 교회에 관한 사목헌장」이다. 이 문헌의 서두는 이렇게 시작된다.

 "기쁨과 희망(Gaudium et Spes), 슬픔과 고뇌, 특히 현대의 가난한 사람과 고통에 신음하는 모든 사람들의 그것은 바로 그리스도를 따르는 신도들의 기쁨과 희망이며 슬픔과 고뇌인 것이다."

 이 문장은 오늘날 왜 교회가 교회 밖의 일에 대하여 그토록 깊은 연대감을 표명하고 있는지를 단적으로 설명해 준다. 이는 왜 교황이 세계 곳곳에서 들려오는 인류 공동체의 신음과 탄식에 대하여 함께 아파하며 즉각적으로 애정 어린 메시지를 보내는지를 밝히는 이유가 된다.

 이처럼 그리스도교가 이 세상의 모든 운명과 사정에 연대감과 책임감을 느끼는 것은 주님의 기도 첫머리에 반영된 '우리' 의식의 발로인 것이다.

걘 내 친구니까요   베트남전쟁이 한창일 때 한 부락의 고아원에 박격포 탄이 떨어졌다. 몇 사람이 죽고 몇 사람은 부상당했다. 급히 도착한 미국인 의사와 간호사들은 여덟 살 소녀를 먼저 치료하기로 했다. 부상이 심했던 것이다. 당장 수혈이 필요한 이 소녀와 혈액형이 맞는 사람은 부상당하지 않은 고아 몇 명뿐이었다. 베트남어를 모르는 의사는 그 아이들에게 필사적으로 손짓 발짓을 섞어가며 "다친 이 소녀에게 누군가 피를 나누어 주지 않으면 틀림없이 죽게 될 것"이라는 사실을 설명해 주려고 애썼다.

한참 후 '헹'이라는 이름표를 단 아이 하나가 머뭇거리며 손을 들었다가 도로 내렸다. 그러다가 짐짓 확신에 찬 얼굴로 다시 손을 들었다. 간호사는 즉시 헹의 팔을 걷었다. 팔에서 피를 빼내고 있기를 얼마 후 헹은 나머지 한쪽 손을 들어 얼굴을 가리더니 작은 몸을 떨며 흐느꼈다. 당황한 의사와 간호사들이 어쩔 줄 모르고 있을 때 때마침 베트남 간호사가 도착했다. 헹과 몇 마디 나누던 그녀는 싱긋 웃으며 이렇게 말했다.

"헹은 당신들의 말을 잘못 알아들었습니다. 당신들이 이 어린 소녀를 살리기 위해 자기 피를 전부 뽑아 주겠느냐고 물은 줄 알았던 거예요. 자기는 죽는 거고요."

"그렇다면 왜 이 아이는 자진해서 피를 뽑아 주려고 했을까요?"

베트남 간호사가 헹에게 똑같은 질문을 하자 울음을 그친 헹은 너무나 맑은 얼굴로 이렇게 말했다.

"걔 내 친구니까요."

찡한 이야기다. 이 아이의 마음 씀씀이에서 우리는 '우리'의 아름다움을 발견한다.

〈참 소중한 당신〉

다른 책에서도 언급한 바 있지만, 필자는 〈참 소중한 당신〉이라는 잡지 이름을 성령의 감도를 통해 받았다. 잡지 이름을 지으려고 몇 달을 골몰하던 어느 날 아침잠에서 깨어 기도하는 순간 와락 이 이름이 필자를 덮쳤다. 그 때 필자는 실로 하느님의 손이 필자를 포옹해 주는 것을 느꼈다. 그와 동시에 눈물이 펑펑 쏟아졌다. 필자는 속으로 중얼거렸다.

"주님, 제가 주님께 '참 소중한 당신' 맞지요? 주님, 감사합니다. 감사, 감사, 감사……."

"그리고 주님, 이 세상 누구든지 '참 소중한 당신' 맞지요? 주님, 열심히 전하겠습니다. 이 사실을 성심껏 선포하며 전하겠습니다. 아멘, 아멘, 아멘……."

그래서 그런지 많은 사람들이 이 이름을 좋아하고, 잡지를 사랑해 준다.

사실 모든 이들이 참 소중한 당신이다. 한 사람도 예외가 없다.

있던 은혜마저도 '형제와의 하나 됨'이 어떤 것인지 프란치스코 성인이 우리에게 감명 깊게 깨우쳐 준다.

어느 날, 프란치스코 성인이 몸담고 있던 수도원에 작은 사건 하나가 발생했다. 단식 기간 중이었는데 누군가 죽을 훔쳐 먹은 것이다. 프란치스코의 제자들은 열을 올리며 분개했다.

"이런 괘씸한 자가 있나!"

그 모습을 보던 프란치스코 성인이 말했다.

"얘들아, 죽을 가져와라. 모두 같이 먹자!"

제자들이 의아해 하며 물었다.

"선생님, 단식 중에 음식을 먹다니요? 그래도 됩니까?"

프란치스코 성인이 대답했다.

"죽 먹은 사람을 단죄하다가 있던 은혜도 다 없어지겠다. 모두 함께 죽을 먹고 다 하나가 되자!"

얼마나 멋진 의리인가. 프란치스코 성인은 형제의 잘못이 바로 나의 죄이며 우리의 죄라는 것을 통감했다. 어떤 때 우리는 이렇게 과감한 연대감이 필요하다.

연대기도

> **연대기도 에센스** 지금까지 '우리' 속에 숨겨진 보물들을 탐사하였다. 먼저, 하느님과 깊은 신뢰관계로 맺어진 '우리'를 깨닫고 그 하느님 안에서 하나 되는 '(우리) 공동체'의 모습을 보았다. 또 여기서 이 '우리'를 가능하도록 해 주는 것이 바로 '연민'임을 확인하였다. 바로 이 '연민'의 발로가 이웃을 향한 연대감이며 책임감인 것이다.
>
> 이에 나 혼자를 위한 이기적 기도가 아니라 모두가 참 소중한 당신임을 깨달아 '함께', 그리고 기도가 필요한 '인류가족을 위해' 바치는 기도가 연대기도다.

'우리'의 조건 '함께'라는 것이 무엇인가? '함께'를 깨달아보자.

한 부랑자 흑인 남자가 저택의 벨을 눌렀다. 주인은 대충 상황을 파악하고는 '뒷문으로 오시오'라는 말을 전했다. 저택의 뒷문에서 만난 주인은 부랑자에게 먹을 것을 주며 이렇게 말했다.

"우선 식사 전 기도부터 합시다. 자, 나를 따라 말해 보시오. '하늘에 계신 우리 아버지…….'"

흑인 부랑자가 귀찮은 듯 따라했다.

"하늘에 계신 '당신의' 아버지……."

집주인이 말했다.

"틀렸어요. 자, 다시! 하늘에 계신 '우리' 아버지……."

그러나 흑인 남자는 완강했다.

"하늘에 계신 '당신의' 아버지……."

풀이 꺾인 집주인이 물었다. "어째서 '우리 아버지'라고 가르쳐 주는데도 계속 '당신의 아버지'라고 말하는 게요?"

흑인 남자가 대답했다. "만일 내가 '우리 아버지'라고 말한다면 당신과 나는 형제가 되는 거 아니요. 그런데 빵 한 조각을 주겠다고 형제를 뒷문으로 오라고 하는 사람의 아버지라……. 그 아버지는 우리 아버지가 아닙니다."[3]

통쾌한 공박이다. '우리'는 우리에게 많을 것을 요구한다. '우리'라는 말을 쓰려면 그에 걸맞은 행동이 요구되는 것이다.

연대기도의 효과   '우리'를 깊이 묵상할 때, 우리에게는 연대기도를 드리고 싶은 마음이 절로 솟구친다. 여기서 한 가지 미련스런 물음이 생긴다. 누군가를 위해 기도해 주면 과연 통할까? 그 의학적인 증거가 있다.

크리스천 심장학자 랜돌프 버드는 393명의 심장질환자들을 대상으로 실험을 전개하였다.[4] 우선 두 그룹으로 나누어 첫 번째 그룹은 기도하는 사람들을 통해 기도를 받도록 했다. 반면 두 번째 그룹은 전혀 기도를 받지 못했다.

첫 번째 그룹을 위해 기도하는 사람들은 다양한 교파에서 모인 사람들로 환자들의 이름과 간단한 병 증세, 현재의 상태 등을 정보로

받았다. 그들은 매일 환자들을 위해 집에서 기도했다.

약 10개월이 지난 후, 두 그룹은 큰 차이를 보였다. 기도를 받은 첫 번째 그룹은 두 번째 그룹에 비해 5분의 1 정도 적은 수준의 항생제 치료를 받았다. 폐에 물이 고인 경우도 3분의 1에 불과했다. 물론 두 번째 그룹에 비해 사망자 수도 적었다.

한국과 미국에서 공동으로 한 실험 결과에서도 연대기도의 효과는 입증된다.[5] 연구진은 1998-1999년 서울 C병원에서 불임치료를 받은 환자 199명과 미국과 캐나다, 호주의 그리스도교를 대상으로 기도와 임신성공률의 관계를 조사했다.

그 결과 기도를 받은 여성들의 임신성공률이 기도받지 못한 여성들보다 배나 높은 것으로 나타났다.

신나지 않는가. 평소에 우리가 누군가를 위해서 기도를 한다는 것은 이처럼 큰 의미가 있다. 연대기도야말로 되는 기도다. 통하는 기도다.

연대기도 바치기 _엘리자베스 굿지의 기도   성공회 신부의 딸로 태어난 굿지는 영국에서 유명한 대중소설가로 사랑받았던 인물이다. 그녀의 작품 속에는 인간 고통에 대한 연민과 악을 이기는 선에 대한 믿음이 잘 나타나 있다.[6] 다음의 기도 역시 그녀의 연민과 믿음을 잘 드러내 주고 있으며, 이는 연대기도에 가깝다. 이 장을 닫으면서 마음을 실어 자신의 기도로 바쳐보자.(이 기도는 눈으로 읽지 마시고 꼭 소리를 내어 바쳐야 은혜가 됩니다!!!)

오, 세상을 구원하신 주님. 사랑이신 당신을 알지 못한 채 어둠의 수렁에서 길 잃고 헤매는 자들을 위하여 기도하는 법을 가르쳐 주십시오. 전쟁의 무고한 희생자들과 그들이 겪어야 했던 아픔들, 죄악의 수렁에 빠져서 헤어날 줄 모르는 이들, 낙심한 이들, 유혹에 넘어진 이들, 공포에 질린 이들, 몸과 마음으로 곤궁에 처해 있는 이들을 우리는 기억합니다. 그들이 생각날 때 등을 돌리게 만드는 비굴함과 그들을 보고도 모른 척 지나가게 하는 무관심에서 우리를 건져주십시오.

우리 안에 있어서 세상을 더욱 어둡게 만드는 악을 참회하게 하시고, 세상을 조금이라도 더 밝게 할 수 있는 일이 있다면 아무리 작은 일이라도 우리에게 보여 주시고 그 일을 할 수 있도록 도와주십시오.

괴로워하는 이들과 함께 괴로워하고, 필요하다면 그들과 함께 어둠 속으로 들어가기를 겁내지 않는 마음으로 기도하는 법을 가르쳐 주십시오.

오, 한때 하늘 높은 곳에서 궁핍한 인간의 바닥으로 내려오셨던 영원하신 자비여. 우리를 용서하시고 새롭게 하시고 불태우시는 능력으로 다시 한번 오시어, 가슴이 깨어진 죄인들의 수고와 기도를 통하여 당신의 자비로 하여금 이 땅의 어둠을 사르고 새 생명을 가져오게 하소서.

"네 아우 아벨은 어디 있느냐?"(창세 4,9)

03 '아버지'_생떼기도

원문에 숨겨진 보물 그리스어 원문에서 '아버지'는 파테르(Pater)라고 되어 있다. 그런데 성경의 원문을 보면 예수님께서 하느님을 부르실 때 사용하신 아람어가 남아 있는데, 바로 아빠(abba)라는 용어다. 그러니까 파테르는 아람어 '아빠'의 그리스어 번역인 셈이다.

아빠(abba)는 본래 아이가 아버지를 부르는 호칭이다. 우리말과도 발음이 같으니 기쁘지 아니한가? 주님의 기도를 통해서 예수님은 이 친근한 용어를 제자들도 사용할 수 있도록 가르쳐 주신 것이다.

주님의 기도를 시작하면서 하느님을 향해 부르는 이 호칭은 사실 전체 구조로 볼 때 기도문 전체에 반복되어 불리는 것으로 알아들어야 한다. 이렇게 말이다.

"하늘에 계신 우리 아빠, 아빠 이름이 빛나세요, 아빠 나라가 오세요, 아빠 뜻이 하늘에서와 같이 땅에서도 이루어지세요, 아빠 양식을 주세요, 아빠 용서해 주세요, 아빠 저를 지켜 주세요. 아멘!"

우리가 주님의 기도를 바칠 때 비록 소리 내어 "아빠"하고 반복하여 부르지는 않지만, 마음속에서 거듭 반복해 부르는 이 전제를 항상 기억할 때, 기도는 더욱 생생해질 것이다.

좀 과장되이 들릴 듯은 하나, 이 '아빠'를 크게 강조할 때, 우리가 바치는 기도는 '생떼기도'가 된다. 예수님께서는 필경 하느님을 '아빠'로 소개함으로써 마치 어린아이가 아빠 또는 엄마한테 생떼 쓰듯이 기도할 것을 권하고 있는 것이다.

아빠의 심리

아빠는 손을 놓지 않아　　아빠는 어떤 분인가? 아빠의 마음을 영화 「닥터 지바고」의 마지막 장면은 촌철살인 격으로 표현해 준다. 그 장면에서 장군이 타냐에게 이렇게 묻는다.

"넌 왜 아버지와 헤어지게 됐니?"

여인은 뜻밖의 질문에 당혹스런 표정을 짓는다. "그때는 전쟁 중이었어요. 거리는 온통 불바다였고 저를 보호해 줄 상황이 아니었어요."

남자가 여인에게 다시 묻는다. "아버지와 헤어진 진짜 이유가 무엇이냐?"

여인은 가슴 속에 묻어둔 말을 꺼내놓는다. "사실은……. 아버지가 제 손을 놓아버렸어요."

남자가 말한다. "그렇구나. 사실은 그 사람이 네 아버지가 아니란다.

아버지는 어떤 상황에서도 자식의 손을 놓지 않는 법이지. 너의 친아버지는 닥터 지바고란다."

핵심 포인트는 분명하다. 친아버지는 어떤 상황에서도 손을 놓지 않으시는 분이라는 것이다. 예수님께서 하느님을 '아빠'로 소개했을 때, 이런 친아버지의 속성을 함께 가르쳐 주신 셈이다.

주님의 기도의 백미 예수님께서 가르쳐 주신 '아빠, 아버지'는 결국 주님의 기도의 백미다. 이는 또한 예수님 자신이 바친 기도의 비밀이었다. 하느님을 '아빠'로 부르도록 하신 예수님의 의중은 결국 이런 셈이다.

"너희가 내 기도를 알고 싶으냐? 내 기도의 비밀은 아빠라고 부르는 데 있느니라. 너희가 하느님을 여태까지 이스라엘 사람들이 불렀던 이름으로 불러 봐라. '엄위하시고 전지전능하시고……' 등으로 거창하게 불러 봐야 이 하느님은 만나기 어렵다. '하늘에 계신 우리 아빠' 하고 불러 봐라. 그러면 얘기는 끝난다."

후에 예수님의 이 의중을 제대로 알아들었던 분이 바로 아빌라의 데레사 성녀였다. 그녀는 당신 수녀원의 수녀들을 교육할 때마다 강조한 것이 있었다.

"'하늘에 계신 우리 아버지' 할 때 아빠가 느껴지지 않으면 기도의 진도를 더 이상 나가지 마세요. 아빠의 느낌이 올 때까지 반복하세요. 그렇지 않고 뒤엣것 해 봐야 소용없습니다."

독자들도 지금 이 순간 나직이 '아빠……' 하고 불러 보라. 그 아빠께서 우리와 함께하고 계신다.

엄마 같은 아빠   그런데 왜 하필이면 '엄마'가 아니고 '아빠'인가. 이는 성경이 기록될 당시 남성 가부장적 관점이 우세하였기 때문이었다. 예수님께서는 시대에 따른 인간의 이해력을 아무래도 감안하지 않을 수 없었던 것이다.

하지만 성경에서 하느님을 '아버지'라 부르는 것이 꼭 '어머니'와 대칭되는 것은 아니다. 하느님은 부성적(父性的)인 동시에 모성적(母性的)인 분이시다. 달리 말하여 하느님은 엄마 같은 아빠시다.

실제로 성경에서 우리는 하느님 아빠의 이런 엄마스런 마음을 곳곳에서 확인하게 된다.

"여인이 제 젖먹이를 잊을 수 있느냐? 제 몸에서 난 아기를 가엾이 여기지 않을 수 있느냐? 설령 여인들은 잊는다 하더라도 나는 너를 잊지 않는다"(이사 49,15).

"내가 에프라임에게 걸음마를 가르쳐 주고 내 팔로 안아 주었지만 그들은 내가 자기들의 병을 고쳐 준 줄을 알지 못하였다. 나는 인정의 끈으로, 사랑의 줄로 그들을 끌어당겼으며 젖먹이처럼 들어 올려 볼을 비비고 몸을 굽혀 먹여 주었다"(호세 11,3-4).

얼마나 애절한 모성애인가!

모성애만큼 눈물 나고 감격스러운 것은 없다.

6·25전쟁 중에 있었던 실화라고 한다. 만삭이 된 한 여인이 피난길에서 그만 진통을 하기 시작했다. 혈혈단신이었던 여인은 어느 다리 밑에 겨우 자리를 잡아 아기를 분만하였다. 때는 겨울이었고 아무도 도와줄 이 없는 가운데 아기의 어머니는 모든 것을 혼자 처리하고는

아기가 춥지 않도록 자기 옷을 모두 벗어서 아기를 감싸주었다. 혹독한 추위 속에서 그 어머니는 곧 얼어 죽고 말았다.

얼마 후 어느 미국인 선교사 한 사람이 차를 타고 그 근처를 지나가게 되었다. 마침 휘발유가 떨어져 근처 부대로 지원연락을 한 그는 잠시 차에서 내려 그 부근을 거닐다가 아기의 울음소리를 듣게 되었다. 소리를 따라 다리 밑까지 내려온 선교사는 죽은 어머니와 그 어머니의 옷에 둘러싸인 갓난아기를 발견하였다.

"내가 여기서 기름이 떨어진 것이 어쩌면 하느님께서 이 아이를 살리시기 위함인지도 모르겠어."

선교사는 그 아기를 데려다가 양자로 삼았다. 훗날 그 아기는 미국에서 훌륭하게 자라 멋진 남자가 되었다.

어느 날 그 아들은 자기를 키워 준 아버지로부터 자기를 낳아 준 어머니의 이야기를 듣게 되었다. 아들은 어머니의 무덤을 찾아 한국에까지 나왔다. 어머니의 무덤 앞에서 아들은 자신의 옷을 벗어서 무덤 위를 덮었다. 그러고는 오열하며 말했다.

"어머니 얼마나 추우셨어요! 저를 살리기 위해 어머니는 그런 희생을 치르셨군요! 이 아들은 어머니의 사랑을 항상 생각하며 벌거벗고 굶주린 사람들에게 하느님의 사랑을 전하겠습니다!"

읽기만 해도 눈물 나는 이야기다. 이처럼 위대한 모성애를 지니신 분이 우리의 하느님이시다. 엄마 같은 아빠인 것이다.

아빠의 눈물　　하느님 '아빠'는 그 외아들 예수님을 통해 당신의 모습을 보여 주셨다. "나를 본 사람은 곧 아버지를 뵌 것이다"(요한 14,9).

앞에서 언급했지만 예수님께서는 곧잘 우시는 모습을 보여 주셨다. 그 한 예가 바로 라자로의 죽음 앞에서 흘리신 눈물이었다. 예수님은 알고 계셨다. 조금 있으면 당신께서 라자로를 다시 살리실 것을 말이다. 그런데도 그의 죽음을 슬퍼하는 이들을 보며 함께 우셨다.

"마리아도 울고 또 그와 함께 온 유다인들도 우는 것을 보신 예수님께서는 마음이 북받치고 산란해지셨다. 〔…〕 예수님께서는 눈물을 흘리셨다"(요한 11,33.35).

왜 우셨는가? 우리를 위해서 우신 것이다. 예수님은 지금 라자로의 가족과 함께하실 수 있지만 당신을 만나지 못하는 수많은 가정에서 일어나는 사별의 아픔들도 알고 함께 공감하며 우신 것이다. 예수님의 눈물은 시대와 공간을 초월하여 당신 연민의 감정이 쫙 펼쳐진 것이었다.

자녀 됨

어린이의 힘　'아빠'는 우리가 어린이가 될 것을 요구한다. 어린이가 되는 것은 나약한 자가 되는 것이지만, 역설적으로 기적을 이루는 힘을 지니고 있다.

제2차 세계대전 때의 일이다. 한밤중에 독일군과 프랑스군이 서로 총을 겨눈 채 대치하고 있었다. 점차 날이 밝아오고 자욱했던 안개가 서서히 걷힐 무렵, 그때부터 양 진영은 상대를 향해 무차별 총격을 가하기 시작했다.

갑자기 양군은 총격을 멈추고 한 곳에 시선을 집중했다. 그들 진영의 중간지점에서 한 어린이가 한가롭게 기어가고 있었던 것이다. 그 어린이는 들판에 피어 있는 민들레를 향해 티 없이 행복한 표정으로 방실방실 웃고 있었다. 어린이의 그 미소에 취한 군인들은 도저히 사격을 다시 시작할 수 없었다. 해맑은 어린아이의 웃음이 잠시 그 삭막한 전장에 평화를 선물한 것이다.

휴전을 가져온 것은 어린아이의 천진난만한 미소였다. 아이의 순진무구한 계산 없는 행동은 때로 이렇게 위대하다. 이는 아이만이 할 수 있는 행동이라 더욱 그러한 것이다.

방해하지 말란 말이에요   때로 어린아이의 기도는 맹랑하다.
한 꼬마가 부모님이 해외출장에 간 사이 잠시 외할머니랑 지내게 되었다. 그녀의 이름은 엘리자베스. 어느 날 밤, 잠자기 전 아이가 침대 곁에 무릎을 꿇고 기도를 시작했다.
"엄마랑 아빠가 무사히 집으로 돌아오게 해 주세요. 그런데 만약에 오고 싶어 하지 않으면……."
나란히 앉아 기도하던 할머니가 끼어들었다.
"애야, 설마 그럴 리가 있겠니? 엄마 아빠는 하루빨리 오고 싶어 한단다."
순간, 아이가 똑 부러지는 목소리로 대꾸했다.
"할머니, 지금 하느님이랑 얘기하고 있잖아요!"[1]

이렇듯이 어린이의 기도는 어른의 기도보다 더 진지하고 순수하다. 그래서 더 힘이 있는 것이다.

부정적 경험의 뒤안길 　　필자가 어느 자매로부터 들은 이야기다. 이 자매가 예비신자 교리교사로서 『여기에 물이 있다』를 교재로 '아빠, 하느님'을 설명할 때였다. 한 예비신자가 설명을 듣다가 대뜸 저항을 하는 것이었다.

"선생님, 나는 결코 하느님을 '아빠'라고 부를 수 없어요. 왜냐하면, 아빠는 나에게 원수 같은 나쁜 사람이기 때문이에요. 우리 아버지는 나에게 그런 사람이었어요. '아빠'라는 단어는 나에게 아픈 상처만을 건드릴 뿐이라구요."

그런데 예비자교리가 중반쯤으로 넘어가면서 그분이 달라지기 시작했다는 것이다. 하느님이 어떤 분이신지 제대로 알고 나서 이실직고를 하더라는 말이었다.

"나도 이제 하느님을 '아빠'로 부르겠어요."

그러고는 눈물을 쏟아내더라는 것이었다.

아빠에 대한 부정적인 체험이 처음에는 하느님을 아빠로 부르는 데 방해가 될 수 있다. 하지만 성경이 그려내고 있는 '아빠'의 모습을 제대로 만나게 되면, 이내 반감정이 허물어지게 된다.

그리하여 하느님을 친근하게 '아빠'로 부를 수 있게 되고, 그 결과로 든든한 빽 한 분을 얻게 되는 것이다.

아빠 최고! 　　하느님을 아빠라고 부르기 시작하면 기도가 굉장히 쉬워진다. 거창하지 않아도 된다. 어린아이들의 일상어를 떠올리며 이를 기도와 연결시켜 보라.

아이들은 말한다.

"아빠, 아빠가 좋아요!" 이는 곧 사랑을 고백하는 기도가 된다.

"아빠는 최고야!" 이는 곧 찬미와 찬양을 올리는 기도가 된다.

"아빠, 고마워요!" 이는 곧 감사를 드리는 기도가 된다.

"아빠가 있으니까, 무섭지 않아요!" 이는 곧 의탁하는 기도가 된다.

"아빠가 원하는 것은 무엇이든지 할게!" 이는 곧 순명을 드러내는 기도가 된다.

"아빠를 믿어요!" 이는 곧 믿음을 고백하는 기도가 된다.

"아빠, 미안해요!" 이는 곧 통회의 기도가 된다.

"아빠, 장난감 사줘요!" 이는 곧 우리의 간절한 바람, 간청하는 기도가 된다.[2]

간단한 표현만으로 기도가 이렇게 달라지는 것이다.

생떼기도

> **생떼기도 에센스** 지금까지 '아버지' 속에 숨겨진 보물들을 탐사하였다. 그 과정에서 우리를 향한 '아빠 하느님'의 모성적·부성적 사랑을 확인하는 한편, 그분 앞에 우리가 어린아이와 같은 순수한 마음으로 다가서야 함을 공감하였다.
>
> 이에 든든한 하늘 아빠를 향하여 어린아이만이 가질 수 있는 신뢰의 마음으로 드리는 기도가 생떼기도다. 여기서 '생떼'는 오로지 부모와 자식 간의 뗄 수 없는 관계에 근거하여 염치와 자격을 불문하고 철없이 떼쓰듯이 기도한다는 취지를 살린 표현이다.

하느님, 어떻게 하실 거예요?   어느 날, 다섯 살짜리 딸이 아빠에게 졸랐다.

"아빠, 오늘 너무 더워. 수영장에 가면 안 돼?"

아빠는 딸에게 "나중에" 하고 말했다. 하지만 막무가내로 '오늘 가자'는 딸아이에게 아빠는 "수영장에 갈 돈이 없다"라며 어렵게 설명해 주었다. 그러자 딸아이가 다음과 같이 말하면서 방 안으로 뛰어 들어갔다.

"하느님한테 부탁할 거야!"

호기심이 생긴 아빠는 방문 앞에 서서 몰래 딸이 하는 기도를 들었다.

"하느님, 여기는 오늘 너무너무 더워요. 전 수영장에 가고 싶은데 아빠는 돈이 없대요. 그러니 제발 하느님이 어떻게 좀 해 주실래요? 고맙습니다, 하느님. 아멘."

기도를 마친 아이는 수영복을 입고 목에다 수건을 두른 채 현관을 향해 걸어가며 이렇게 말했다.

"하느님이 어떻게 하실 건지 두고 볼 거야."

바로 그때 전화가 울렸다. 이웃집 부인이었다.

"컨트리클럽으로 수영하러 가려는데 함께 가실래요? 저희에게 무료 티켓이 있거든요. 이번 기회에 이웃끼리 서로 친해지면 좋겠어요."

아이의 아빠는 놀라움과 기쁨을 감추며 말했다.

"좋지요! 그런데 몇 시쯤 떠날 생각이신지요? 저희가 준비할 시간이 필요해서요······."

그러자 이웃집 부인이 대답했다.

"괜찮아요. 우리도 아직 준비가 전혀 안 됐어요. 사실은 몇 분 전까지만 해도 생각하지 않은 일이거든요."[3]

아이들의 생떼기도는 하느님도 못 당하신다.

소화 데레사의 생떼   소화 데레사 성녀는 어렸을 적에 사형수 프란치니가 회개하지도 않고 그냥 사형 당하게 될 것이라는 신문 기사를 읽었다. 그녀는 그 죄수의 영혼이 너무 불쌍했다. 그래서 기도를 시작하며 주님께 이렇게 말했다.

"제 기도를 이루어 주신다면 어떤 표시를 내려 주세요."

얼마 후 성녀는 신문에서 이런 기사를 읽었다.

"사형수 프란치니는 사형 당하기 전에 갑자기 어떤 생각이 떠올랐는지 십자가에 세 번 친구(親口)했다."[4]

응답이 온 것이다. 어린아이의 순수한 마음으로 바치는 기도는 이처럼 힘이 있다.

어린이가 생떼를 쓰는 데는 합당한 이유가 없다. 우리의 기도도 마찬가지다. 우리가 하느님께 잘해 드려서, 잘 보여서 생떼를 쓰는 것이 아니다. 아빠니까, 엄마니까 쓰는 것이다. 내세울 이유가 없어도 하느님의 자녀인 우리들은 생떼 쓸 자격이 있다.

생떼기도 바치기 _메이트힐트의 기도   열두 살 때 예수님을 만나 뵙는 신비체험을 한 메이트힐트는 자기가 그리스도와 결혼했다는 생각으로 평생을 살았다. 마그데부르크의 한 수도공동체에서 심한 극기생활 끝에 병을 얻고 자신의 영적 체험을 저술로 남기기도 하였다.[5]

그녀가 바친 다음 기도는 생떼기도에 가깝다. 이 장을 닫으면서 마음을 실어 자신의 기도로 바쳐보자.(이 기도는 눈으로 읽지 마시고 꼭 소리를 내어 바쳐야 은혜가 됩니다!!!)

주님, 당신은 제 애인입니다.
제 간절한 바람의 대상이요
제 몸을 관통해 흐르는 강물이요
제 얼굴에서 빛나는 태양입니다.
저로 하여금
당신을 비치는 거울이 되게 해 주셔요.

저를 뜨겁게 사랑해 주셔요.
저를 자주 사랑해 주셔요.
저를 오래 사랑해 주셔요.
당신이 저를 뜨겁게 사랑할수록
그만큼 저는 예뻐진답니다.
당신이 저를 자주 사랑할수록
그만큼 저는 순결해진답니다.
당신이 저를 오래 사랑할수록
그만큼 저는 거룩해진답니다.

오, 사랑하올 하느님, 사랑하올 사랑님,
당신께로 가까이 제 영혼 당겨주셔요.

당신한테서 떨어지는 것이 저에게는
무엇보다 큰 아픔입니다.
저의 뜨거운 열정이 식지 않게 해 주셔요.
당신을 위한 것이 아니면
제가 하는 모든 일이 헛일이요 망할 일입니다.
당신은 우리 괴로움을 달콤하게 만드시고
우리 짐을 가볍게 하시며
온갖 염려 가운데서 안심케 하십니다.
당신 품에서 우리로 쉬게 해 주셔요.

"하느님께서 당신께 선택된 이들이 밤낮으로 부르짖는데 그들에게 올바른 판결을 내려 주지 않으신 채, 그들을 두고 미적거리시겠느냐?"
(루카 18,7)

아버지의 이름이 거룩히 빛나시며

04 '아버지의 이름이' (1) _시편기도
05 '아버지의 이름이' (2) _호칭기도
06 '거룩히 빛나시며' _찬미기도

04 '아버지의 이름이'(1)
_시편기도

원문에 숨겨진 보물 그리스어 원문에서 '아버지의 이름이 거룩히 빛나시며'(개신교: '이름이 거룩히 여김을 받으시오며')에 해당하는 부분은 '하기아스데토 토 호노마 수'(hagiastheto to honoma sou)다. 직역하면 "당신의 이름이 거룩하게 되어라"라는 뜻이다.

'아버지의 이름이'로 번역된 그리스어 원문은 '호노마 수'(honoma sou)로서 직역하면 '당신의 이름이'가 된다. 인칭대명사가 발달되지 않은 우리말로 자연스럽게 번역하기 위하여 '당신의'를 직접 '아버지의'로 옮긴 것이다. 개신교에서는 이를 생략하여 그냥 '이름이'라고 번역한다. 주님의 기도 초반부 '아버지' 관련 청원 모두가 원문에서는 '당신의'(sou)로 되어 있음을 알 필요가 있다.

고대인들에게 있어서 이름은 그 사람의 인격을 대변할 뿐 아니라 이름이 지닌 뜻과 능력까지 나타내는 말이었다. 따라서 주님의 기도에 나타난 '이름'은 하느님 자신을 말한다.

예수님은 우리에게 주님의 기도를 통해 '이름'을 가진 하느님을 알려 주셨다. 왜 굳이 하느님께서 이름을 가지신 분임을 강조하였을까? 그 이유는 하느님께서 '인격'을 지니신 존재임을 드러내기 위함이었다.

여기서 인격이라는 말은 철저히 서양식으로 이해할 필요가 있다. 이 인격은 동양에서 인품을 드러내는 말로 사용되지만 서양에서는 숫자를 셀 때 사용되는 개념인 것이다.

그렇다면 하느님께서 '인격'을 지니셨다는 것은 무엇을 의미하는가? 하느님께서 사람과 대화 내지 소통을 원하신다는 것을 말한다. 그래서 서로를 부르면서 뭔가를 주고받기 위하여 '이름'을 가르쳐 주셨던 것이다.

하느님의 '이름'을 충분히 묵상하고 그 이름을 부르며 바친 기도의 대표가 '시편기도'다. 성경을 보면 특히 시편 저자들이 주님의 이름을 자주 부르면서 기도한 것을 찾아볼 수 있다.

이름 = 인격 = 존재

누구 이름을 따를 것인지   하느님의 이름에 대하여 언급하기 전에 먼저 '이름'의 중요성에 대하여 생각해 보기로 하자.

한 유다인 부부가 논쟁을 벌이다 랍비를 찾아갔다. 문제는 그들의 첫 아이에게 지어줄 이름에 관한 것이었다.

부인이 먼저 랍비에게 말했다. "남편은 시아버님의 이름을 따서 아이의 이름을 지어주기 원하지만, 저는 저의 아버지의 이름을 따서 지어주고 싶어요."

우리와는 달리 이스라엘에서는 후손들이 훌륭한 조상의 이름을 따르는 전통이 있었던 것이다. 그래서 랍비가 부부에게 물었다. "당신들 아버지의 이름이 뭡니까?"

두 사람은 동시에 대답했다. "두 분 다 요셉입니다."

이에 랍비가 어이없다는 듯이 말했다. "그렇다면 무엇이 문제란 말입니까?"

부인이 다시 말을 이었다. "시아버님은 말도둑이었고, 저의 아버지는 정직한 분이었습니다. 그러니 분명히 하지 않으면 제 아들이 어느 아버지의 이름을 따른 것인지 알 수 없잖아요?"

랍비는 잠시 생각한 후 이렇게 말했다. "그 아이를 요셉이라고 부르시오. 그리고 나서 말도둑이 될지 혹은 정직한 사람이 될지 지켜보시오. 그러면 어느 쪽 아버지의 이름을 따른 것인지 알게 될 것이오."

이름에 대한 유다인들의 생각이 배어 있는 이야기다. 그들은 이름에 붙여진 의미가 실제로 그 사람의 일생에 영향을 끼친다고 믿었던 것이다.

이름값   긍정적이든 부정적이든 사람들은 대체로 부지불식간에 이름값을 하려 한다. 콜럼버스의 예가 그 대표적인 경우다.

신대륙을 발견한 크리스토퍼 콜럼버스는 황금에 미친 사람으로도 유명했다. 그가 아메리카 탐험을 시작한 것도 이 때문이었다.

그러나 그에게는 한 가지 고민이 있었다. 바로 그의 이름이었다. '크리스토퍼'는 '그리스도를 업고 다니는 자'라는 뜻이었던 것이다.

'예수를 업고 사는 자가 될 것인가, 아니면 황금을 업고 사는 자가

될 것인가?'

　수도원에 들어가 며칠을 기도한 크리스토퍼는 결국 신부에게 자신의 이름대로 살겠다는 고백을 했다. 그 후 그의 임종 때에 그는 평화로운 얼굴로 다음과 같은 말을 남겼다고 한다.

　"제가 가장 행복했던 시절은 내 이름값을 제대로 했던 지난 14년간이었습니다."

　이름은 이토록 중요하다. 이름은 한 사람의 의식과 무의식을 지배한다. 그러므로 이름은 신중하게 그리고 진취적으로 지을 일이다.

3인칭 이름과 2인칭 이름의 차이

예수님께서는 주님의 기도 서두를 '아빠'라는 호칭으로 열어 주실 뿐 아니라, 첫 번째 청원에서 '아버지의 이름이'라는 단어를 통하여 다시 한번 하느님 이름의 중요성을 부각시키신다. 앞에서 이미 밝혔지만, 이는 하느님께서 '인격'을 지니신 존재임을 확실히 가르쳐 주시기 위함이다.

　이름은 그의 인격이다. 그런데 인격이 형성되려면 혼자서는 성립될 수 없다. 반드시 타자가 필요하다. 두 사람 사이에서 나와 상대방을 구분하는 단위가 '인격'인 것이다. 하느님과 우리 사이에서도 이 관계가 성립되는 것이다. 바로 그분의 '이름'을 부름으로써 말이다.

　하느님의 이름을 모를 때 그분은 3인칭의 하느님에 머문다. 이를테면 신, 하나님, 조물주, 옥황상제, 염라대왕, 상제(上帝), 천주(天主) 등 이런 식이다. 이런 이름은 고유명사가 아니고 일반명사일 따름이다.

그런 하느님은 아직 나와 큰 상관이 없다. 단지 두려움의 대상일 뿐이다.

그러나 그분의 이름을 알고 부르기 시작하면서 그분은 인격적인 하느님, 곧 2인칭의 "너"(you)로 부를 수 있는 분이 되는 것이다. 이로써 이 하느님은 나와 개별적인 관계를 맺으신 '나의' 내지 '우리의' 하느님이 되는 것이다.

모세의 물음 하느님의 이름을 제대로 아는 것은 곧 하느님을 제대로 아는 것이다. 구약성경에서 하느님께서 당신의 이름을 우리에게 알려 준 사건은 유명하다. 하느님께서 모세에게 말씀하신다.

"나는 아브라함과 이사악과 야곱에게 약속을 했다. 그 약속을 실현하기 위해 너를 불렀다. 네가 내 백성을 이끌어 내서 약속의 땅으로 데리고 가거라"(탈출 3,8-10 참조).

그러자 모세가 "당신을 누구라고 해야 합니까?"라고 묻는다. 이에 하느님은 당신의 이름을 알려 주신다.

"나는 야훼다"(탈출 3,14 참조).

그렇다면 '야훼'는 무엇인가? 야훼(YHWH)라는 이름은 영어로 be동사에 해당하는 하야(haya)동사에서 파생된 말이다. 곧 하야동사의 변화형 문장의 준말이다. 이를 영어 문장으로 변환하면 다음과 같이 된다.

"I will be who I will be."

우리가 이 문장을 어떻게 해석하느냐에 따라 야훼의 의미가 달라진다. 필자는 서술부 "who I will be"를 "스스로 말미암는다"는 의미를 살려 '자유'(自由)로, 앞의 주부 "I will be"를 "스스로 존재한다"

는 의미를 살려 '자재'(自在)로 번역하여, 그 전체를 '자유자재'라고 해석하는 입장이다.

보통 "나는 있는 자, 그로다"라고 번역하는데, 이 표현에는 위의 다이내믹한 의미가 희박하다. 하지만 '자유자재'로 번역하면 그 의미가 온전히 살아난다. 결국, 내용적으로 야훼는 "이분 뒤에 아무도 없고, 이분이 근원이고, 알파고, 오메가다"라는 의미를 지닌다.[1]

우리는 한계를 지니고 있지만 하느님은 막힘이 없으신 분이다. 그래서 우리는 야훼를 부를 수 있고 그 이름을 부를 때 응답받는 것이다.

당신 이름을 두시려고 고르신 곳 하느님의 이름과 관련된 아주 아름다운 약속이 하나 있다. 필자가 무척 좋아하는 성경구절이기도 하다. 신명기에는 성소(聖所)를 가리키는 말로 다음과 같은 약속의 말씀이 기록되어 있다.

"주 너희 하느님께서 당신의 이름을 머무르게 하시려고 선택하시는 곳"(신명 26,2)

이 말씀처럼 성소는 하느님께서 당신의 이름을 두시려고 고르신 곳이다. 즉 성소에 가면 하느님의 이름을 만날 수 있다. 이는 누구든지 하느님의 이름을 부르고자 하면 성소 곧 성전으로 가야 한다는 말씀이다.

하느님께서는 응답하시며 축복을 주시는 거룩한 이름을 성소(또는 성전)에 두셨다. 이름을 두셨다는 것은 당신의 존재를 두셨다는 것을 뜻한다. 거기서 우리는 하느님을 인격적으로 만난다. 따라서 우리가 그곳에서 하느님을 부르며 기도할 때 응답을 받게 되는 것이다.

하느님의 별명

아버지의 명성 제리스 브라간이라는 사람이 테네시 주 교도소에 투옥되었다. 대개 교도소가 그렇듯 그 안에서는 덩치가 큰 죄수들이 약한 자들을 괴롭히는 일이 잦았다. 어느 날이었다. 브라간은 체구가 작은 젊은 죄수 두 명이 교도소 마당을 겁도 없이 거니는 모습을 목격했다. 브라간이 다른 죄수에게 물었다. "왜, 아무도 저들을 괴롭히지 않죠?"

그러자 "저 친구들의 아버지를 한 번도 보지 못했소?"라는 대답이 돌아왔다.

그들의 아버지는 테네시 동부에서 온 거대한 몸집의 터프가이로 자기 아들들을 보호하기 위해 일부러 경찰에 잡혀 교도소에 들어왔다. 그러고는 모든 죄수들에게 자기 아들들을 괴롭히면 각오하라고 엄포를 놓았다.

삼 년이 흘러, 그 아버지는 집행유예로 풀려났고 아들들만 감옥에 남게 되었다. 하지만 여전히 그들을 괴롭히는 사람은 없었다.

우리가 자주 망각하는 사실이 하나 있다. 우리 뒤에 예수님이 계시고, 하느님이 빽으로 계시다는 사실 말이다.

대표적인 하느님의 별명들 하느님 아버지의 명성 또한 여러 별명들을 통해 사람들의 기억에 각인되었다. 구약성경에만 80가지가 넘는 하느님의 이름이 있다고 한다. 이제 믿음의 선배들이 사용한 하느님의 대표적인 별칭들을 꼽아보기로 하자.

야곱은 하느님을 '야훼 라아'(나의 목자)라고 불렀다.

"저의 조상 아브라함과 이사악을 당신 앞에서 살아가게 하신 하느님, 제가 사는 동안 지금까지 늘 **저의 목자**가 되어 주신 하느님"(창세 48,15)

야곱이 요셉의 두 아들에게 한 이 축복의 말에서 야곱에게 목자가 되어 주신 하느님을 만날 수 있다. 실제로 하느님은 목자로서 야곱과 언제나 함께하셨다. 그가 형 에사우를 피해 도망자의 신세가 되었을 때에도 "내가 너와 함께 있겠다"(창세 31,3)라고 약속해 준 분이셨다.

아브라함은 하느님을 '야훼 이레'(예비하시는 하느님)라고 불렀다.

"애야, 번제물로 바칠 양은 **하느님께서 손수 마련하실 거란다**"(창세 22,8).

아브라함은 하느님께로부터 외아들 이사악을 제물로 바치라는 명을 받고 이를 순종하기 위해 아들과 함께 모리야 산을 향하여 간다. 아브라함의 저 말은 아들 이사악이 던진 "불과 장작은 여기 있는데, 번제물로 바칠 양은 어디 있습니까?"(창세 22,7)라는 물음에 대한 답이었다.

야훼 이레! 하느님이 준비하시리라. 이 믿음으로 아브라함은 아들을 묶어 제단 위에 올려놓고 칼을 쳐들지만 때마침 나타난 주님의 천사가 이를 멈추게 한다. 아브라함이 믿음의 시험을 통과한 것이다. 문득 덤불에 뿔이 걸린 숫양을 발견한 아브라함은 이 양을 제물로 바치고 그 산을 '야훼 이레'라 불렀다.

판관 기드온은 하느님을 '야훼 샬롬'(평화의 하느님)이라고 불렀다

"기드온은 그곳에 주님을 위하여 제단을 쌓고, 그 이름을 '**주님은 평화**'라고 하였다. 그 제단은 오늘날까지 아비에제르 사람들에게 속한

오프라에 서 있다"(판관 6,24).

농부 출신 기드온은 자신이 미디안 군대를 물리칠 '판관'으로 불리움을 받았을 때, 겁을 먹고 두려움에 떨었다. 하지만 하느님께서는 그에게 여러 표징을 보이시며 그와 함께하실 것임을 약속해 주셨고, 실제로 전쟁에서 승리하게 해 주셨다. 그는 야훼야말로 '평화'를 주시는 분임을 몸소 체험했고, 이를 '야훼 샬롬!'으로 고백하였다.

모세는 하느님을 '야훼 라파'(치유자 하느님)라고 부르며 정을 들어 한 옥석에 새겼다.

"나는 너희를 **낫게 하는 주님**이다"(탈출 15,26).

이 구절의 배경은 이렇다. 이스라엘 백성들이 물을 찾지 못하여 목이 말라 괴로워할 때 모세는 하느님의 능력으로 말미암아 마라의 쓴 물을 단 물로 변화시킨다(탈출 15,25 참조). 그러고 나서 하느님은 이 이름을 몸소 알려 주셨던 것이다.

또 한번 모세는 하느님을 '야훼 니씨'(나의 깃발)라고 불렀다.

"모세는 제단을 쌓아 그 이름을 **야훼 니씨**라 하고"(탈출 17,15)

아말렉족이 이스라엘 민족을 공격하자 모세는 하느님의 지팡이를 들고 언덕으로 올라갔다. "모세가 손을 들면 이스라엘이 우세하고, 손을 내리면 아말렉이 우세하였다"(탈출 17,11). 결국 이스라엘은 이 전쟁에서 승리하였다. 이에 모세는 하느님의 뜻을 따라 제단을 쌓고 새로운 주님의 이름을 불렀다.

우리는 이 이름들을 기억하며 필요와 상황에 따라 자주 부를 줄 알아야 한다. 하느님께 이름을 붙이면 그분께서는 그 이름값을 톡톡히 하신다.

이름 붙인 인형이야기 언젠가 필자가 교우로부터 들은 이야기다.

딸아이가 어려서부터 인형을 좋아해 모으기 시작했는데 어느 날 갑자기 수백 개가 넘는 인형들을 죄다 버렸다고 한다. 그런데 그 중 딱 하나 버리지 않은 인형이 있었다.

궁금했던 엄마는 딸에게 '왜 그 인형은 버리지 않느냐'라고 물었더니 아이는 이렇게 답했다고 한다.

"그 인형은 제가 유일하게 이름을 붙여준 인형이에요. 이름 없는 인형은 나에게 의미가 없지만 이 인형만큼은 저에게 특별해요."

그렇다. 하느님에게도 그때에 맞는 이름을 우리가 붙여드리면 나와 언제나 떼려야 뗄 수 없는 관계가 되는 것이다.

시편기도

시편기도 에센스 지금까지 '아버지의 이름이' 속에 숨겨진 보물들을 탐사하였다. 그 과정에서 우리는 하느님의 이름이 하느님의 인격과 존재를 드러낸다는 사실을 배웠다. 그리고 하느님께서 우리에게 당신의 이름을 가르쳐 주신 것은 그 이름을 통하여 소통을 원하시기 때문이라는 점도 깨달았다. 은혜로운 것은 하느님께서 당신의 이름을 두시는 곳을 선택하여 '성전'으로 삼아주시고 그곳을 찾아 당신의 이름을 부르는 사람들을 만나주신다는 사실이다.

이러한 약속을 토대로 매순간 하느님의 이름을 찐하게 부르며 기도했던 신앙의

> 선배들이 우리에게 남긴 모범기도가 시편기도다. 우리는 시편기도를 통해서 우리가 미처 토로하지 못했던 자신 안에 숨어 있는 모든 감정과 바람과 고백을 쏟아낼 수 있게 된다.

하느님의 이름을 위하여

대부분의 사람들은 미켈란젤로의 이름은 기억하고 있지만 미켈란젤로의 스승, 보톨도 지오바니라는 이름을 기억하는 사람은 많지 않다.

미켈란젤로가 14살이 되었을 때, 지오바니는 문하생이 되기 위해서 찾아온 미켈란젤로에게 이렇게 물었다.

"위대한 조각가가 되기 위해서 무엇이 필요하다고 생각하느냐?"

"제가 가진 재능과 기술을 더 열심히 닦아야 한다고 생각합니다."

"네 능력만으로는 안 된다. 너는 네 기술로 무엇을 위하여 쓸 것인가를 먼저 분명히 결정해야 한다."

그리고 나서 지오바니는 미켈란젤로를 데리고 두 곳을 각각 구경시켜 주었다. 처음 간 곳은 술집이었다.

"스승님, 술집 입구에 아름다운 조각상이 있네요."

"작품은 아름답지만, 조각가는 이 술집을 위해서 조각을 만들었단다."

지오바니는 다시 미켈란젤로를 데리고 다음 장소로 갔다. 아주 웅장하고 멋진 성당이었다. 그곳에도 아름다운 조각상이 있었다.

"미켈란젤로야, 너는 이 아름다운 천사의 조각상이 마음에 드느냐, 아니면 저 술집에 있는 것이 마음에 드느냐? 똑같은 조각이지만 하나는 하느님의 영광을 위하여, 다른 하나는 술 마시는 쾌락을 위하여 세워

졌단다. 너는 네 기술과 재능을 무엇을 위해 쓰기를 원하느냐?"

스승의 물음에 어린 미켈란젤로는 이렇게 대답했다고 한다.

"하느님의 이름을 위하여, 하느님의 영광을 위하여 쓰겠습니다!"

하느님의 이름을 위해 사는 것은 얼마나 가치 있는 일인가.

시편을 기도한다

시편은 히브리어로 '테힐림'(thehillim) 곧 '찬미의 노래', 그리스어로 '프살모스'(psalmos) 곧 '비파 소리에 맞추어 부르는 노래'를 뜻한다.

아우구스티노 성인은 그가 회개한 후 처음 시편을 읽었을 때 너무나 감동한 나머지 『고백록』 9,4에 다음과 같이 기록하였다.[2]

"저의 하느님, 신뢰의 노래이며 겸손과 경건의 울림인 다윗의 시편을 읽었을 때, 저는 얼마나 감격했었고, 얼마나 큰 소리로 외치고 싶었는지 모릅니다. 이 시편으로 얼마나 큰 용기를 얻었는지 모릅니다. 할 수만 있다면 저는 전 세계 앞에, 인류의 교만 앞에 시편을 외치고 싶은 충동까지 느낍니다. 이미 시편은 전 세계 어디서나 외워지고 있으며, '생기를 돋게 하고 슬기롭게 합니다'(시편 19,8 참조)."

우리도 시편을 통해서 이러한 에너지를 만나보자.

시편기도 바치기 _시편 23편

시편 23편은 이스라엘 민족이 가장 좋아하는 시편 가운데 하나다. 오늘날도 유다인이면 누구나 거의 모두 히브리어 원문으로 암송하여 삶의 동반자로 삼고 있다고 한다. 이 장을 닫으면서 마음을 실어 자신의 기도로 바쳐보자.(이 기도는 눈으로 읽지 마시고 꼭 소리를 내어 바쳐야 은혜가 됩니다!!!)

주님은 나의 목자, 나는 아쉬울 것 없어라.
푸른 풀밭에 나를 쉬게 하시고 잔잔한 물가로 나를 이끄시어
내 영혼에 생기를 돋우어 주시고 바른길로 나를 끌어 주시니
당신의 이름 때문이어라.

제가 비록 어둠의 골짜기를 간다 하여도
재앙을 두려워하지 않으리니
당신께서 저와 함께 계시기 때문입니다.
당신의 막대와 지팡이가 저에게 위안을 줍니다.

당신께서 저의 원수들 앞에서 저에게 상을 차려 주시고
제 머리에 향유를 발라 주시니 저의 술잔도 가득합니다.
저의 한평생 모든 날에 호의와 자애만이 저를 따르리니
저는 일생토록 주님의 집에 사오리다.

(시편 23,1-6)

"주님은 나의 힘, 나의 방패. 내 마음 그분께 의지하여 도움을 받았으니 내 마음 기뻐 뛰놀며 나의 노래로 그분을 찬송하리라"(시편 28,7).

05 '아버지의 이름이'(2)
_호칭기도

원문에 숨겨진 보물   이름은 인격(persona)을 드러내는 말이고, 인격은 관계를 염두에 두고 있다.

여기서 우리는 '인격'이라는 말을 잘 알아들어야 한다. 동양의 언어로 인격(人格)은 흔히 인품(人品)이라는 말과 혼동되어 사용된다. 서양의 언어에서 인격은 철학적으로 한 사람을 대표하는 주체성 곧 단위를 가리키는 말이다.

우리말에서는 하느님의 인격을 나타낼 때 죽은 분을 가리키는 위(位)라는 용어를 쓴다. '위'는 죽은 사람의 숫자를 가리킨다. 예를 들어 순교자들의 숫자를 셀 때 103위 성인이라고 하듯이 말이다.

그런데 하느님은 3위(位)시다. 사람을 세는 숫자로 표기하면 3명 곧 세 분이라는 말이다. 이 세 분이 한 몸을 이루신다. 그래서 이를 삼위일체라 한다.

이 삼위일체 하느님 가운데 앞 장에서는 '야훼 하느님', '성부 하느님'의 이름을 묵상하며 우리는 '시편기도'를 만났다.

　이 장에서는 '아버지의 이름이'의 두 번째로, '성자 하느님'과 '성령 하느님'의 이름을 묵상한다.

　성자 하느님과 성령 하느님의 이름을 부르며 은혜롭게 기도를 바칠 수 있는 방법으로 '호칭기도'가 있다.

삼위일체의 이름

그분의 이름을 부를 때마다　　하느님은 삼위일체시기에 '아버지의 이름'은 결국 성자 및 성령의 이름을 뜻하기도 한다. 그런데 이 삼위의 이름을 부르면 우리에게 어떤 일이 일어나는가?

　한 소년이 공원에서 연을 날리고 있었다. 그런데 나지막한 구름이 나타나 소년의 시야에서 연을 가려 버렸다. 마침 그곳을 지나던 어느 신사가 소년에게 물었다.
"꼬마야, 그 줄을 쥐고 뭐하고 있니?"
"연을 날려요."
신사는 하늘을 올려다보았지만 연은 구름에 가려져 볼 수 없었다.
"애야, 너는 어떻게 저 하늘 높은 곳에 연이 있다고 믿을 수 있니?"
소년이 씨익 웃으며 말했다.
"연은 보이지 않지만, 이따금씩 당겨질 때가 있거든요."

보이지 않는 하느님의 존재를 우리는 어떻게 알고 있는가. 당겨 보면 안다. 불러 보면 안다. 우리가 매순간 성부와 성자와 성령의 이름으로 부르기만 하면 그분께서는 신앙의 눈으로 보고 느끼고 만질 수 있는 대상으로 우리에게 오신다.

성부와 성자와 성령의 이름으로   프란치스코 성인은 종종 우물가에서 물을 긷는 한 여인을 보곤 했다. 그 여인은 물이 가득 차 넘치는 물통을 들어 올리기 전에 언제나 나무 조각 하나를 그 안에 넣었다. 어느 날 성인이 그 이유를 묻자, 여인은 당연하다는 듯이 이렇게 대답했다.

"물을 흘리지 않게 하기 위해서죠. 이렇게 하면 물과 통이 흔들리지 않기 때문입니다."

성인은 여인의 말을 통해 세상의 이치를 깨달았다. 훗날 그는 한 친구에게 편지를 보내면서 이 일화와 함께 다음의 말을 보태었다.

"그대의 마음이 근심에 싸일 때면 그대의 심중 가운데다 십자가를 놓게. 그러면 마음이 흔들리는 일이 없을 것이네."

그렇다. '성부와 성자와 성령의 이름으로'라는 십자가를 우리 인생이라는 물 위에 얹어놓는 것이다. 이 마음으로 기도하면 인생의 어떤 순간이 닥칠지라도 우리는 그분의 임재와 평화를 느낄 수 있게 된다.

인호에 얽힌 이야기   필자가 강의차 원주에 갔었을 때 일이다. 한 형제님이 사진 하나를 가져와서 신기한 것이 찍혀 있다며 필자에게 보여 주었다. 사진을 유심히 들여다봤더니 어떤 유골이었는데 그 유골

이마에 십자 표시가 되어 있었다. 사연인즉 어떤 열심한 신자가 사진 속 유골을 수습하는 과정에서 사진을 찍었는데, 그 사진에 십자가가 나타난 것이었다. 이것이 바로 '인호'다. 인호가 유골에도 남아 있다는 것이다.

우리는 세례 때에 '성부와 성자와 성령의 이름으로' 세례를 받는다. 별거 아닌 예식인 것 같지만 이렇게 영원히 남아 있게 되는 것이다. 말소되지 않는 인호가 우리를 끝까지 지켜 주는 것이다.

예수와 파라클리토

귓가에 '예수, 마리아, 요셉' 하고 반복해서 부르세요 삼위일체의 신비를 깨달은 우리들이 이제 본격적으로 예수님의 이름이 주는 은총을 체험해 보자.

'예수'는 '야훼는 구원하신다'라는 뜻을 지닌 이름이다. 이 예수님의 이름을 부른다는 것이 우리에게 어떤 결과를 가져다줄까?

필자가 직접 겪은 일이다. 필자의 아버지는 필자가 대학교 1학년이었을 때 돌아가셨다. 돌아가시기 전 병원에서 가망이 없다는 이야기를 듣고 우리 가족은 아버지를 앰뷸런스에 태워 집으로 모셔오기로 했다. 그런데 당시 종부성사를 주러 오셨던 사제께서 필자의 가족들한테 이렇게 일러주셨다.

"앰뷸런스에서 그냥 가지 말고 옆에서 같이 이름 딱 세 개를 계속 부르면서 가세요. '예수, 마리아, 요셉. 예수, 마리아, 요셉……' 하고 말입니다. 그래야지 마귀가 영혼을 도둑질하지 않아요. 마귀가 범접하지 못하고 이 영혼이 곱게 하늘로 가시는 거예요."

그때 필자는 신앙에 대해서 별로 아는 바가 없었다. 그렇지만 사제의 그 말씀은 기억 속에 늘 생생히 남아 있다. 물론 그 말씀은 사실일 것이다.

우리가 예수님의 이름을 부르면 틀림없이 그 이름 자체가 예수님의 존재를 불러오기 때문에 마귀가 범접할 수 없게 되는 것이다.

내 이름을 팔아라   신약성경에서 예수님 이름의 능력을 가장 잘 체험한 사람을 꼽으라면 단연 사도 베드로다. 베드로는 예수님 이름으로 많은 기적을 일으켰다. 예수님의 이름만 부르면 죽었던 사람도 살아나고 성전 앞의 앉은뱅이도 일어났다.

"나는 은도 금도 없습니다. 그러나 내가 가진 것을 당신에게 주겠습니다. 나자렛 사람 예수 그리스도의 이름으로 말합니다. 일어나 걸으시오"(사도 3,6).

이 단순한 명령에 기적이 일어났다. 사도 베드로는 예수님의 이름이 얼마나 능력 있는지 수없이 체험하고 나서 이렇게 선포했다.

"사람들에게 주어진 이름 가운데에서 우리가 구원받는 데에 필요한 이름은 이 이름밖에 없습니다"(사도 4,12).

그러므로 우리가 기도할 때 예수님의 이름을 다시 한번 강조하여 부를 때 주님께서는 우리와 함께하실 것이다. 예수님도 말씀하셨지 않은가.

"너희가 내 이름으로 청하는 것은 무엇이든지 내가 다 이루어 주겠다. 그리하여 아버지께서 아들을 통하여 영광스럽게 되시도록 하겠다. 너희가 내 이름으로 청하면 내가 다 이루어 주겠다"(요한 14,13-14).

이 말씀은 이런 약속인 셈이다. "이제 기도할 때 그냥 '주세요' 하지 말고 내 이름을 팔어! 그러면 다 주셔!"

이름을 잊지 마세요   부유한 이교도의 아들, 아모스는 안티오키아의 사도 요한에 의해 감화되어 그리스도교 신자가 되었다. 이 일로 격분한 그의 아버지는 아들을 집에서 쫓아냈다. 2년 동안 객지에서 온갖 고생을 하던 아모스는 한 이교의 사제를 만나게 되었다.

"만일 자네가 그리스도만 포기하면 부와 쾌락과 성공과 명성을 모두 주겠네."

결국 아모스는 사제의 유혹에 넘어가고 말았다. 오랜만에 고향에 돌아온 아모스는 내심 이제 아버지가 자신을 반겨줄 것이라 기대했다. 그런데 아버지는 곧 돌아가실 상태였다.

"애야, 나를 용서해다오. 죽어가는 이 마당에 나에게 도움이 될 수 있는 분의 이름을 말해다오."

하지만 아모스는 그분의 이름이 생각나지 않았다. 결국 그는 죽어가는 아버지를 안타깝게 지켜볼 수밖에 없었다.

이후로도 아모스는 세속에 전념할 뿐 그리스도인의 생활을 제대로 하지 못하였다. 그러던 어느 날 소중한 아들이 사고로 죽게 되었다. 다급한 아내는 기도라도 좀 해 보라고 다그쳤지만 그는 스스로도 답답해 할 뿐이었다.

"모두 잊어버렸소. 내가 다시 그 이름을 얻을 수만 있다면 모든 걸 포기할 수도 있는데!"

그러던 중 안티오키아의 사도 요한이 아모스를 찾아왔다. 아모스는 무릎을 꿇고 이렇게 애원하였다.

"저희 아이가 죽어갑니다. 예전에 저는 소망을 가질 수 있는 그분의 이름을 알고 있었으나 부와 명성을 위하여 그 이름을 버렸습니다. 한 번만 더 제게 그 이름을 알려 주십시오."

사도 요한이 대답했다.

"아들아, 너는 큰 죄를 범했으나 네가 진심으로 통회하는 것을 보아 다시 이름을 알려 주겠다. 그 이름은 '하느님의 외아들 예수 그리스도' 시다."

사도 요한의 말을 듣자마자 아모스는 그 이름을 부르짖었다. 그러자 즉시 아들이 살아났으며 그의 주변은 모두 믿음을 갖게 되었다. 결국 모든 이가 그리스도의 이름을 간직하고 살게 되었다.

그분의 이름을 잊어 먹으면 큰일 난다. 설사 치매에 걸리더라도 우리가 반드시 기억해야 할 이름은 '예수 그리스도'다.

파라클리토 성령 이제 성령의 이름에 대하여 알아보자. 예수님은 성령을 '파라클리토'(paraclitus)라고 부르셨다.

"내가 아버지에게서 너희에게로 보낼 **보호자**(파라클리토), 곧 아버지에게서 나오시는 진리의 영이 오시면, 그분께서 나를 증언하실 것이다. 그리고 너희도 처음부터 나와 함께 있었으므로 나를 증언할 것이다"(요한 15,26-27).

이는 예수님 자신이 얼마 후 제자들의 곁을 떠나게 되겠지만 대신에 그들을 도울 보호자(협조자)이신 성령이 그들과 함께하실 것을 확신시켜 주시기 위한 말씀이었다.

파라클리토는 그리스어고 이를 라틴어로는 '파라클리투스'라고 발음한다. 여기서 '파라'는 '내 옆'(by, side)이라는 뜻이다. 그리고 '클리투스'의 어근인 '클레오'는 '부르다'는 뜻을 지닌다. 종합하면 '파라클리투스'는 '내 옆에 불러 세우다'라는 뜻이다. 그래서 독일어로는 이 말의 의미를 살려 파라클리토를 '바이스탄트'(Beistand), 말뜻 그대로 '옆에 서 계신 분'으로 표현한다.

그런데 이 표현은 모세의 '지팡이'를 연상시킨다. 모세에게는 항상 지팡이가 '옆에 서 있었'으니 말이다.

성경에서 우리는 모세가 지팡이를 들고 일으킨 하느님의 여러 기적들을 만나게 된다. 갈대 바다를 가를 때도, 전쟁에서의 승리도, 쓴 물을 단 물로 바꾼 것도 모두 지팡이를 통해서였다. 모세의 지팡이는 단순한 지팡이가 아니었다. 그것은 성령이었다. 결국 성령이 모세의 손에 들려 있었기에 그는 승리할 수 있었던 것이다.

호칭기도

호칭기도 에센스 지금까지 '아버지의 이름'과 관련하여 성자와 성령의 호칭 속에 숨겨진 보물들을 탐사하였다. 이 과정을 통해 삼위일체의 신비를 깨닫는 한편, 성자 하느님과 성령 하느님의 이름이 우리에게 주시는 무한한 은총파워를 실감하였다.

이처럼 삼위일체 하느님의 이름이 지니고 있는 신비한 힘을 믿고 바치는 기도가 바로 호칭기도다. 단순히 이름을 부르기만 하는 호칭기도를 통해 우리는 못할 것이 없고, 안 될 일이 없이 응답을 받는다.

예수호칭기도   사실 '호칭기도'의 원조는 사막의 교부들이었다. 그들은 거룩한 성경말씀이나 예수님의 이름을 부르는 예수호칭기도로 마음을 모았다. 이러한 실천은 내적 기도와 하느님 안에서 휴식을 구하는 영적 훈련으로 '고요함, 휴식, 평화'를 뜻하는 그리스어 헤시키아(hesychia)에서 파생된 헤시카즘(hesychasm)의 토대가 되었다.

수도승들의 예수호칭기도는 다음과 같다.
"살아 계신 하느님의 아들 주 예수 그리스도님, 죄인인 저에게 자비를 베푸소서!"
그들은 이 기도를 끊임없이 되풀이하며 때로는 최상의 영적 상태에 들어갔다. 이러한 상태에 이르면 성령께서 그들을 통해 기도한다는 것이다.
특히 아토스 산의 그리스 수도승 그레고리오 팔라마스 성인은 이 기도법의 대가였다.

수세기 동안 사람들은 이러한 고요함의 영성에 대한 자료를 모아 『필로칼리아(아름다움에 대한 사랑)』라는 이름으로 책을 엮었다. 이 책은 러시아의 영적 고전 가운데 하나인 『순례자의 길』에 영감을 주었는데, 그 내용은 19세기 중반 러시아 전역과 시베리아를 도보 순례한 익명의 농민 출신 순례자의 체험기다.
거룩한 수도승으로부터 『필로칼리아』를 소개받은 순례자는 '끊임없이 기도하라'는 바오로 사도의 말을 설명해 달라고 한다. 이에 수도승은 하루 3천 번씩 예수호칭기도를 반복하기를 그에게 제안한다. 처음에는 많은 노력이 필요했지만 몇 주가 지나자 순례자는 하루에 6천

번씩, 곧 만 2천 번씩까지 기도를 반복하게 되었다. 그는 자신의 체험을 이렇게 전한다.

"내 갈망은 오직 한 가지, 예수호칭기도를 하는 데 집중하는 것이었다. 그 기도를 하자 나는 기쁨과 해방감으로 가득 찼다. 마치 나와 상관없이 입술과 혀가 기도하는 것 같았다. 이렇게 하면서 나는 하루를 깊은 만족감 속에서 지냈다. 마치 다른 세계에 살고 있는 것 같았다."[1]

이것이 호칭기도의 은혜다.

호칭기도 바치기 _찬미의 호칭기도   아래 찬미의 호칭기도는 미국 캘리포니아주 오클랜드교구 가톨릭 성령쇄신봉사회 기도문을 재구성한 것이다. 이 장을 닫으면서 마음을 실어 자신의 기도로 바쳐보자.(이 기도는 눈으로 읽지 마시고 꼭 소리를 내어 바쳐야 은혜가 됩니다!!!)

◎주 예수님, 당신을 찬미합니다(매번 이 찬미를 드린다).

당신은 모든 이름 위의 이름이시니 ◎
당신은 임마누엘, 우리와 함께 계시는 하느님이시니 ◎
왕 중의 왕이시니 ◎
당신은 그리스도이시니 ◎
하느님의 어린 양이시니 ◎
승리자이시며 방패이시니 ◎
유일하신 진리이시니 ◎

평화의 왕자님이시니 ◎

세상의 빛이시니 ◎

살아 있는 말씀이시니 ◎

착한 목자이시니 ◎

만군의 주님이시니 ◎

생명의 빵이시니 ◎

거룩함의 샘이시니 ◎

참 포도나무이시니 ◎

성부의 약속이시니 ◎

부활이요 생명이시니 ◎

알파요 오메가이시니 ◎

당신은 나의 생명, 나의 사랑이시니 ◎

나의 치유요 온전함이시니 ◎

나의 은신처이시니 ◎

나의 변호자이시니 ◎

나의 신랑이시니 ◎

나의 인내이시니 ◎

제게 필요한 전부이시니 ◎

온갖 찬미를 받아 마땅한 분이시니 ◎

"사람들에게 주어진 이름 가운데에서 우리가 구원받는 데에 필요한 이름은 이 이름밖에 없습니다"(사도 4,12).

06 '거룩히 빛나시며'
_찬미기도

원문에 숨겨진 보물　　그리스어 원문에서 '거룩히 빛나시며'(개신교: '거룩히 여김을 받으시오며')에 해당하는 단어는 '하기아스데토'(hagiastheto)다. 이 단어는 '거룩하게 하다', '봉헌하다'라는 뜻을 지닌 '하기아조'(hagiazo)의 미래형 수동태로서 '거룩히 드러내시며'쯤으로 해석된다.

　그렇다면 이 말은 무슨 뜻인가? 하느님이 본래 거룩하지 않으시다는 뜻인가? 아니다.

　'거룩히 빛나시며'의 뜻은 '우리가 거룩하신 분을 거룩하신 분으로 알아보고 인정하고 공경할 수 있도록 하며, 그 거룩함이 거룩하지 못한 것으로부터 침해당하지 못하게 우리 안에 드러내며'의 의미다.

　말하자면 세상의 죄로 더럽혀지고 무시당한 아버지의 이름이 다시 거룩함을 드러내기를 기도하는 것이다. 우리가 살고 있는 이 시대는 하느님의 이름을 거룩하게 여기지 않고 오히려 언어, 사고, 행동 등을 통해서 그 이름을 더럽혀 왔다.

> 문화 전반과 첨단 과학, 낙태, 유전자 조작 등 무례하게 하느님 영역을 '침해'하며 하느님의 거룩함을 '훼손'하였다. 하느님의 위신이 말이 아니게 땅으로 떨어졌다. 이런 상황에서 "본래 거룩히 빛나던 이름을 죄인들이 영적인 눈을 뜨고 회개해서 새삼스럽게 알아 뵙도록 해 달라"라고 기도해야 한다는 것이다. 이런 의미에서 개신교 번역 '거룩히 여김을 받으시오며'가 원문의 뜻을 더 잘 전달해 준다고 할 수 있다.
>
> 이 구절을 깊이 묵상하며 기도할 때, 가장 바람직한 기도는 '찬미기도'다. 하느님의 거룩함을 알게 되면 우리는 그분께 영광을 올리게 되는데 이때 드리는 기도가 찬미다. 사실 '시편기도'나 '호칭기도'도 형식만 다를 뿐 그 내용 안에는 '찬미기도'가 포함되어 있다.

상뚜스

카페가 된 프랑스 성당　　본격적으로 거룩함이라는 것을 살펴보기 전에 슬픈 현실 하나를 확인하고 가자.

프랑스에 한 카페가 있는데 그 모양이 성당처럼 생겼다고 한다. 사연을 알아봤더니 원래는 그곳이 수도원성당이었는데 유지가 안 되어서 팔았던 것이다. 그런데 하필 성당을 사간 사람이 술집 주인이었다. 주인은 그 터를 그대로 남겨두고 카페를 만든 것이다.

비단 프랑스뿐만이 아니다. 필자는 미국순회강연을 다니면서 재정적인 이유로 성당이 매물로 나왔다는 얘기를 여러 교구에서 들었다. 돈 많은 사람들이 개인적으로 사서 서점이나 전시관, 박물관 등으로 활용하는 추세라고 한다.

　이러한 일은 오늘날 세태의 상징적인 반영일 뿐이다. 세계 도처에서 여러 가지 모양으로 하느님 '거룩'의 영역이 허물어지고 있는 것이다.

거룩이란　　그렇다면, 거룩이란 무엇인가? 히브리어에서는 거룩을 나타내는 말로 '카다쉬'(kadash)를 사용한다. 이 카다쉬는 원래 물건에 사용되면서부터 시작되었다.

　즉 처음에, '거룩'은 제구, 곧 제사 용구에 사용되었다. "이것은 거룩한 것이다. 밥그릇이 아니다. 술잔도 아니다. 이것은 하느님께만 사용되는 물건이다." 이렇게 따로 '성별되었다'라는 뜻이었다. 이러한 성별을 영어로 'consecration'이라 하며, 이는 세속에서 따로 떼어 내어 순수하게 하느님께 속한 것으로 봉헌한다는 의미를 지닌다.

　두 번째로, '거룩'은 사람에게 붙여졌다. "이 사람은 거룩하다. 하느님께만 속한 사람이기 때문에 세속적인 삶을 살 수가 없다." 여기서 '이 사람'이 사제였다.

　세 번째로, '거룩'은 마침내 우리 삶에 적용되었다. "너희 삶이 거룩한 삶이 되어라. 하느님께만 속한 사람의 삶을 살아라." 이렇게 윤리적 의미까지 아우르는 것이다.[1]

　오늘날 우리는 '거룩'이라고 할 때, 세 번째 의미부터 받아들이게 된다. 이는 구약과 신약을 관통하는 핵심적인 메시지다.

영광을 돌림으로　　하느님의 거룩은 하느님의 영광과 통하는 말이다. 거룩하시기 때문에 영광을 받으시는 것이다. 그러므로 우리가 하느님께 영광을 돌릴 때 자연히 하느님의 거룩함이 빛나게 드러난다.

18세기경, 오스트리아의 한 사교 클럽에 성공한 예술가들이 대거 모였다. 그 자리에는 교향곡의 아버지 하이든도 있었다. 참석자들은 서로 특별히 새로운 영감을 얻고 아이디어를 구상하는 방법에 대하여 대화를 나눴다.

어떤 예술가는 여행을 즐긴다고 했고, 또 다른 예술가는 오페라와 연극 관람을 한다고 했다. 실컷 잠을 잔다고 말한 이도 있었다. 이제 하이든의 차례가 되었다. 그는 자신의 비법을 이렇게 털어놓았다.

"저는 집안에 작은 기도 방을 하나 마련해 두었습니다. 피곤하거나 작품 구상이 되지 않을 땐 그 방에 들어가서 기도를 하지요. 그때마다 저는 새로운 영감과 내적인 에너지를 얻을 수 있었습니다. 저의 대표작인 「천지창조」 역시 기도의 결과입니다!"[2]

하이든은 자신의 창조적 영감이 하느님께로부터 온 것이라는 사실을 고백함으로써 하느님의 영광을 드러냈던 것이다.

필자 역시 하느님께 영광을 돌림으로써 하느님의 거룩하심을 드러내고 싶다. 독자들도 알다시피 필자는 책도 많이 쓰고, 강의도 많이 한다. 필자 역시 아이디어가 많이 필요한 사람이다. 필자의 비결은 무엇일까? 하이든의 그것과 똑같다. 당연하고 뻔한 이야기 같지만 사실은 이 뻔한 것이 우리 인생의 답이다.

이 책 『통하는 기도』에서 탄생한 24가지 기도는 그냥 완성된 것이 아니다. 이들 내용의 기본적인 틀은 기도를 통해 받은 것이다.

필자는 새벽 4-5시에 일어나서 기도하거나 집필하기를 좋아한다.

그리고 그 시간이야말로 하느님께서 움직이시는 시간임을 알고 있다. 또한 필자는 성경 속의 신앙선배들에게서 기도비법을 배워 익혔던 터라, 기도할 때 하느님의 마음을 움직이는 설득의 논리도 꿰고 있다. 그래서 이렇게 기도했다.

"주님, 아시잖습니까. 이거 저 혼자 먹는 거 아님을 말입니다. 이거 받아서 다 나눠 줄 테니까 주님, 좀 주십시오. 제게 명오를 열어 주십시오."

이 책 역시 그렇게 해서 나온 결과다. 그러므로 이 책을 읽는 독자들 모두에게 그 은혜가 함께할 것임을 확신한다. 이 책을 통해 하느님께서는 당신의 '거룩'을 드러내시며 영광을 받으시기를! 아멘.

자녀들이 거룩해지려면 우리가 어떻게 하면 우리 자신은 물론 자녀들을 거룩해지도록 만들 수 있을까? 답은 간단하다. 우리 집안에 거룩함의 공간을 만드는 것이다. 그곳에다 거룩함의 방법과 도구들을 가져다 놓는 것이다. 벽에는 십자가와 성화를 걸어 놓고, 탁자에는 성경책과 성가책을 펴놓으며, 항상 복음묵상 테이프나 성음악을 틀어 놓는 것이다.

뽕짝이 흐르는 집안과 성가가 흐르는 집안은 그 에너지부터가 달라진다. 이를 잘 드러내주는 실험결과가 있다. 닭이 어떤 환경에서 달걀을 더 많이 낳는가에 대해서 조사한 실험으로, 그 실험방법은 다음과 같다. 똑같은 조건의 두 개의 양계장에 똑같이 건강한 닭을 집어넣고 한쪽은 경쾌하고 아름다운 음악을 틀어 놓고, 다른 한쪽은 슬프고 느린 음악을 틀어 놓았다. 결과는 놀라웠다. 경쾌한 음악을 틀어 놓은 쪽은 하루에 달걀이 365개씩 생산되었으나, 슬픈 음악을 틀어 놓은 쪽은 194개씩만이 생산되었던 것이다.

여기서의 요점은 밝고 아름다운 음악의 효과다. 어릴 때부터 성음악을 듣고 자란 집안의 자녀들은 확실히 그렇지 않은 아이들과 차이가 난다. 거룩함의 파장이 우리를 거룩하게 만드는 것이다.

누가 가장 행복합니까? 이탈리아의 유명 시인 타소가 한번은 영국의 찰스 왕을 방문했다. 둘은 문학과 인생 전반에 걸쳐 유쾌한 대화를 나누었다. 그러다 왕이 불쑥 시인에게 물었다.

"당신은 이 세상에서 누가 가장 행복한 사람이라고 생각하시오?"

신앙심으로 똘똘 뭉쳐진 시인이 즉각 대답했다.

"전지전능한 하느님이 가장 행복하시지요!"

이 대답에 왕도 고개를 끄덕이며 다시금 물었다.

"물론 그렇겠지요. 그러면 하느님 다음으로는 누가 가장 행복한 사람 같소?"

왕은 내심 자신이 거명될 거라고 기대했다. 그런데 뜻밖에도 시인은 다음과 같은 의미심장한 말로 대답했다.

"하느님 다음으로 행복한 사람은 하느님처럼 되고자 하는 사람이 아니겠습니까?"[3]

난처한 왕의 질문에 기지 어린 진리로 응대하여 난국을 벗어난 타소. 그의 말처럼 진짜 행복한 사람은 하느님처럼 되고자 하는 우리 그리스도인들인 것이다. 딴 데서 찾지 말라. 하느님처럼 된다는 것은 한마디로 거룩해지는 것을 말한다.

"나, 주 너희 하느님이 거룩하니 너희도 거룩한 사람이 되어야 한다" (레위 19,2).

거룩히 되옵시며

더럽혀진 이름 역사 이래 하느님의 거룩한 이름은 처참하게 더럽혀졌다. 어떻게 이런 일이 일어났을까?

첫째, 세상 사람들의 무분별한 언행으로 인해 일어난다. 사람들은 자주 하느님의 이름을 헛되이 부르는 잘못을 범한다. 하느님의 이름을 남용 또는 오용하는 것이다. 예컨대 어떤 일이나 상황에 권위를 부여하기 위해 곧잘 "하늘에 두고 맹세"하거나 하느님의 이름으로 자기의 욕심을 채우거나 위기를 모면하려 한다. 또한 영어로 '갓뎀'(God damn)은 "저주나 받아라"는 욕이며, '지저스 크라이스트'(Jesus Christ)는 "재수 없다" 또는 "제기랄"이라는 의미의 욕인데 이런 불경한 욕설에도 하느님과 예수님의 이름이 남용되고 있다. 참고로, 한국말에서 "하느님 맙소사!"라는 말이 있는 것은 그나마 다행이다. 일상의 언어에 신앙적인 측면이 깃들여 있다고 보이기 때문이다.

둘째, 그리스도인의 잘못된 삶으로 인해 일어난다. 이는 아이들이 잘못되면 부모를 욕 먹이는 것과 같은 이치로 이루어진다. 우리가 잘못 살면 하느님을 욕 먹이는 것이다. 사도 바오로는 이를 이렇게 설명한다. "하느님의 이름이 너희 때문에 다른 민족들 가운데에서 모독을 받는다"(로마 2,24).
실제로 그런 일은 비일비재하다. 간디 이야기가 꼭 그 경우다. 원래 간디는 그리스도교 신자였다. 그런데 그가 영국에서 그들 민족과 살다가 후에 그리스도교 신앙을 버리고 힌두교로 떠났다.

"나는 예수님이 좋아서 선택했지만 같은 신앙을 믿는 영국인들이 저지른 사악한 노예제도, 무차별 정복전쟁, 잔인한 인종차별 등을 더 이상 견딜 수 없다. 이는 예수님이 가르치신 것과 정반대의 행동이다. 그러니 내가 어찌 그리스도교 신자로 더 머물 수 있겠는가!"

뜨끔하고 반성하게 된다. 정도의 차이는 있을지 몰라도 그리스도인으로 사는 우리가 그분의 거룩함을 훼손하는 일들을 얼마나 자주, 또 얼마나 많이 저지르고 있는지 말이다.

하느님 이름이 거룩히 되심 구약의 에제키엘 예언자는 하느님의 이름이 이미 더럽혀져 있음을 전제로 다음과 같은 예언말씀을 전한다.

"나는 민족들 사이에서 더럽혀진, 곧 너희가 그들 사이에서 더럽힌 내 큰 이름의 거룩함을 드러내겠다. 그들이 보는 앞에서 너희에게 나의 거룩함을 드러내면, 그제야 그들은 내가 주님임을 알게 될 것이다. 주 하느님의 말이다"(에제 36,23).

이로써 하느님께서는 역사 안에서 당신의 거룩함을 드러내심으로써 당신께서 주님이심을 세상에 알리려는 계획을 선포하신다. 그렇다면, 하느님의 거룩함, 곧 하느님의 하느님다우심은 어떻게 드러나는가? 이는 하느님의 구원행위, 그분의 자비, 그분의 정의, 그분의 권능 등을 통해서 드러난다.

이는 또한 우리들의 삶을 통해서도 드러난다. 우리가 거룩해질 때 하느님의 거룩함이 회복되는 것이다.

송해붕 선생 이야기 이 대목에서 필자가 독자들에게 꼭 소개하고 싶은 분이 있다.

바로 거룩함의 산 증인, 송해붕 세례자 요한이다. 그는 1926년 2남 4녀 중 장남으로 모태 신앙을 갖고 태어났다. 44년 4월 덕원신학교로 편입하여 신학생 생활을 하던 그는 45년 해방 이후 사제가 되기 위한 학업 과정을 중도에 포기하고 계양구 귤현동, 고촌 은행정 마을(현 김포시 고촌면 신곡리 은행정)로 들어가 야학을 운영하며 전교 활동을 벌인다.

이후 몇 년간 은행정과 누산리 공소(현 김포시 양촌면 누산리)를 오가며 펼친 전교 활동은 가히 성인의 수준이 아니고는 이룰 수 없는 것이었다. 그의 신앙과 열정과 수고는 가는 곳마다 청년이고 어른이고를 막론하고 그리스도의 제자가 되도록 변화시켰다. 또한 그 가르침이 얼마나 명쾌하고 재미있고 엄했던지 당시의 제자로서 지금 생존하는 이들의 증언을 들어 보면 오늘날까지 생생하게 기억이 날 정도라고 한다.

그러나 청년 송해붕은 1950년 6·25전쟁 당시 천주교가 동네에 전파되는 데 반감을 가진 주민 일가의 밀고로 빨갱이로 몰려 총살형을 당하고 만다. 그의 죽음은 신앙 전파 때문이었다. 그러므로 그의 죽음은 순교였다.[4]

송해붕 세례자 요한은 성인은 아니지만 필자는 개인적으로 이분을 주보성인으로 모신다. 그 사연은 다음과 같다. 필자가 건강상의 이유로 요양 중에 있을 때 주님께 다시 한번 기회를 달라고 기도하여 응답받은 것이 고촌의 작은 성당 주임신부였다. 필자는 그때 처음 송해붕 세례자 요한의 이름이 고촌 지역을 장악하고 있다는 것을 알게 됐다. 가정방문을 하면 집집마다 돌아가신 지 50년이 다 돼 가는 그분의 이야기를 하는 것이었다.

도대체 송해붕 세례자 요한이 누구인가? 필자는 그의 정신을 2년 반 동안 연구하고는 그분의 매력에 흠뻑 빠졌다.

그러다 후임지로 누산리 공소에 거처를 옮겨 미래사목연구소 소장 직을 맡게 되었다. 그때 한번은 한 신부의 어머니가 필자를 찾아와 말했다. "신부님, 혹시 송해붕 세례자 요한 아세요? 사실은 이 공소가 송해붕 선생이 와서 교리를 가르치던 곳이에요."

이에 필자는 두 번 놀랐다. 처음에 다시 한번 주어진 인생을 위해 간 곳이 고촌성당이고, 거기서 다시 미래사목연구소를 만들고 간 곳이 누산리 공소다. 그런데 송해붕 세례자 요한이 딱 그 두 군데에서 복음을 전파했다고 하니 등골이 오싹했다.

그러다가 몇 년 후 기가 막힌 또 하나의 일을 경험했다. 당시 연구소가 이사를 가야 하는데 땅이 안 나왔다. 필자는 고촌과 누산리, 이 두 곳을 포함하는 곳에 땅을 사고 싶었다. 그런데 이 지역 땅이 김포택지 구역으로 묶여 있어서 살 수가 없었다.

1년여를 그렇게 헤매던 어느 날 필자는 하도 답답해서 송해붕 세례자 요한에게 기도했다.

"저를 고촌으로 불러주셨고 또 누산리로 불러주셨으면 저를 책임지셔야죠. 둘 중 하나를 부탁드립니다. 지금 보러 가는 작동의 땅이 마음에 드시면 제가 거기를 가더라도 저를 잊지 않고 지켜 주시고, 만약 마음에 안 드시면 이쪽 라인에 있는 땅을 주셔야 합니다."

그런데 기도를 한 지 이틀도 안 되어 복덕방에서 땅이 나왔다는 놀라운 소식을 들었다. 그 현장이 바로 송해붕 세례자 요한이 돌아가신 장소, 바로 순교터였다. 땅 주인도 교우였다. 그리고 바로 지금 그곳에 미래사목연구소가 서 있다.

『통하는 기도』 TV강의 녹화를 준비할 때도 그분의 전구는 이어진다. 담당 PD가 강의 녹화장소를 빌리려고 2개월 남짓을 찾아 헤매었지만 마땅찮았다. 필자가 나설 차례였다. 문득 김포성당이 떠올랐다. 본당 신부도 흔쾌히 허락하셨고 장소도 그만이었다. 필자는 그날 밤 '또 한번 송해붕 세례자 요한이 움직이셨구나' 하고 생각했다. 김포성당은 송해붕 세례자 요한이 미사를 드리고 성체를 모신 곳이다. 그 은총의 장소에 필자가 초대되어 방송강의를 성황리에 녹화했던 것이다.

공깃돌의 좌우명 십계 중에서

송해붕 세례자 요한이 남긴 10개의 계명 중에서 필자가 아주 중요하게 생각하는 한 구절이 있어 소개한다.

"너 성인성녀 되기를 먼저 원하라. 그리고 변변하지 못한 성인성녀 되기를 원치 말고 완전한 성인성녀 되기를 원하라."

어떤 사람이 이 말을 자신의 일기장에 써놓았다면 그것은 말이 된다. 써놓고 자신이 지키든 혹은 지키지 못하든 그건 상관없기 때문이다. 그런데 만약 어떤 사람이 자신이 가르치는 제자들 앞에서 이 말을 써놓고 가르친다고 하면 이때는 얘기가 달라진다. 자신은 지키지 못하면서 이를 가르칠 수는 없기 때문이다. 한마디로 스스로도 책임을 져야 하는 말이다. 송해붕 세례자 요한이 대단한 인물인 것은 그분은 결국 이 말대로 실천하셨기 때문인 것이다.

송해붕 세례자 요한, 그는 하느님 이름의 거룩함을 회복시키는 데 큰 역할을 한 이 시대의 거인이었던 것이다.

찬미기도

찬미기도 에센스 지금까지 '거룩히 빛나시며' 속에 숨겨진 보물들을 탐사하였다. 이 과정에서 하느님의 거룩하심이 무엇인지를 깨달았고, 그 거룩하심이 하느님을 닮은 삶을 살고자 하는 우리의 영적 노력을 통해 다시 빛나게 드러나신다는 사실을 확인했다.

이에 거룩한 하느님께 영광을 올려 그분의 거룩함을 노래로써 기리는 기도가 찬미기도. 하늘에서 하느님의 영광스런 현존 앞에서 천사들은 "거룩하시다, 거룩하시다, 거룩하시다, 만군의 주님! 온 땅에 그분의 영광이 가득하다"(이사 6,3) 하며 찬미기도를 바쳤다. 이 기도가 바로 찬미기도의 전형이다. 찬미기도를 통해 하느님의 거룩하심은 더욱 영광을 받으시는 것이다.

세 청년의 찬미기도 구약성경을 보면 어떠한 순간에서도 하느님을 찬미하여 그분의 영광을 입은 세 청년의 이야기가 나온다.

네부카드네자르 임금이 하루는 금으로 된 상을 만들어 백성들에게 다음과 같이 명을 내렸다.

"누구든지 이 상 앞에 엎드려 절하라."

하지만 예언자 다니엘의 세 동료 사드락, 메삭, 아벳 느고는 이를 지키지 않아 고발당한다. 노한 임금은 자신 앞에 끌려온 그들 셋을 타오르는 불가마 속으로 던져버리라고 명령한다. 그런데 이게 어찌된 일인가! 그들이 버젓이 불길 한가운데를 거닐며 하느님을 찬미 찬송하는 것이었다. 임금의 종들이 끊임없이 가마에 불을 지폈어도 아무 소용없었다. 주님의 천사가 내려와 그들을 보호하여 "그들은 불에 닿지도 않고 아프거나 괴롭지도 않았"(다니 3,50)기 때문이었다. 이것이 찬미기도의 비밀이다.

신이난 세 청년은 가마 속에서 한목소리로 하느님을 더욱 찬미 찬송하였다(다니 3,51-90 참조).
"주님, 저희 조상들의 하느님, 찬미받으소서. 당신은 칭송과 드높은 찬양을 영원히 받으실 분이십니다. 당신의 영광스럽고 거룩하신 이름은 찬미받으소서"(다니 3,52).

이 모든 기적을 지켜본 네부카드네자르 임금은 결국 절로 하느님께 승복하고 만다. "이처럼 구원을 베푸실 수 있는 신은 다시 없다"(다니 3,96).
이리하여 이 세 청년은 불 속에서 살아났음은 물론 네부카드네자르 임금의 명으로 바빌론 지방에서 높은 벼슬을 얻게 되었다.

이 시대의 기적 '찬미기도'는 이처럼 기적을 일으키는 힘을 가지고 있다.
이틀 내내 고장 난 잠수함에 갇혀 있는 승무원들에게 다음과 같은 노래를 부르라는 상부 지시가 내려왔다.
"나와 함께하소서. 황혼이 쉬 다가오고 어두움은 깊어 가는데, 주여 저와 함께하소서. 다른 사람들은 나를 돕지 않고 떠날 때 제가 어디서

위로를 얻을 수 있을까요? 이 힘없는 자를 도와주시고, 오 저와 함께 하소서!"

찬송을 부르고 난 후, 선장이 승무원들에게 말했다. "이 노래는 바로 지금 너희들을 위한 것이다. 이 상황에 적용하여 잘 인내하기 바란다." 그리고 나서 선장은 자신이 입수한 정보에 의하면 그들이 살아서 돌아가기는 힘들 것이라는 사실을 전해 주었다. 이에 한 선원이 충격을 받아 쓰러졌다. 그런데 그가 기절하면서 어떤 장비에 부딪혔는데 그로 인해 작동하지 않던 부상(浮上)장치가 움직이기 시작했다. 결국 잠수함은 수면 위에 올라 안전히 항구에 닿을 수 있었다.[5]

상식적으로 이해할 수 없는 일이 벌어졌지만 그 원인은 분명 존재했다. 그들은 마지막에서까지 하느님께 기도한 것이다. 찬미기도의 응답이 온 것이다.

찬미기도 바치기 _프란치스코의 기도   프란치스코 성인은 피조물 가운데에서 하느님의 영광을 보고 그들을 형제·자매로 부르며 찬미의 기도를 바쳤다. 오늘 우리는 성인의 심안(心眼)이 더욱 그립다. 이 장을 닫으면서 마음을 실어 자신의 기도로 바쳐보자.(이 기도는 눈으로 읽지 마시고 꼭 소리를 내어 바쳐야 은혜가 됩니다!!!)

내 주여!
당신의 모든 피조물 그 중에도,
언니 해님에게서 찬미를 받으사이다.
그로 인해 낮이 되고 그로써 당신이 우리를 비추시는,

그 아름다운 몸 장엄한 광채에 번쩍거리며,
당신의 보람을 지니나이다. 지존이시여!

누나 달이며 별들의 찬미를 내 주여 받으소서.
빛 맑고 절묘하고 어여쁜 저들을 하늘에 마련하셨음이니이다.
언니 바람과 공기와 구름과 개인 날씨,
그리고 사시사철 찬미를 내 주여 받으소서.
당신이 만드신 모든 것을 저들로써 기르심이니이다.

쓰임 많고 겸손하고 값지고도 조촐한 누나 물에게서
내 주여 찬미를 받으시옵소서.

아리고 재롱되고 힘세고 용감한
언니 불의 찬미함을 내 주여 받으옵소서.
그로써 당신은 밤을 밝혀 주시나이다.

내 주여!
누나요 우리 어미인 땅의 찬미를 받으소서.
그는 우리를 싣고 다스리며 울긋불긋
꽃들과 풀들과 모든 가지 과일을 낳아줍니다.

"거룩하시다, 거룩하시다, 거룩하시다, 만군의 주님! 온 땅에 그분의 영광이 가득하다"(이사 6,3).

아버지의 나라가 오시며

07 '아버지의 나라가' (1) _축복기도
08 '아버지의 나라가' (2) _중보기도
09 '오시며' _관상기도

07 '아버지의 나라가' (1)
_축복기도

원문에 숨겨진 보물 그리스어 원문에서 '아버지의 나라가 오시며'(개신교: '나라가 임하시오며')에 해당하는 부분은 '엘데토 헤 바실레이아 수'(eltheto he basileia sou)다. 여기서 '아버지의 나라'인 '헤 바실레이아 수'(he basileia sou)는 직역하면 '당신의 나라'다.

이 나라는 이미 와 있는 하느님 나라며 앞으로 올 하느님 나라를 지칭한다.

'나라' 곧 '바실레이아'(basileia)라는 말은 세 가지 의미를 지닌다. '통치'(지배, 다스림 개념), '왕권'(주도권 개념), 그리고 '왕국'(땅의 개념)이 그것이다. 주님의 기도에서 '아버지의 나라가 오시며'의 그 '나라'에는 이 세 가지 의미가 다 들어 있다. 우리는 지상에 살면서 하느님의 나라가 오기를, 하느님께서 당신의 왕권을 회복하고 통치하시기를 간절히 바란다.

예수님께서 "하느님의 나라가 가까이 왔다"(마르 1,15)라고 하셨다. 하느님 나라가 '이미' 와 있다고 말씀하신 것이다. 이 하느님 나라는 위의 세 가지 의미

가운데 특히 '하느님의 통치'를 가리킨다.

하느님 나라의 통치권은 어떤 힘에 의한 다스림이 아니라 평화와 사랑으로 통치되는 파라다이스다.

"하느님의 나라는 먹고 마시는 일이 아니라, 성령 안에서 누리는 의로움과 평화와 기쁨입니다"(로마 14,17).

결국, 모든 이가 하느님을 '주님'으로 고백하고 그동안 악의 세력과 사람에게 내주었던 하느님의 통치권을 다시 회복하여 온 세상이 의로움과 평화와 기쁨으로 넘치는 하느님의 나라가 되기를 기도하는 것이다. 우리는 바로 그런 나라를 기다리는 것이다.

이미 와 있는 '하느님 나라'를 충만히 누리기 위해 바치는 기도가 바로 '축복기도'다. 아버지의 나라가 우리에게 오시면 좋은 일들이 일어난다. 축복이 함께 하는 것이다.

그 나라에 대한 동경

어떤 결과가 나오든 한 스코틀랜드인 병사가 전쟁에서 심한 부상을 입었다. 당장 수술을 해야 하는 상황에서 군의관은 그에게 안타까운 말을 전했다.

"유감입니다만 수술 성공가능성은 1%입니다. 마지막으로 꼭 하고 싶은 말은 없는지요."

용감한 병사는 다음과 같이 말했다.

"선생님 전 괜찮습니다. 어떤 결과가 나오든 제 영혼은 만족할 것입니다. 만약 수술이 성공하면 어머니께서 저를 맞아주실 것이고, 만약 수술이 실패하면 예수 그리스도께서 저를 맞아주실 것이기 때문입니다."

대단한 믿음이다. 어느 쪽의 결과가 나오든 양쪽 다 자신은 상관없다는 것이다. 나라면 어땠을까?

하느님 나라는 이미 와 있는 나라며 또 앞으로 올 나라다. 이미 와 있는 하느님 나라에 동참하든지 아니면 앞으로 올 하느님 나라에 동참하든지 우리의 삶도 이와 비슷한 것이다.

믿지 않았기 때문이지   태어날 때부터 눈이 먼 소년이 있었다. 그의 어머니는 아들을 낫게 하려고 유명한 안과의를 백방으로 찾아다녔다. 마침내 소년은 훌륭한 의료진의 도움으로 눈을 뜨게 되었다.

처음으로 세상을 보게 된 아들이 어머니에게 말했다.

"어머니, 이렇게 아름다운 세상에 제가 살고 있다는 걸 왜 진작 말씀해 주지 않으셨어요?"

어머니는 감사의 눈물을 흘리며 대답했다.

"애야, 나는 너에게 그것을 수차례 얘기해 주었단다. 다만 네가 그것을 느끼지 못했기 때문이지."[1]

이런 일은 우리들 사이에서도 늘상 일어난다. '하느님 나라'에 대해서도 우리는 얼마나 많은 이야기를 들었던가. 성경을 통해서든, 강론을 통해서든, 체험담을 통해서든.

믿지 않는 이들은 귀에 못이 박히도록 다음의 말을 듣는다. "하느님 나라의 은총 받으세요.", "성당에 나오세요."

그런데 정작 이 하느님 나라를 차지하는 사람은 누구인가? 와서 누리는 사람이다. 은총에 눈을 뜬 사람이다. 하느님 나라에 취해 있는 그리스도인들에게는 이 말이 뜬구름이 아닌 현실인 것이다.

잃어버린 나라   첫 번째 하느님 나라는 바로 에덴이었다. 에덴 동산의 주인이신 하느님은 셋방살이하는 처지의 아담과 하와에게 다음과 같은 복을 내리셨다.

"자식을 많이 낳고 번성하여 땅을 가득 채우고 지배하여라. 그리고 바다의 물고기와 하늘의 새와 땅을 기어 다니는 온갖 생물을 다스려라"(창세 1,28).

모든 축복을 허락하신 하느님께서는 단 하나의 예외를 두셨다.

"너는 동산에 있는 모든 나무에서 열매를 따 먹어도 된다. 그러나 선과 악을 알게 하는 나무에서는 따 먹으면 안 된다. 그 열매를 따 먹는 날, 너는 반드시 죽을 것이다"(창세 2,16-17).

그런데 여기에 불청객이 찾아든다. 뱀이 하와를 유혹한 것이다. 뱀의 공략 포인트는 바로 이것이었다.

"너희는 결코 죽지 않는다. 너희가 그것을 먹는 날, 너희 눈이 열려 하느님처럼 되어서 선과 악을 알게 될 줄을 하느님께서 아시고 그렇게 말씀하신 것이다"(창세 3,4-5).

이 말은 무슨 뜻인가?

"너의 눈이 밝아져서 하느님처럼 되는 거야. 그러면 너의 나라가 되고 이제 네가 주인이 되는 거야."

결국 열매를 따 먹은 아담과 하와의 행동은 하느님 주권에 대한 도전이었다. 그 결과 그들은 낙원을 상실했다. 이것이 오늘, 우리가 살고 있는 현실이다.

이와 관련하여 프랑스 소설가이자 열렬한 가톨릭 신자였던 레옹 블루아는 언젠가 다음과 같은 글을 썼다.
"이 세상에는 단 한 가지 슬픔이 있다. 그것은 낙원의 상실이다. 우리에게 유일한 바람과 소망이 있다면, 그것은 그 낙원을 수복하는 일이다."
휘황찬란한 밤거리를 끊임없이 헤매는 이들의 목적은 무엇인가. 혹, 그곳에 잃어버린 낙원이 있나 하는 허황된 기대 탓이다.
우리 역시 잃어버린 낙원을 찾고 있다. 확률은 누가 높은가. '가짜'가 아닌 '진짜'를 손에 쥔 우리 그리스도인이다.

그 나라의 여명

역사 속에서 잃어버린 낙원을 찾기 시작한 사건이 있다. 바로 '바벨탑 사건'과 이어지는 '아브라함의 부르심'이다. 이 두 가지 내용을 하느님 나라의 관점에서 볼 수 있다.

먼저 바벨탑을 쌓으면서 사람들이 했던 말은 다음과 같다.
"자, 성읍을 세우고 꼭대기가 하늘까지 닿는 탑을 세워 이름을 날리자. 그렇게 해서 우리가 온 땅으로 흩어지지 않게 하자"(창세 11,4).
여기서 주어는 '우리'다. "'우리'가 탑을 산꼭대기까지 높이 쌓아서, 즉 무엇인가를 '하여', 우리 이름을 만방에 떨치자!"라는 것이었다.
그런데 이 '우리'는 누구인가? 인간들이다. 즉, 역사의 주도권을 사람이 가지려고 했다는 말이다. 바로 이것이 '죄'였다. 삶의 주도권을 자신이 가지려 할 때 우리는 죄의 유혹에 빠지게 된다. 신앙에서는 모든 걸 내 뜻으로 행하려 할 때 문제가 생기는 법이다.

이후 하느님은 아브라함을 부르셔서 당신의 나라를 회복하신다.
"네 고향과 친족과 아버지의 집을 떠나, 내가 너에게 보여 줄 땅으로 가거라. 나는 너를 큰 민족이 되게 하고, 너에게 복을 내리며, 너의 이름을 떨치게 하겠다"(창세 12,1-2).

이 대목을 다시 보면, '우리가'가 '나는'으로 바뀐다. 여기서 '나'는 '하느님'이다. 바로 하느님께서 아브라함을 향하여 "'너를 큰 민족이 되게' 하여, 너의 이름을 떨치게 하리라!"라고 하셨던 것이다.

독자들에게는 이 극명한 대조가 보이는가. 이 말씀을 통하여 역사의 주도권이 인간에게서 하느님에게로 넘어간 것이다. 이는 인간에게 주도권이 있을 때는 바벨탑이나 쌓고 끝났었지만 하느님께서 주도권을 회복하시니 이제 우리를 복의 근원이 되게 하신다는 것을 의미한다. 이것이 구세사의 시작이다.[2]

얼마나 멋진가. 주도권이 하느님께 넘어가니 구세사가 시작된다. 하느님의 주도권 곧 그분의 통치권이 무엇인가? 바로 '하느님 나라'다. 이렇게 '하느님 나라'의 여명이 밝아오기 시작한 것이다.

나를 위한 약속　　하느님 나라의 시민이 되면 무엇을 누리게 되는가? 이것은 아브라함에게 주신 약속에 잘 나타나 있다. 하느님께서 아브라함에게 주신 약속은 세 가지다. 서술의 편의상 그 순서를 바꿔 정리하면 다음과 같다.

첫째, "큰 민족이 되게 하리라."

둘째, "땅을 주리라."
셋째, "너를 통하여 사람들이 복을 받게 될 것이다."

믿음이 있는 사람은 이 약속을 '나 자신'을 위한 약속으로 받아들일 수 있다. 이를 우리는 나의 삶과 충분히 연결시킬 수 있는 것이다.
'민족'은 소박하게 말하면 '가문'을 가리킨다.
'땅'은 실질적으로 '영향반경'을 의미한다.
'복'은 우리가 '건강하게 바라는 모든 것'을 지칭하는 것으로 이해해도 무방하다.
아브라함에게 주신 약속을 이렇게 이해하고 철석같이 믿으면 반드시 그대로 이루어진다. 내가 아버지 나라에 충실한 시민이 되면, 나의 가문(민족)이 일어나고 우리 집안의 영향력(땅)이 늘어난다. 또한 내가 원하는 모든 것(복, 행복, 성공)을 이룰 수 있게 되는 것이다.
이 믿음이 바로 우리들의 '그 나라'에 대한 식을 줄 모르는 동경인 것이다.

이미 와 있다

예수님과 함께 온 나라　　이렇게 시작된 그 나라의 여명은 신약으로 넘어오면서 예수님의 복음 선포로 이어진다.
"때가 차서 하느님의 나라가 가까이 왔다. 회개하고 복음을 믿어라"(마르 1,15).
나아가 예수님은 이 나라가 '이미' 와 있음을 선포하신다.

"보라, 하느님의 나라는 너희 가운데에 있다"(루카 17,21).

과연 이 나라는 어떤 나라인가? 하느님의 통치가 실현되는 나라다. 정의가 구현되고, 억울한 이들이 회복되고, 억눌린 사람이 해방되는 나라다. 이 나라가 바로 예수님의 공생활을 통해서 개시되었다.
"주님께서 나를 보내시어 가난한 이들에게 기쁜 소식을 전하고 잡혀간 이들에게 해방을 선포하며 눈먼 이들을 다시 보게 하고 억압받는 이들을 해방시켜 내보내며 주님의 은혜로운 해를 선포하게 하셨다"(루카 4,18-19).

하느님 나라가 임했을 때 가장 큰 수혜자가 누구인가? 구약에서는 과부, 고아, 나그네를 들 수 있다면 신약에서는 세리, 죄인, 창녀가 꼽힌다. 성경에서는 이 사람들을 이름하여 '아나윔'(히: anawim)이라고 불렀다. 이는 '작은 이'라고 번역할 수 있다. 결국 이 사람들이 하느님 나라의 백성이 된다. 지상에서 가장 '작은' 이들이 곧 하느님 나라의 첫째 시민이 되는 것이다.

비유 속의 그 나라 예수님께서는 이 '하느님 나라'를 겨자씨에 비유하셨다.
"하늘 나라는 겨자씨와 같다. 어떤 사람이 그것을 가져다가 자기 밭에 뿌렸다. 겨자씨는 어떤 씨앗보다도 작지만, 자라면 어떤 풀보다도 커져 나무가 되고 하늘의 새들이 와서 그 가지에 깃들인다"(마태 13,31-32).
겨자씨는 얼마나 작은가? 그런데 그 겨자씨가 자라나면 어떤 푸성귀보다 크게 자라나 새들이 그 그늘에 둥지를 트는 것이다.

필자는 '겨자씨 영성'을 좋아한다. 한번은 필자가 초등학교 신규임용교사 교육행사에 『무지개 원리』 강의차 방문한 적이 있다. 한 원로 선생님이 필자의 특강 전 10분 정도 짧은 강의를 하셨는데 그때 그분이 하신 말씀이 기억에 남는다.

"여러분, 나는 여러분에게 좁쌀 선생님이 돼 달라고 말하고 싶습니다. 아이들 하나하나를 좁쌀처럼 꼬치꼬치 봐주면서 돌봐주는 그런 자상한 선생님 말입니다. 아이들한테는 대범한 선생님이 아닌 좁쌀 선생님이 필요합니다."

백번 공감하는 바다. 그런데 한국 사람들은 보통 이와는 거꾸로 된 사고를 한다. 필자가 문화적으로 좀 피했으면 하는 표현이 '쫀쫀하다'라는 말이다. 개인적으로 이 말을 들은 적은 없지만 옆에서 보면 이상한 현상이 목격된다. 쫀쫀하다고 상대에게 이야기하는 사람은 보통 성실하지 않은 사람인 반면 그 말을 듣는 사람은 굉장히 성실한 사람인 것이다. 마치 좁쌀같이 열심히 사는 사람들이 이 말을 듣는 것이다. 이런 말들이 우리나라를 망치고 있는 게 아닐까.

겨자씨의 축복   영국의 잔 월턴은 26살 때까지 되는 대로 인생을 산 사람이었다. 이후 새 삶을 살기로 한 그는 술, 담배를 끊고 고작 1실링씩 받는 가게 점원생활을 시작했다. 하루는 그가 교회에서 설교를 듣는데 다음의 마태오복음 한 구절을 듣고 큰 깨달음을 얻게 되었다.

"내가 진실로 너희에게 말한다. 너희가 겨자씨 한 알만 한 믿음이라도 있으면, 이 산더러 '여기서 저기로 옮겨 가라.' 하더라도 그대로 옮겨 갈 것이다"(마태 17,20).

그는 생각했다. '그렇다. 작은 겨자씨만 한 믿음이면 되는 것이라

하지 않았는가! 그렇다면 나에게도 얼마든지 성공할 수 있는 기회는 있다.' 이 같은 확신을 갖게 된 그 다음 날부터 월턴은 겨자씨 하나를 주머니에 넣어서 날마다 가지고 다녔다.

훗날 그는 유명한 실업가로 크게 성공했으며, 71세의 나이로 은퇴할 때 엘리자베스 2세로부터 작위를 받기도 하였다.

월턴은 고백했다. "나는 좌절할 때마다 이 겨자씨를 꺼내 보며 주님의 말씀을 상기시켰습니다. 그러고는 다시 용기를 얻었습니다."

놀라운 겨자씨 영성이다. 결국, 겨자씨 믿음이 풍성한 하느님 나라를 누리도록 해 주었다. 내 마음속 겨자씨는 얼마만큼 자라 있는가. 아직 싹을 틔우지 못했다 하더라도 이제부터 시작하면 되는 것이다.

축복기도

> **축복기도 에센스**   지금까지 '아버지의 나라가' 속에 숨겨진 보물들을 일차적으로 탐사하였다. 먼저 우리는 최초의 하느님 나라였던 '낙원'의 상실과 회복과정을 더듬어 봤다. 다음으로 우리는 이 땅에 이미 와 있는 하느님 나라에 눈을 뜨게 되었다. 그 나라는 우리가 간절히 원하던 '진짜' 축복의 나라다. 우리가 겨자씨 한 알만 한 믿음만 있다면 언제든 현실이 될 나라다.
>
> 이에 이 땅에서 우리가 하느님 나라를 온전히 맛보고 누리기 위하여 바칠 수 있는 기도가 축복기도다. 축복기도를 통해서 우리는 물질적 은총, 정신적 은총, 영적 은총을 골고루 받아 누린다. 축복은 주님의 원의요 약속이며, 하느님 백성의 권리요 기대다.

정당한 기복기도   한마디로 이미 이 땅에 와 있는 하느님 나라는 뜬구름 잡는 추상적인 나라가 아니라 실제적이고 구체적인 축복의 나라다. 여기서 우리는 '기복기도'라는 주제와 맞닥뜨린다.

필자는 사목자들이 신자들에게 "기복기도하지 말라"고 누누이 강조하는 것을 예사로 봐왔다. 그 취지인즉슨, 해야 할 윤리적, 영성적 도리는 안 하면서 미신적으로 복만 빌지 말라는 의미일 것이다. 그런데 필자가 보기에 신자들은 그 말을 "세속적인 일을 위해서는 아예 기도하지 말라"는 말로 소화하고 있다.

기복기도(祈福祈禱)를 글자 그대로 풀면 '복을 구하는 기도'가 된다. 복을 구하는 것이 과연 잘못인가?

아니다. 성경은 온통 축복의 약속으로 채워져 있고, 축복을 청하는 기도로 가득하다. 성경은 온갖 '개인적인' 기도들의 향연이다. 자식 못 낳는 여인들은 아기를 갖게 해 달라고 청했고, 식량이 떨어진 과부는 기름을 구했으며, 군인은 승전을 위해 기도했다. 가뭄이 들면 비를 간구했고, 궁지에 몰리면 원수들을 물리쳐 달라고 간청하기도 했다. 바오로 사도는 안전한 여행, 병의 치유, 담대한 복음선포 등을 위해 기도했다. 야고보 사도는 지혜를 요청하고 병 낫기를 간구하라고 가르치기도 했다. 전부 그들 자신들의 생활과 밀접하게 연결된 기도들이었던 것이다.

기도의 고수, 토머스 머튼은 개인적인 문제를 가지고 기도해야 할지 말아야 할지 고민하다가 그의 책 『칠층산』에서 다음과 같이 결론 내렸다.

"자신의 필요에 관해서는 아무것도 구해서는 안 된다고 생각하는 건 일종의 교만이다. 마치 모자라는 게 전혀 없다는 듯, 하느님께 의지할 뿐만 아니라 거룩한 뜻에 따라 물질에 기댈 수밖에 없는 존재가 아니라는 듯 행동하면서 자신을 하느님과 똑같은 수준에 올려놓으려는 또 하나의 교활한 술책이기 때문이다."[3]

정곡을 찌르는 말이다. 필자는 신자들이 '살기 위하여 하는' 기도가 아주 중요하다고 생각한다. 세상에 먹고사는 것보다 중요한 게 어디 있겠는가. 이 기도를 해 본 사람이 진정으로 하느님을 만나게 되어 있다.

사실, 신자들이 기도를 잘하도록 지도하는 것은 중요하다. 그러나 무턱대고 신자들이 '기복기도 노이로제'에 걸려 힘 있게 기도하지 못하는 것이 사실은 더 큰 문제임을 알아야 할 것이다.
우리는 두 가지 사항만 기억하면 된다.
첫째, 의롭지 않은 방법으로 복을 구하지 말라는 것이다.
둘째, 이기적으로 복을 구하지 말라는 것이다. 곧 복을 나눠야 한다는 것이다.

이 두 가지를 지키기만 하면 우리는 복을 구할 권리와 자격이 충분히 있다.
하느님의 자녀들인 우리 그리스도인들이여, 할 수만 있다면 하느님께서 우리에게 주실 수 있는 복은 다 받아내자. 혼자 먹고 떨어지지 말고 나누면서 말이다. 혹 나눌 곳이 없으면 필자에게 가져오시기를.

축복기도 바치기 _아구르의 기도   가장 바람직한 축복기도로 필자는 현자 아구르의 기도를 꼽는다. 그는 복을 구하되 가장 영양가 높은 복을 구한다. 그는 우리 인생의 궁극적인 존재 이유를 관통하는 축복을 청하고 있는 것이다. 이 장을 닫으면서 마음을 실어 자신의 기도로 바쳐보자.(이 기도는 눈으로 읽지 마시고 꼭 소리를 내어 바쳐야 은혜가 됩니다!!!)

저는 당신께 두 가지를 간청합니다.
제가 죽기 전에 그것을 이루어 주십시오.
허위와 거짓말을 제게서 멀리하여 주십시오.
저를 가난하게도 부유하게도 하지 마시고
저에게 정해진 양식만 허락해 주십시오.
그러지 않으시면 제가 배부른 뒤에 불신자가 되어
"주님이 누구냐?" 하고 말하게 될 것입니다.
아니면 가난하게 되어 도둑질하고
저의 하느님 이름을 더럽히게 될 것입니다.

(잠언 30,7-9)

"주님께서 그대에게 복을 내리시고 그대를 지켜 주시리라. 주님께서 그대에게 당신 얼굴을 비추시고 그대에게 은혜를 베푸시리라"(민수 6,24-25).

08 '아버지의 나라가' (2)
_중보기도

원문에 숨겨진 보물   아버지의 나라 곧 성경의 표현으로 '당신의 나라'는 이미 와 있지만 아직 완전히 와 있지 못하다. 궁극적인 하느님 나라는 다가올 나라인 것이다. 이를 우리는 종말론적인 하느님 나라라고 부른다.

이 장에서는 이 종말론적인 하느님 나라 곧 '천국'에 관심을 기울여 볼 것이다. 지상교회에 속한 우리는 천상교회에 속한 영혼들과 '통공'(通功)을 이룬다. 서로 기도로써 교통한다는 말이다. 이는 마치 지상의 신자들끼리 서로 기도로 도움을 주고받을 수 있는 사실과 비슷하다. 사도신경은 이를 통틀어 '성인들의 통공'(communio sanctorum)에 대한 믿음으로 고백하고 있다.

이러한 믿음에 바탕을 둔 기도가 '중보기도'다. 이 기도는 '여러 사람들이 함께 도와준다'는 의미에서 '연대기도'와 이웃사촌쯤 될 수 있겠다. 그런데 '연대기도'는 함께 살아가는 사람들 간의 기도만을 뜻하는 데 반해, '중보기도'는 산 이와 죽은 이들 간의 기도까지 포함한다.

하늘 나라

모두 진실이야 '아버지의 나라'는 또한 우리가 미구에 가야 할 천상의 나라 곧 천국을 가리키기도 한다.

천국은 정말 있을까? 믿는 사람에게는 천국의 존재에 대해 추호의 의심도 없지만, 못 믿는 사람들에게는 불확실한 추정 정도로 여겨질 것이다. 자신의 체험을 객관적으로 증명한다는 것은 결코 쉬운 일이 아니다.

13세기 이탈리아의 탐험가 마르코 폴로는 당시 미지의 세계였던 중국을 여행하고 돌아와서 쓴 책 『동방견문록』으로 유명하다. 그런데 그의 임종 때에 친구들이 찾아와서는 이렇게 다그쳤다고 한다.

"자네는 그 책에서 도무지 우리가 믿을 수 없는 이야기들만 잔뜩 기록해놓지 않았나? 이제라도 진실을 밝혀주게. 책의 모든 내용이 자네의 상상에 의한 것임을 말일세."

이에 마르코 폴로는 담담하게 다음과 같이 말했다.

"내가 책에 쓴 것은 모두 진실이네. 사실, 나는 내가 보고 겪었던 것의 절반도 채 기록하지 못했다네!"[1]

누구의 말이 옳았는지 우리는 굳이 이야기하지 않아도 알고 있다. 실제 신앙생활에서도 이런 일은 비일비재하다. 우리가 아무리 하느님 체험을 전하고 천국의 존재에 대해 증거해도, 믿지 못하는 사람들은 이를 대개 거짓말이나 환상 정도로 치부하는 것이다.

생명을 담았어요 미국 매사추세츠 주의 한 교회 주일학교에서 있었던 일이다. 여덟 살 톰은 늘 몸이 아파 휠체어에 의지하여 교회에 나오는 소년이었다.

부활절을 앞둔 어느 날, 주일학교 선생님은 아이들에게 속이 비어 있는 플라스틱 계란을 주며 그 속에 무엇이든 생명이 있는 것을 담아 오라고 했다. 드디어 부활절 아침, 교리시간에 모인 아이들이 차례로 계란을 열어 보였다. 꽃이나 나뭇잎, 곤충, 씨앗 등 그 종류도 다양했다.

그런데 톰의 계란은 비어 있었다. 몇몇 아이들이 깔깔거리며 놀렸지만 선생님은 톰을 조용히 위로해 주었다.

"준비하지 못했어도 괜찮아. 톰이 많이 아팠나 보구나."

하지만 톰은 커다란 눈을 반짝이며 선생님께 이렇게 대답했다.

"아니에요, 선생님. 이것은 예수님의 무덤이에요. 예수님은 다시 살아나셨으니까 그 무덤은 비어 있는 거잖아요. 그렇지만 그건 분명 생명이 살아 있다는 것을 나타내잖아요."

톰은 10개월 뒤에 숨을 거두었다. 장례식 날, 그의 관에는 꽃 대신 빈 플라스틱 계란이 놓여졌다.

톰은 아픔의 터널을 지나면서 충분히 천국을 묵상해 보았을 것이다. 그는 그 어린 나이에도, 아니 오히려 어린 나이였기 때문에 '빈 무덤' 이야기를 들으면서 예수님의 부활을 곧이곧대로 믿었던 것이다.

끝까지 남는 것   우리는 이 세상을 살아가면서 많은 것들을 추구한다. 언젠가 천국으로 가야 할 때, 끝까지 남는 것은 과연 무엇일까? 영성가 카를로 카레토가 알토란 같은 답을 던진다.

"'나는 또 새 하늘과 새 땅을 보았습니다. 첫 번째 하늘과 첫 번째 땅은 사라지고 바다도 더 이상 없었습니다. 그리고 거룩한 도성 새 예루살렘이 신랑을 위하여 단장한 신부처럼 차리고 하늘로부터 하느님에게서 내려오는 것을 보았습니다'(묵시 21,1-2). 과연 지상세계에 속한 것들 중 무엇이 남겠습니까? 보십시오, 사랑이 남을 것입니다. 집은 사라지겠지만 우리를 결합시켰던 애정은 남을 것입니다. 사무실은 사라지겠지만 생계를 위해 흘렸던 땀은 남게 될 것입니다. 인간의 혁명은 사라지겠지만 정의를 위해 흘린 눈물은 남을 것입니다. 우리의 낡은 육신은 사라지겠지만 우리가 치른 희생의 상흔과 우리가 겪은 전쟁의 상처는 남을 것입니다."[2]

허물어지는 것이 있고 남는 것이 있다. 우리는 어느 쪽을 추구해야겠는가.

교황 요한 바오로 2세의 고별 메시지

필자는 독자들과 아주 은혜로운 글을 하나 음미하고 싶다. 바로 교황 요한 바오로 2세가 돌아가시면서 남긴 고별 메시지다.

새 천 년의 문을 열어 놓고
이제 나는 주님께 나를 바칩니다.
이제 새 천 년의 시작은 여러분이 해야 합니다.
나는 너무 많은 일을 했습니다.
많은 고통도 겪었습니다.
쉴 시간이 없었습니다.

늘 기도했습니다.
손에서 묵주를 놓은 적이 없었습니다.

나는 여러분에게서 등을 돌리고 싶었습니다.
너무 오랫동안 고독 속에서
주님이 원하시는 일을 묵묵히 실천하느라
고통스러웠습니다.
이제 그 십자가를 여러분에게 넘기고
나는 쉬러 갑니다.
지금은 쉬고 싶습니다.
너무 힘들고 외로웠습니다.

나에게는 친구가 필요했습니다.
즐기고 싶었고
울고 싶기도 했으며
방황도 하고 싶었습니다.
나는 이제 그대들 곁을 떠나지만
내가 하던 일은
하느님의 이끄심에 의해 계속될 것입니다.
이제 모든 짐을 벗어 버리고
편히 주님께 갈 수 있어서
나는 행복합니다.[3]

그분이 우리를 바라볼 때 항상 지었던 그 미소를 기억한다. 그 미소가 있기 위해 뒤에서 그분이 얼마나 인내하셨을지 짐작해 본다. 사실 필자가 이 기도문을 처음 봤을 때 참 많은 눈물을 쏟았다.

필자는 그분의 자리가 지상에서 최고로 고독한 자리였음을 안다. 어떤 때는 하찮은 필자도 그 고독을 느낄 때가 있다. 인류를 위한 사명이 보이기 시작하면 그때부터는 고독으로 들어가는 것이다. 독자들도 이 고독에 함께 동참하시기 바란다. 요한 바오로 2세께서 지금 하늘에서 우리를 내려다보면서 기도하고 계신다.

진정 그분은 살아 있는 예수 그리스도셨다. 우리 인류의 구원을 위해 한시도 손에서 묵주를 놓은 적이 없었다는 요한 바오로 2세. 그분은 왜 이런 삶을 살 수 있었을까? 바로 천국이 있다는 것을 확신했기 때문이다. 우리 인류를 천국으로 데려가고자 원하셨기 때문이다.

천국 체험담

천국에 가 봤더니　　어떤 사람이 천국에 가 봤더니 "꼭 와 있을 거야"라고 기대했던 사람은 없고 "지옥에나 빠졌겠지" 하고 생각했던 사람이 버젓이 동산을 거닐고 있더란다. 너무 어이가 없던 그 사람은 천국에 온 이에게 이유를 물었더니 자기도 모르겠다는 것이다. 자신은 평생 죄만 짓고 살다가 죽기 전에 우연히 한 신부를 만나 통회 한 번 한 것밖에 없는데 천국에 오게 되었다는 것이다. 그는 하느님의 처사가 너무도 감격스러워서 자기가 천국에서 하는 일이란 그저 감사하고 또 감사하는 일이라고 했다.

이번에는 연옥에 가 봤더니 "저 사람은 벌써 천당에 갔겠지" 하고 기대했던 사람이 불평을 하면서 고통을 겪고 있더란다. 역시 이유를 묻자 그의 대답이 "글쎄, 천당에 갔더니 창녀, 강도, 사기꾼 등이 판을 치고 있기에 하느님의 처사가 너무도 못마땅하고 속이 뒤틀려 이리로 왔다"라고 하더란다.

꾸며진 얘기지만 시사하는 바가 크다. 하느님의 자비로운 처사를 우리의 좁은 소견으로 어찌 다 이해할 수 있겠는가. 하느님 나라가 오실 그때에는 모든 것이 드러나게 되어 있다.

존 번연이 본 천국 천국 체험기는 다양하게 있다. 그 가운데 신빙성을 높게 평가 받고 있는 것이 번연의 체험기다. 『천로역정』이라는 작품으로도 유명한 그가 영계를 직접 체험하고 쓴 『존 번연이 본 '천국과 지옥'』이라는 책에서 다음과 같이 천국을 묘사한다.

"천국은 태양이나 조명이 필요 없이 하느님의 영광에서 발산되는 빛만이 천상의 거처를 두루 환하게 비추고 있다. 하느님의 빛에 비하면 태양빛은 어두움 같고, 찬란한 다이아몬드와 루비의 반짝거림과 진주의 광채도 하느님의 영광에 비하면 타다 남은 석탄과 같았다.
복락과 차분한 기쁨, 환희의 강물이 하느님 앞에서 쉬지 않고 흘러나와 그분의 행복한 처소요 영원한 왕국이 자리 잡고 있는 천국의 모든 복된 주민들에게 흘러간다. […]
복을 받아 이 거룩한 장소에 들어오도록 허락된 사람에게는 다음과 같은 유익이 베풀어진다네. 첫째는 복된 영혼이 이곳에 오기 전에는 한 번도 생각해 본 적이 없는 새롭고 독특한 환경을 접하게 된다는 것이고, 둘째는 우리의 여러 역량이 확대되어 전에 알지 못하던 대상들도 알아보고 거기서 새롭고 더 큰 만족과 기쁨을 얻게 되는 것이지. 〔…〕

　천국에 대해 말해 주었지만 아직 하고 싶은 말의 천분의 일도 하지 못했고, 이곳에 와서 직접 경험해 보지 않고는 우리가 누리는 행복이 무엇인지 충분히 알 수 없지. 이제 자네가 할 일은 죽어 소멸하는 육신을 내려놓는 날까지 '믿음과 인내로'(히브 6,12) 기다리는 일일세."

　인간의 언어로 설명은 하지만 여전히 천국은 기상천외한 미지의 영역일 수밖에 없다. 천국은 지금 우리가 체험하는 3차원의 삶과 전혀 다른 차원의 현상이기 때문이다.

천국의 집　　천국은 우리가 감히 상상치 못한 곳이다.
　언젠가 이 세상에서 뒤로는 사치를 부렸지만 앞에서는 많은 존경을 받던 한 여인이 있었다. 그 여자가 죽어서 하늘 나라에 이르렀을 때에 한 천사가 그녀에게 할당된 집으로 안내하기 위해 파송되었다.
　훌륭한 저택을 지나칠 때마다 여인은 그것이 자기에게 할당된 것임에 틀림없다고 생각했다. 그들이 하늘 나라의 중심 도로를 지나 교외 변두리 지역에 이르렀을 때 거기에는 훨씬 작은 집들이 총총히 세워져 있었다. 그곳을 지나 변두리에 있는 오두막집보다도 더 작은 집에 이르렀을 때 비로소 천사가 말했다.
　"이것이 당신의 집이오."
　"뭐라고요? 나는 이렇게 좁은 곳에서는 살 수 없어요!"
　"안 됐소마는 우리는 당신이 올려 보내 준 물자로는 고작해야 이것밖에 지을 수가 없었소."

이쯤에서 우리는 중간평가를 해 보아야 한다. 내가 하늘 나라에 올려 보낸 것으로 무엇을 지을 수 있는지 말이다. 결국 살아 있는 동안 하늘 나라에 저축해야 한다. 예수님께서도 말씀하셨다.

"너희는 자신을 위하여 보물을 땅에 쌓아 두지 마라. [...] 하늘에 보물을 쌓아라"(마태 6,19-20).

천국의 기도부대   우리는 천국에 있는 성인들이 우리를 위해 기도해 줄 수 있다는 믿음을 가지고 있다. 이 믿음을 일컬어 '통공'신앙이라고 한다.

이러한 통공을 청하는 대표적인 기도가 '103위 성인 호칭기도'다. 이 기도는 대단히 힘이 있다. 필자는 이를 믿는다. 필자는 아무리 바빠도 이 기도만은 매일 꼬박 빼먹지 않고 한다. 그래서 필자의 복음 전파 활동에 풍요로운 열매가 맺어지는 것이라고 믿는다.

사람들은 지상의 기도부대에 대해서는 중요성을 인식한다. 그리고 그들의 기도를 일컬어 '중보기도'라고 말한다. 사실 더 효과적인 기도를 해 줄 수 있는 이들은 천상의 기도부대다. 필자는 천국의 성인들이 천국에서 할 일 없이 놀고 있다고 생각하지 않는다. 그들은 그곳에서 우리를 위해 하느님 면전에서 찬미를 드리고 있다. 그러기에 지상의 우리를 위해 더 강력하고 효과적인 중보기도를 바쳐줄 수 있는 것이다.

중보기도

중보기도 에센스   지금까지 '아버지의 나라' 속에 숨겨진 보물들을 두 번째로 탐사하였다. 먼저, 우리는 하느님 나라가 궁극적으로는 앞으로 올 나라임을 확인했다. 다음으로, 우리는 체험자들의 증언을 통하여 천국을 미리 엿보는 영광을 누려보았다. 그리고 '성인들의 통공' 신앙을 확인하면서 지상의 신자들과 천상의 신자들이 서로 기도로써 통교할 수 있다는 사실을 확인했다.

이러한 믿음을 토대로 지상의 우리들과 천상의 영혼들이 교통하여 서로를 위해 바쳐줄 수 있는 강력한 기도가 중보기도다. 우리에게는 지상의 기도부대를 활용함과 함께 천상의 기도부대를 활용할 줄 아는 지혜가 필요한 것이다.

중보기도 권고   사도 바오로는 중보기도를 중히 여겼다. 그래서 오늘의 우리에게까지 당부하고 있다.

"믿음이 강한 우리는 믿음이 나약한 이들의 약점을 그대로 받아 주어야 하고, 자기 좋을 대로 해서는 안 됩니다. 우리는 좋은 일이 생기도록, 교회의 성장이 이루어지도록, 저마다 이웃이 좋을 대로 해야 합니다"(로마 15,1-2).

사도 바오로는 서로의 믿음을 북돋우는 최고의 방법이 '기도'라고 믿었다. 그래서 교우들에게 자신을 위해서도 끊임없이 기도해 줄 것을 누차 부탁하였다.

성 요셉의 전구   많은 영성가들은 요셉 성인이 중보기도의 최고 봉임을 알고 있었다. 아빌라의 데레사 성녀 또한 그러했다. 병고에

시달렸던 성녀는 그녀의 자서전인 『천주 자비의 글』에서 다음과 같이 고백하였다.

"성인은 내가 청한 것보다 훨씬 더 잘 구해 주었던 것입니다. 나는 여태껏 그분에게 무엇을 청해서 들어 주시지 않았다고 기억되는 일은 한 번도 없습니다. 이 영화로운 성인의 전달하심으로 하느님이 내게 베푸신 은총이나 나를 영육 간의 위험에서 구해 주신 일들은 실로 놀라울 정도입니다.

다른 성인들은 어느 특수한 경우에만 우리를 도울 수 있는 권능을 하느님으로부터 받고 있는 것으로 생각됩니다. 허나 영화로운 성 요셉은 우리의 필요한 온갖 경우를 다 도와주십니다. 나는 그것을 경험으로 잘 알고 있습니다. 주님은 이승에 계실 적에 성 요셉을 아버지라 부르고, 당신을 기르시는 분이며 당신에게 명령하는 권위를 가진 분으로 그에게 순종하셨습니다. 그래서 주님은 하늘 나라에서도 성 요셉의 모든 청원을 들어 준다는 것을 우리에게 알려 주시고자 합니다."

그렇다. 따지고 보면 요셉 성인처럼 영향력이 있는 사람이 어디 있겠는가? 어찌 예수님께서 요셉 성인의 말씀을 거역하실 수 있겠는가? 성녀 파우스티나 역시 성 요셉의 전구에 대하여 이렇게 증언한다. "나는 매일 요셉 성인이 요청한 기도를 바쳤는데 성인의 특별한 보호를 받음을 느꼈습니다."[4]

중보기도 바치기 _성 요셉에게 드리는 호소   성 요셉께 드리는 호소는 본래 수도자들이 매일 바치는 기도였다. 요즈음엔 일반인들에게도 그 은혜가 알려져 널리 애송되고 있다. 이 장을 닫으면서 마음을 실어 자신의 기도로 바쳐보자.**(이 기도는 눈으로 읽지 마시고 꼭 소리를 내어 바쳐야 은혜가 됩니다!!!)**

마리아의 지극히 순결한 배필이시며
저의 가장 사랑하올 수호자이신 성 요셉이여,
생각하소서.
당신의 돌보심을 애원하고
당신의 도우심을 청하고도 버림받았다는 말을
일찍이 듣지 못하였나이다.
저희도 굳게 신뢰하는 마음으로 당신께 달려들며
열렬한 정신으로 의탁하오니,
구세주를 기르신 아버지시여,
제 기도를 못 들은 체 마옵시고 인자로이 들어주소서.
아멘.[5]

"여러분은 늘 성령 안에서 온갖 기도와 간구를 올려 간청하십시오. 그렇게 할 수 있도록 인내를 다하고 모든 성도들을 위하여 간구하며 깨어 있으십시오"(에페 6,18).

09 '오시며'_관상기도

원문에 숨겨진 보물 그리스어 원문에서 '오시며'(개신교: '임하시오며')에 해당하는 부분은 '엘데토'(eltheto)다. 직역하면 '오게 하시며'라는 뜻이다.

요한 묵시록에서는 이 청원을 '마라나 타'(Marana tha)라고 하였다. 이 '마라나 타'에는 두 가지 뜻이 포함되어 있는데 그 첫째는 현재적인 의미로 "주님이 오신다!"라는 외침이고, 그 둘째는 미래적인 의미로 "어서 오십시오, 주님!"이라는 기대다.

주님을 사랑하는 마음으로 간절하게 부르는 '마라나 타'는 그 자체만으로도 충분한 기도가 될 수 있다.

주님이 오시는 것과 하느님 나라가 오시는 것은 결국 같은 것이다. 그런데, 하느님 나라가 오시면 어떤 일이 일어나는가? 하느님과 우리 사이의 간격이 허물어지고, 일치를 통하여 소위 하느님 체험이 이루어지게 된다. 이러한 만남의

> 체험은 우리가 거창하게 말하는 '관상'(觀想, contemplatio)에 속하는 것이다.
>
> 그러므로 '오시며'의 의미를 충만히 살린 기도는 마땅히 '관상기도'가 된다.

오심과 기도의 단계

하느님 나라의 표징   아버지 나라의 오심은 먼저 표징을 통해 드러난다.

우리는 '이미'와 '아직' 사이에 살고 있다. 현재는 하느님 나라가 '이미 왔으나 최종적인 완성은 아직 오지 않은' 과도기인 것이다.

여기에 일어나는 현상이 바로 '표징'이다. 이는 헬라어로 '세메이온'(semeion)이라고 하는데 '가리키고 지시하는 것'을 뜻한다. 즉 완성된 하느님 나라의 예를, 표징을 통해 이 땅에서 보여 주는 것이다.

이 세상에서 진행되고 있는 하느님 나라는 모두 표징일 따름이다. 지금 우리가 느끼는 기쁨과 행복과 평화는 맛보기에 지나지 않는다. 그것들은 아직 오지 않은 하느님 나라에 비하면 아무것도 아니다.

수도자들이 왜 독신으로 사는가? 이 역시 하느님 나라의 표징인 것이다. 이 세상의 것은 하느님 나라의 기쁨에 비하면 아무것도 아님을 보여 주는 것이다.

또 하나, 환자의 치유도 표징일 따름이다. 그들은 속박에서 해방되는 것일 뿐이다.

필자가 오스트리아 유학시절, 비엔나에서 두 시간 거리인 '린치'라는 곳에 친구와 함께 대중집회에 간 적이 있었다. 거기서 부옵이라는 치유기도 전문가의 강의를 들었는데 그가 했던 말 중에 이런 이야기가 있다.

"사실 제가 치유기도의 전문가지만…… 여러분, 실망하지 마십시오. 제가 기도해 보니까 하느님께서 진정으로 원하시는 것은 치유가 아니라 여러분이 고통을 감내하는 것입니다. 왜입니까? 여러분이 고통을 감내하며 천국을 희망하길 원하시는 것입니다. 이것이 하느님의 메시지입니다. 오늘 치유가 일어날 것이지만 이 치유받는 사람은 그가 이 세상의 고통을 견디지 못하니까 할 수 없이 하느님께서 도와주시는 것일 따름입니다. 그러니 오늘 치유받는 사람이 특별히 은혜받았다고 생각하지 마십시오."

필자는 그 말이 영적으로 또 신학적으로 참말이라고 생각한다.

대부분의 사람들은 이렇게 기도한다. "하느님, 왜 저는 고통 속에 내버려 두시고 옆에 있는 사람은 편하게 해 주십니까?"

이는 그 사람 수준이 그만큼이기 때문에 맞춰 주시는 것이다. 하느님은 영성이 깊은 사람일수록 고통 속에 두게 하시는 것이다. 그러니 삶에서 고통을 많이 느끼는 독자가 있다면 '내가 영성이 깊구나' 하고 생각하기 바란다.

이것이 결국 표징이다. 따라서 우리는 이 세상에 존재하는 모든 현상을 잘 읽어내야 한다.

기도의 단계 아버지 나라의 오심은 기도의 단계에 따라 점점 더 깊이 체험된다.

아빌라의 성녀 데레사는 기도를 다음의 네 단계로 말한다.

첫째는 물동이로 물을 길어오는 단계(물동이기도)다. 처음에 기도할 때는 '내가' 노력하여 애쓰는 것이 필요하다. 그런데 이 단계 때에 자칫 요령을 모르면 흔한 명상이나 요가 등에 빠지게 되니 조심해야 한다. 결국 자기 혼자 해 봐야 소용없다.

둘째는 펌프를 사용하여 펌프질하는 단계(펌프기도)다. 이 단계는 올바른 자세를 취해서 기도하여 주님의 응답이 오는 것이다. 여기서는 나의 영성수준에 따라 주님께서 화답해 주신다는 전제가 있다. 생각해 보라. 펌프질을 잘하면 더 많은 물을 끌어올릴 수 있듯이 영성수준이 높은 이들이 주님의 응답을 더 많이 받는 것이다.

셋째는 저수지에서 수로를 트는 단계(수로기도)다. 이 단계는 아예 저수지에서 물꼬를 트는 것처럼 하늘에서 기도응답이 곧장 부어지는 것이다. 기도가 깊어질수록 이 단계에 잘 빠진다.

넷째는 가만히 있다가도 소나기를 맞는 단계(소나기기도)다. 이 단계는 아무것도 할 필요가 없다. 셋째 단계보다 더 깊은 단계로 전혀 예상치 못한 때에 소나기를 맞듯 그렇게 하느님의 은총 가운데 있게 되는 것이다.

필자에게도 삶 속에서 주님께서 소나기를 퍼부어 주신 적이 몇 번 있다. 이 소나기는 주체할 수도 피할 수도 없다. 그것은 물이 아닌 빛의 소나기였다.

그렇다고 필자가 늘 넷째 단계에 있다는 말이 아니다. 그때그때 정황에 따라 오르락내리락하고 있다. 이는 비단 필자만의 체험은 아닐 것이다.

영성의 3단계   여기서 우리가 시야를 보다 길게 잡아 인생 전반에 걸쳐 펼쳐지는 영성의 단계를 구별하는 것도 자신의 영적 진보를 위해 유익할 것이다.

성 아우구스티노는 영성의 단계를 정화의 단계, 조명의 단계, 일치의 단계로 구분하였다.[1] 그 길은 대략 연속 3단계로 나눌 수 있지만, 세 토막길이 아니라 사랑의 길이라는 오직 하나의 길로 통한다.

첫째, 정화의 단계가 있다.

정화를 영어로는 'purification'이라 하며 이는 'purify' 즉 '깨끗이 하다', '정화하다'라는 어원을 갖는다. 이를 김익진이라는 평신도 영성가는 '거비정화'(去非淨化)라고 이름 붙였다. 이는 아닌 것(非)을 버리고 탐욕과 죄를 깨끗이 씻어내는 과정을 일컫는다.

우리는 살아가며 '아닌 것'을 붙들고 갈팡질팡한다. 아닌 것은 아닌 줄 알아야 하고, 버릴 것은 과감히 버릴 줄 알아야 한다.

둘째, 조명의 단계가 있다.

준비가 되면 이제 조명의 길로 들어선다. 이를 가리키는 영어표현으로 '비추임'을 뜻하는 'illumination'을 쓴다. 이를 동양의 영성가들은 '진명덕화'(進明德化)라고 부른다. '진명덕화'가 무엇인가? 한자어 풀이로 알 수 있듯 '빛으로 나아가 덕을 쌓는다'는 뜻이다.

우리는 시편 저자의 갈망으로 '빛'을 추구하며 '빛으로 나아가는' 활동을 해야 한다.

"하느님, 당신은 저의 하느님, 저는 당신을 찾습니다. 제 영혼이 당신을 목말라합니다. 물기 없이 마르고 메마른 땅에서 이 몸이 당신을 애타게 그립니다"(시편 63,2).

이왕이면 이 세상이 정의롭기를 희망하며 그에 따른 활동을 하기 위해 노력해야 한다.

진정 의가 회복되고 우리가 원하는 나라가 되기를 희망하는 것이 진명덕화다. 그리스도인이 끊임없이 활동하는 단계다.

셋째, 일치의 단계가 있다.

궁극적으로 우리는 하느님과의 일치의 길에 다다른다. 이제는 나의 흠도 티도 욕심조차도 없어져서 곧 내 안에의 땟국물이 완전히 사라져서 하느님이 보이기 시작하는 관상의 경지에 들어가는 것이다. 이를 영어로는 '일치·통합'을 뜻하는 'unification'을 쓰며, 동양의 영성가들은 이를 '신인일화'(神人一化)라고 부른다.

이와 같은 경지에 오르면 그 영혼은 사랑의 포로가 되며, 육체까지도 덩달아 하느님의 종이 된다. 동시에 그 영혼의 모든 소망과 관심사는 온전히 하느님을 지향하게 된다.

이러한 영혼을 보고 참으로 신화(神化)된 사람이라고 말할 수 있을 것이다. 그들은 그리스도의 평화 안에 안식을 누리며 그분의 기쁨에 환호한다.

하지만 이는 지상에서 하늘 나라의 시작일 뿐이다. 우리는 아직도 우리의 목적지와는 먼 거리에 있다. 그러나 그 목표는 우리가 추구할 가치가 있으며, 설사 요구되는 희생이 있다 하더라도 바칠 가치가 있는 것이다.

물론 영성의 3단계는 기계적으로 구분되는 것은 아니다. 각자의 신앙생활에 따라 더 깊은 단계로 혹은 아래 단계로 언제든지 오르내릴 수 있다. 내 안에는 각 단계가 각각 몇 퍼센트 차지하고 있는가?

변한 것은 없다!!!   어떤 이들은 말한다.
"정화니, 조명이니, 관상이니 이런 오래된 것들 말고 한 번에 확 응답이 오는 신식기도는 없는가, 낡은 영성서적이나 들춰서 우리 영성이 발전하겠는가?"
이에 대한 명쾌한 답을 다음의 일화가 잘 드러내 주고 있다.
한 스승과 제자가 이야기를 나누고 있었다. 제자는 '영성은 시대에 적응할 필요가 있다'며 불평을 하였다. 이에 스승은 껄껄 웃으며 하나의 이야기를 들려주었다.
어떤 학생이 서점에서 전공서적을 고르는 중이었다. 한참을 뒤적이다 주인에게 물었다.
"최근에 나온 해부학 책은 없나요? 여기 이것들은 적어도 10년이나 된 낡은 것들이네요."
"이봐 학생. 지난 10년 동안 사람 몸에 뼈가 하나라도 더 늘어난 것은 아니잖은가."
이 이야기에 덧붙여 스승은 제자에게 다음과 같이 말했다.
"지난 1만 년 동안에 인간 본성에 무엇 하나 보태진 것도 없다네."

정답은 항상 똑같다. 인간의 영성이 예나 지금이나 변하지 않았음은 물론이다.

지상의 하느님 나라

지상 최고의 행복 그렇다면 하느님 나라가 우리에게 왔을 때 그 하느님 나라의 현상을 가장 잘 묘사한 것이 무엇인가? 그것은 진복팔단(참행복)이다.

이 세상의 눈으로는 예수님이 이야기하신 진복팔단을 이해할 수 없다. 이는 하느님 나라의 안목을 가진 사람만이 이해할 수 있다. 우선 성경본문을 함께 보자.

"행복하여라, 마음이 가난한 사람들! 하늘 나라가 그들의 것이다.

행복하여라, 슬퍼하는 사람들! 그들은 위로를 받을 것이다.

행복하여라, 온유한 사람들! 그들은 땅을 차지할 것이다.

행복하여라, 의로움에 주리고 목마른 사람들! 그들은 흡족해질 것이다.

행복하여라, 자비로운 사람들! 그들은 자비를 입을 것이다.

행복하여라, 마음이 깨끗한 사람들! 그들은 하느님을 볼 것이다.

행복하여라, 평화를 이루는 사람들! 그들은 하느님의 자녀라 불릴 것이다.

행복하여라, 의로움 때문에 박해를 받는 사람들! 하늘 나라가 그들의 것이다"(마태 5,3-10).

성 토마스 아퀴나스는 이 참행복을 성 아우구스티노의 영성의 3단계 개념을 빌려 3단계로 구분한다.[2]

우선, 성 토마스는 처음 세 가지 덕목, 곧 '영적 가난', '슬픔', '온유'를 영적 단계에서 '정화'의 단계에 해당하는 것으로 간주한다. 정화는 '아닌 것'을 부인하는 단계로서, 자신을 부인하고 하느님께 의탁하는 것을 가리킨다. 크게 보면 이는 '믿음'에 해당한다.

'영적 가난'은 내가 가진 모든 능력과 재산 등을 부정하고 하느님의 능력에 의지하는 삶을 뜻한다. 곧 나의 능력을 부인하는 것이다.

'슬픔'은 자신의 세상적인 행복을 부정하고 여러 가지 슬픔에 대한 위로를 오직 하느님께로부터만 기대하는 것을 뜻한다. 곧 나의 자격을 부인하는 것이다.

'온유'는 한마디로 "제 뜻대로 말고 아버지 뜻대로 하소서"(마태 26,39 참조) 하며 맡기는 것을 뜻한다. 곧 나의 뜻을 부인하는 것이다.

다음으로, 성 토마스는 '의'와 '자비'를 '조명'의 단계에 해당하는 것으로 여긴다. 조명은 적극적으로 영적 진보를 꾀하는 단계로서, 그리스도인의 덕목을 능동적으로 추구하는 것을 가리킨다. 크게 보면 이는 '소망'에 해당한다.

'의'에 주리고 목마르다는 것은 의를 위해서 열심히 투신하는 삶을 요구한다. '의'가 무엇인가? 각자에게 돌아갈 몫이 제대로 돌아간 상태, 그것이 의다. 이 간단한 진리가 이 세상에서 통하지 않고 있다. 땀 흘려 일한 사람보다 놀고먹는 사람이 돈을 더 많이 버는 현실이다.

'자비'를 베풀려면 소극적으로 앉아서 잘되기만을 원하는 것으로는 부족하다. 열심히 살아야 돈을 벌고 자선사업도 할 수 있는 것이다.

마지막으로, 성 토마스는 '마음이 깨끗함', '평화' 그리고 '박해'는 '일치'의 단계에 속하는 것으로 여긴다. 일치는 하느님과 깊은 친교를 누리는 단계로서, 관상적인 행복을 누리는 것을 가리킨다. 크게 보면 이는 '사랑'에 해당한다.

'마음이 깨끗한' 사람은 하느님을 보게 된다고 했다. 하느님을 본다는 것은 곧 하느님을 만나는 것을 말한다.

'평화'를 이루려면 자신 안에 평화가 있어야 하고 하느님이 주시는 평화 가운데 있어야 한다. 곧 하느님과 완전한 일치 속에 있어야 한다.

'박해'를 기꺼이 받을 수 있으려면 마음에 사랑이 있어야만 한다. 곧 하느님과 사랑의 일치가 있을 때 자신을 희생할 수 있는 것이다. "친구들을 위하여 목숨을 내놓는 것보다 더 큰 사랑은 없다"(요한 15,13)라고 했다. 필자가 누누이 강조했지만 본당에서 억울한 일 당했다고 팔팔 뛰는 사람은 아직 신앙이 멀었다. 그럴 때일수록 "기뻐하고 즐거워하여라. 너희가 하늘에서 받을 상이 크다"(마태 5,12)라는 예수님의 말씀을 기억해야 한다. 그만큼 내가 하느님의 사랑을 입증한 것이기 때문이다.

필자는 성 토마스의 분류에 전반적으로 동의한다. 하지만 여기서 한 가지 성경적 관점으로 보면, 여섯 번째와 일곱 번째 참행복은 '소망'과 '사랑' 사이의 공유지대라고 생각된다. 즉 우리는 거룩해지기 위해 노력할 수도, 평화를 위해 열심히 활동할 수도 있다. 이들은 순수한 관상이기보다는 활동과 관상이 섞여 있는 것이다.

이제 종합해 보자.

우선, 처음 세 가지 참행복은 '준비단계'라고 볼 수 있다.

다음으로, 넷째와 다섯째 더 나아가 여섯 번째와 일곱 번째 참행복은 '활동단계'라 할 수 있다.

마지막으로, 여섯 번째와 일곱 번째를 포함하여 여덟 번째가 바로 '관상단계'인 것이다.

전체가 한눈에 들어오는가? 이렇듯 진복팔단은 점점 발전되는 영적 단계를 가리키고 있다.

바라봄 영적 단계를 미리 아는 것은 중요하다. 가야 할 목표를 알게 되면 갈팡질팡하지 않을 수 있기 때문이다.

한 농부가 있었다. 그는 밭을 잘 갈기로 소문난 사람이었다. 하루는 그의 아들이 아버지를 따라 밭에 나와서 아버지 대신 소에 쟁기를 매고 밭을 갈았다. 그런데 한 줄을 다 갈고 뒤돌아보니 밭이 삐뚤빼뚤하게 갈려 있었다. 아들이 말했다.

"아버지, 최선을 다해서 밭을 갈았는데 엉망이네요. 아버지처럼 반듯하게 갈 수 있는 비법 좀 가르쳐 주세요."

아버지가 대답했다.

"이놈아! 너는 소 엉덩이만 보고 가니까 그런 거다. 나는 늘 밭 건너편에 있는 기준점을 향해 그것을 보고 간단다. 그래야 똑바로 나갈 수 있는 법이야."

헤매는 이들은 무엇 때문인가? 바로 이야기 속 아들처럼 소 엉덩이 따라가듯 하기 때문인 것이다.

빵보다 희망　　랍비 휴고 그린은 아우슈비츠 수용소에 갇혔던 인물이다. 그곳에서 겪은 뼈아픈 체험담이 전후 어느 독일 잡지에 이렇게 기고되었다.

"그날은 1944년의 몹시 추운 겨울이었다. 나와 함께 감금된 아버지는 나와 친구 몇 명을 수용소 건물 한구석으로 모이게 하셨다. 아버지는 우리에게 그날이 유다인의 명절인 '하누카의 저녁'이라고 하셨다.
　아버지는 진흙으로 만든 그릇을 내놓으시더니 수용소에서 좀처럼 구하기 힘든 버터를 녹여서 심지를 적시고 촛불 대신으로 불을 켜셨다. 나는 아버지께 묻지 않을 수 없었다.
　'아버지, 그 귀한 버터를 그렇게 낭비하시다니요?'
　아버지는 가만히 나를 보시더니 이렇게 말씀하셨다.
　'사람은 빵을 먹지 않고도 3주를 살 수 있어. 그러나 희망 없이는 단 한순간도 살 수가 없단다.'"

　아버지는 육신의 충족보다 희망을 갖고 싶었던 것이다. 이것이 참 신앙이다.

관상기도

> **관상기도 에센스**　　지금까지 '오시며' 속에 숨겨진 보물들을 탐사하였다. 먼저, 하느님 나라와 함께 오시는 주님을 간절히 고대하는 인류의 갈망을 확인해 봤다. 그리고 주님의 오심이 우리의 영적 성숙 과정과 마주하고 있음을 보았다.

여기서 영성의 3단계 곧 거비정화, 진명덕화, 신인일화를 향하여 정진하는 것이 지상의 순례자인 우리들이 갈 길임을 배웠다.

이러한 영성의 전망 속에서 궁극적으로 하느님과의 일치를 경험하며 그 속에 깊이 잠겨 있을 수 있도록 해 주는 기도가 관상기도다. 관상기도는 '오시는' 하느님을 마주하여 내 마음과 존재로 맞아들임으로써 그분과 내가 온전히 하나가 되는 기도다.

두가지 관상　　관상이란 무엇인가? 좀더 자세히 알아보자. 관상기도는 '내 영혼이 사랑하는 이'(아가 1,7)를 찾는 행위다. 관상기도를 하는 것은 신앙의 눈길을 예수님께 고정시키는 것이다. "저는 그분을 보고 그분은 저를 보고 계십니다." 이는 영성의 대가 비안네 성인이 아르스본당 주임신부로 있을 때 감실 앞에서 기도하던 한 농부가 한 말이다.

관상기도는 크게 두 가지로 분류된다.

첫째, 습득적(acquired) 관상기도다. 이 단계는 의도적으로 시간을 내어 기도하는 것을 말한다. 보통 관상기도를 한다고 할 때 이 단계에 머물러 있게 된다.

둘째, 주부적(infused) 관상기도다. 이 단계는 수동적 측면이 중심이 되는 기도로 곧 기도하는 가운데 아무런 노력을 하지 않는데도 은혜가 내려오는, 마치 소낙비처럼 퍼부어지는 상태를 말한다.

이 대표적인 예로 프란치스코 성인의 일화가 있다. 하루는 프란치스코 성인이 한적한 곳에서 기도하는 가운데 좋지 않던 혈색이 발갛게

달아오르는 은총 중에 있게 되었다. 성인은 '한 시간 정도 기도했겠지' 하고 기도를 마치고는 곁에서 기다리던 수사에게 자신이 얼마 동안 기도하고 있었는지 물어보았다. 그의 답은 "4시간"이었다.

그런데 이는 이론상 구분한 것일 뿐 실제에서는 명확하게 구분되지 않는다.

관상은 우리가 천국에서 누리게 될 지복직관의 전조며 준비다. 곧 관상의 절정이 지복직관이라고 할 수 있다.

빈 의자   어떤 노인이 이 세상을 떠나기 전 기도의 절정을 음미하고 싶었다.

'어떻게 하면 기도가 잘될까? 예수님이 정말 내 음성을 듣고 계실까?'

본당 신부님께 고민을 털어놓자 노인은 다음과 같은 처방을 받았다.

"집에 가셔서 의자를 하나 준비해 놓으세요. 그 의자 위에 예수님 앉아계시다 생각하시고 예수님께 얘기해 보세요."

노인은 곧 이 기도의 재미에 푹 빠졌다. 임종의 순간에도 노인의 손은 그 빈 의자 위에 얹어져 있었다고 한다.

노인이 바친 기도가 바로 관상기도였다. 어떤 형식으로든 삼위일체 하느님의 현존을 몸으로 받아들이고 느끼면서 하나가 되는 것이 바로 관상기도인 것이다.

독자들도 기도의 재미가 없을 때 이처럼 빈 의자를 준비하라.

관상기도 바치기 _아빌라의 성녀 데레사의 기도_   "2천 년 성교회 품에 축적된 모든 지혜와 지식과 기도와 신비적 사실들에 관한 체험을 보관하고 있는 웅장한 저장고"라 일컬어지는 데레사 성녀는 관상기도의 대가였다. 성녀는 관상의 경지에서 다음과 같은 기도를 바쳤다. 이 장을 닫으면서 마음을 실어 자신의 기도로 바쳐보자.(이 기도는 눈으로 읽지 마시고 꼭 소리를 내어 바쳐야 은혜가 됩니다!!!)

그 무엇에도 너 마음 설레지 말라

생각하라.
네 지닌 영혼은 하나밖에 없는 것임을
한 번밖에 더 죽지 않는 것임을
네 지닌 목숨이 짤따랗고
이것만이 네게 달린 것임을
하나밖에 없는 영광, 그것이 영원한 것임을
그제야 너는 많은 것을 버리리라.
그 무엇에도 너 마음 설레지 말라.
그 무엇도 너 무서워하지 말라.
모든 것은 다 지나가고
님만이 가시지 않나니

인내함이 모두를 얻으리라.
님을 모시는 이

아쉬울 무엇이 없나니
님 하나시면
흐뭇할 따름이라.

네 소원, 님을 뵈옴이요
네 두려움, 그를 잃을까 함이요
네 고통, 그를 못 누림이요
네 기쁨, 그리로 갈 수 있음이어야 하나니
그제야 너는 크나큰 평화를 더불어 살으리라.

주여, 당신 안에 숨은 영혼이
또 무엇을 더 원할 수 있으리오.
사랑하고 언제나 더욱 사랑하고
사랑으로써 모든 것에 불붙이고
또한 새로운 사랑으로 당신을 사랑하는 것 외에.

성부와 성자와 성령의 이름으로, 아멘.

"보라, 내가 문 앞에 서서 문을 두드리고 있다. 누구든지 내 목소리를 듣고 문을 열면, 나는 그의 집에 들어가 그와 함께 먹고 그 사람도 나와 함께 먹을 것이다"(묵시 3,20).

아버지의 뜻이
하늘에서와 같이
땅에서도
이루어지소서!

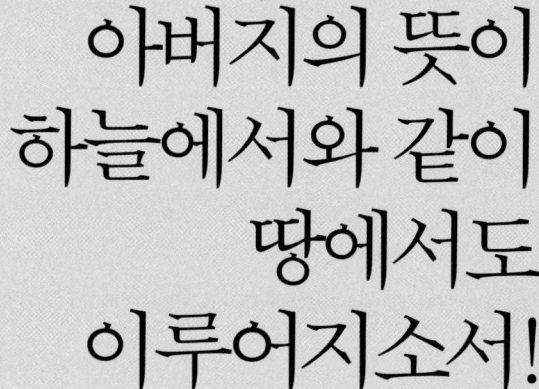

10 '아버지의 뜻이' (1) _비전기도

11 '아버지의 뜻이' (2) _뚝심기도

12 '하늘에서와 같이 땅에서도 이루어지소서!' _소통기도

10 '아버지의 뜻이'(1)
_비전기도

원문에 숨겨진 보물 그리스어 원문에서 '아버지의 뜻'(개신교: '뜻')은 본래 '당신의 뜻'(thelema sou)으로 되어 있다. 여기서 '뜻'에 해당하는 '델레마'(thelema)는 우리말에서보다 더 깊은 의미와 내용을 지닌 용어로 특별히 인간 구원을 위한 하느님의 모든 섭리와 계획을 포괄하는 말이다.

그렇다면 '아버지의 뜻'은 무엇인가? "우리 아버지의 뜻은 '모든 사람이 구원을 받고 진리를 깨닫게 되는'(1티모 2,4) 것이다."[1] 한마디로 '인류의 구원'이다. 이 뜻을 이 세상에서 결정적으로 구현하신 분이 바로 예수님이다.

"보십시오, 하느님! 두루마리에 저에 관하여 기록된 대로 저는 당신의 뜻을 이루러 왔습니다"(히브 10,7).

그렇다면 인류의 구원에 부합하는 나의 행동은 무엇인가? 바로 "땅 끝에 이르기까지"(사도 1,8) 복음을 전하는 것이다. 이것이 아버지의 뜻인 것이다.

> 성경은 특히 신약의 복음서들은 아버지의 뜻이 이루어지는 과정을 기록한 책이며 동시에 나를 향한 아버지의 뜻이 기록되어 있는 책이다. 따라서 우리가 아버지의 뜻을 알기를 희망한다면 딴 데 가서 물어볼 필요가 없다. 복음서 자체가 완벽한 계시기 때문이다.
>
> 이 구절을 나 자신의 사명과 연결시키며 기도할 때 '비전기도'가 된다. 이는 내 삶 안에서 '아버지의 뜻'이 이루어지기를 바라는 데에 그 초점이 있다.

역사 안에서 하느님의 뜻

이혼하기 위하여 신앙인에게 '아버지의 뜻'을 알아듣는 것은 결정적으로 중요하다. 그런데 아버지의 뜻을 식별하기란 결코 쉬운 일이 아니다. 탈무드에 이런 이야기가 있다.

이혼에 합의한 부부가 있었다. 이들은 결혼 기간 동안 11명의 자녀를 낳았고 알콩달콩 살았다. 하지만 끝내 뚜렷한 성격 차이를 극복할 수 없었다. 그런데 이혼 후 자녀의 거취문제로 또 한번 골머리를 썩어야 했다. 서로 더 많은 아이들과 살고 싶었던 것이다. 반반씩 나누자고 했지만 한 명이 남았다. 결론이 나지 않자 결국 유명한 랍비를 찾아가 판결을 부탁했다.

"집으로 돌아가 한 명을 더 나으시오. 그 후에 6명씩 나눠 헤어지십시오."

부부는 랍비의 말대로 임신해 아이를 낳았다. 이리하여 헤어지려던 부부는 오히려 더 정이 들어 화목하게 살게 되었다.

과연 랍비의 판결은 명판결이었다. 하느님 뜻을 알아들으려면 지혜가 필요하다.

3단계 구원섭리   아버지의 뜻은 결국 '구원'이다. 이는 추상적인 것이 아니라 시대마다 다른 버전으로 업그레이드되어 왔다. 이렇게 아버지의 뜻이 진화하는 것을 '섭리'라 한다. 즉 하느님께서는 우리가 알아들을 수 있는, 인간의 삶의 조건과 수준을 맞추시어 말씀하신다. 이 말은 또한 우리 각자 안에서도 삶의 수준에 따라 달라질 수 있음을 시사한다.

이 구원섭리에 따라 아버지의 뜻이 이 세상에 어떻게 드러나고 있는지 한번 더듬어 볼 필요가 있다. 이름하여 '3단계 구원섭리'다.[2]

사도 바오로는 로마서 2장과 3장에서 하느님의 구원활동이 3단계로 진화하고 있음을 다음과 같이 체계화시켰다.

그 첫 번째 단계는 '양심'의 단계다. 이는 율법도 모르고 그리스도도 모르는 사람들을 향한 하느님의 구원활동 단계라고 할 수 있다. 바오로는 이 단계에서 하느님의 구원행위는 사람의 '양심'을 통해서 이루어진다고 본다. "그들의 양심이 증언하고 그들의 엇갈리는 생각들이 서로 고발하기도 하고 변호하기도 하면서, 그들은 율법에서 요구하는 행위가 자기들의 마음에 쓰여 있음을 보여 줍니다. 이러한 사실은 (…) 사람들의 숨은 행실들을 심판하시는 그 날에 드러날 것입니다"(로마 2,15-16).

하느님은 처음에 아브라함을 부르셨다. 아브라함은 하느님의 음성을 어떻게 알아들었을까? 당시에는 성경도, 사제도 그 어떤 참고자료도 없었다. 아브라함은 자기 마음속에 있는 양심을 통해서 하느님을 알아보았던 것이다.

　가만 더듬어 보면 우리 조상들도 하느님을 믿었다. 그분의 이름을 몰랐을 뿐이다. 물론 서낭당, 잡신, 무당 같은 미신도 있었지만 이들 말고 하늘에 계신 조물주 하느님을 믿은 조상도 있었다. 바로 양심을 통해서다.

　그 두 번째 단계는 '율법'의 단계다. 이는 그리스도를 모르던 사람들을 향한 하느님의 구원활동 단계다. 바오로는 이 단계에서 하느님의 구원활동은 '율법'을 통해서 이루어진다고 본다. "율법을 모르고 죄지은 자들은 누구나 율법과 관계없이 멸망하고, 율법을 알고 죄지은 자들은 누구나 율법에 따라 심판을 받을 것입니다"(로마 2,12).
　시간이 흘러 하느님은 모세에게 십계명을 주셨다. 십계명은 양심과 달리 눈으로 보이는 것이다. 이 시대에는 굳이 어렵게 양심을 이야기하지 않아도 되었다. 십계명을 따라서 살다 보면 자연히 그것이 양심에 부합하기 때문이다.
　이 둘째 단계는 유다교와 이슬람교의 단계를 말한다. 오늘날 종교 간 대화를 중히 여기는 시대적인 요청을 감안할 때, 넓게 보아서 건전한 계율을 가진 종교, 예컨대 불교, 유교 등도 이에 속하는 것으로 볼 수 있다. 이는 아직 '자력구원'의 단계다.

　구원의 세 번째 단계는 '믿음'의 단계다. 이는 그리스도의 복음이 전해진 이후의 단계다. 사도 바오로는 이 단계에서 하느님의 구원활동은 '믿음'을 통해서 이루어진다고 말한다. "그러나 이제는 율법과 상관없이 하느님의 의로움이 나타났습니다. 이는 율법과 예언자들이 증언하는 것입니다. 예수 그리스도에 대한 믿음을 통하여 오는 하느님의 의로움은 믿는 모든 이를 위한 것입니다. 거기에는 아무 차별도 없습니다"(로마 3,21-22).

이제 사람의 노력이 아니라 예수 그리스도께서 십자가에서 흘리신 피의 공로를 믿는 것만으로도 구원받는 시대가 되었다는 것이다. 누구든지 예수 그리스도의 말씀을 듣고 그것을 믿는 사람은 구원을 얻게 되어 있다.

3단계 구원론을 '시험'에 비유하면 양심의 단계는 주관식 시험, 율법의 단계는 객관식 시험, 그리고 믿음의 단계는 특별전형에 해당한다. 특별전형에는 서류만 내면 된다. 바로 믿음으로 세례를 받은 기록이 담겨 있는 교적 말이다.

각 구원론 중에서 어떤 것이 제일 쉬운가? 양심의 단계가 제일 어렵고 이어 율법의 단계가 두 번째고, 마지막 믿음(복음)의 단계는 한마디로 거저먹기다. 나의 행실이 미처 따라가지 못해도 '예수님이 십자가를 통해 나를 구원하신다'라는 이 내용만 믿고 세례를 받으면 되기 때문이다. 이 얼마나 큰 은총인가.

이것이 구원의 은총인 것이다. 복음이 은혜로운 것은 그것이 양심과 율법의 한계를 극복시켜 주고 있다는 데에 있다. 복음을 전할 때 우리는 이 점을 확실히 전할 수 있어야 하는 것이다.

프란치스코 성인의 소명 이러한 구원의 섭리 가운데 하느님께서는 각자에게 마땅한 소명을 주신다. 소명이란 결국 각자를 향한 '하느님의 뜻'이다. 이를 자신의 것으로 받아들일 때 소위 비전(vision)

이 된다. 흔히 2,000년 교회사에서 가장 충실하게 하느님 뜻을 따랐던 성인으로 프란치스코를 꼽는다.

성인은 다미아노 성당에 갔을 때 아주 깊은 신비를 체험하게 된다. 이 내용이 카를로 카레토가 지은 『프란치스코, 저는』에 잘 나와 있는데 번역 또한 기가 막히다. 춘천교구 장익 주교가 번역하신 그 한 토막을 그대로 옮겨왔다. 필자와 함께 다미아노 성당으로 가서 프란치스코 성인의 마음으로 들어가 보자. 이것이야말로 진정 관상인 것이다.

"때는 1205년 가을, 〔…〕 리보 또르또 강 쪽으로 내려가다 보면 마음에 쏙 드는 곳이 한 군데 있었어요. 그것은 아름답게 펼쳐진 풀밭에 그냥 맨돌로 쌓아 올린 조그맣고 가난한 성당 하나가 적막한 고요 가운데 서 있었기 때문이지요. 그 이름은 성 다미아노 성당이었는데, 가난한 사람들뿐 아니라 가난한 것들을 찾아 나선 저 같은 사람에게 꼭 어울리는 듯했어요.

그 작은 성당 바닥에 앉거나 무릎 꿇고 저는 처음으로 여러 차례 피정을 했는데, 가만히 보니 벽과 지붕에 상당히 금이 가 있었어요. 성당이 무너질 지경이더군요. 그리고 제대 위로는 매우 훌륭한 비잔틴풍 나무 십자고상이 고딕 궁륭으로부터 드리워 있었는데, 그 십자고상이 제게 말씀을 하시는 거였어요. 그것은 그리스도의 왕다운 위엄과 어울러 그분의 더없이 겸허하고 온유한 두 눈이 보내는 눈길이었어요.

저는 시간 가는 줄 모르고 그저 바라보며 기도하며 울었어요. 어찌나 많이 울었던지 부끄러운 생각이 들어 '프란치스코야, 너는 계집아이로구나' 하고 혼잣말을 했어요. 그러면서도 마냥 울면서 눈물을 쏟았더니 후련하더군요.

하루는 그 십자고상을 바라보고 있는데 분명 입술이 움직이는 인상을 받았고, 동시에 제게 말씀하시는 음성이 들려왔어요. '프란치스코야, 내 집 좀 고쳐다오. 너도 보듯이 다 망가졌단다.' 제가 받은 인상이 어떠했는지는 말하지 않으렵니다. 그것은 보이지 않는 세상에서 저에게 들려오는 전갈 같았고, 오랜 세월에 걸친 방황과 시도와 모색의 기나긴 세월을 마감해 주는 것이었어요. 어떤 무한한 감미로움이 저를 가득 채우는 느낌이 들어 그 십자고상에 입맞추러 다가갔지요. 거기에는 저 혼자만 있었으니까 예수님을 온몸으로 끌어안으려고 겁 없이 제대 위로 뛰어 올라갔어요. 그러고는 그리스도를 어루만지고 깨끗이 닦아내고 바라보고 하느라 얼마나 오래 거기 머물러 있었는지 모르겠네요. 눈물과 한숨 사이사이에 손과 발과 옆구리의 상처에 입을 맞추면서, 제 손으로는 마치 사랑에 빠진 이가 애무하듯이 그분을 다정하게 쓰다듬으면서. 〔…〕

얼마나 오랫동안 그처럼 기쁨에 겨워 정신이 나간 상태로 있었는지 잘 모르겠어요. 한참을 그러다가 손바닥만큼이나 넓은 틈이 벽에 나 있는 걸 보고는 예수님께서 제게 하신 말씀이 문득 생각났어요. '프란치스코야, 내 집 좀 고쳐다오.' 저는 미장이도 아니고 평생 일이라곤 해 본 적 없는데, 그 순간에는 성 루피노 주교좌성당처럼 커다란 성당도 지을 수 있을 것만 같은 기분이었어요. 그러니 성 다미아노 성당쯤이야! 상상해 보세요. 밖으로 뛰쳐나가 돌을 주워 모으기 시작했지요. 특히 네모난 돌을. 그런데 즉시 멈추어야 했어요. 가위눌린 듯 누가 저를 덮치면서 악을 쓰는 거예요. "돌이 거저 줄 알아? 이 돌들은 다 내 거야. 다른 데 가서 찾던가 해." 〔…〕

아시시에 가서 돌을 구걸할 생각을 했어요. 제가 분별없는 자라는 평판은 벌써부터 나 있었지만 이번 구걸 행각으로 아주 엉망이 돼 버렸지요. 저것 좀 봐, 삐에트로 디 베르나르도네 아들 녀석이 무슨 엉뚱한 생각을 하나! 정말 미치고 말았군! 예, 그래요, 아시시의 친구분들, 그래요, 저는 미쳤어요. 그렇지만 제가 어떻게 미쳤는지 제발 좀 아셨으면. 저는 사랑으로 미쳤단 말이에요. 더는 어쩔 수가 없어요. 멈추려도 멈출 수가 없어요. 저 예수님을 눈앞에 바라보기만 하면 속이 온통 타오르는걸요. [...] 아시시의 여러분, 동정해 주세요. 돌 좀 주세요. 하느님의 성당을 제가 손질해야 하니까요.

그리고는 뛰어갔지요. 성 다미아노 성당으로 뛰어갔지요. 그곳에서, 그 십자고상에서 멀리 떨어져 있을 수가 없었거든요. 아예 거기서 살기로 했어요. 언제나 거기 머물기로, 동냥과 노동으로 살아가기로 했어요. 그 성당에서 전례를 집전하는 신부님에게 십자고상 앞에 켜 놓은 등잔불을 절대로 끄지 말아 달라고 여쭈었지요. 거기 쓰일 기름은 제가 대겠다고 약속하면서.

제 피가 탈 수만 있었다면 그 십자고상 앞에 등불을 밝히는 데 기꺼이 바쳤을 거예요. 저에게 온 우주의 신비를 풀이해 주었고 또 그리스도와 보이지 않는 세상의 진리 안으로 들어가도록 저를 도와준 십자고상이었으니까."

성인의 이 눈물겨운 소명이자 비전은 훗날 기적처럼 이루어졌다. 성인은 무슬림들에 의해 처참하게 유린된 성지를 평화적인 호소로 되찾는 한편, 퇴조해가던 복음실천을 큰 반향을 일으키며 재건하였던 것이다.

나에겐 불경기가 없습니다

하느님의 뜻은 참으로 심오하다. 필자가 얼마 전 한 교구의 운전기사사도회 모임의 초청으로 강의를 하러 갔을 때였다. 강의 후 마련된 저녁식사 자리에서 음식이 나오길 기다리던 중에 앞자리에 앉은 전직 회장에게 말을 건넸다.

"요즘 기름 값이 올라 힘드시겠어요."

연일 유가(油價) 급등 뉴스가 터지던 때라 필자는 걱정스레 물었다. 그의 대답은 뜻밖이었다.

"저한텐 불경기가 없어요."

필자의 고개가 갸우뚱해지는 찰나 그는 말을 이었다.

"제가 욕심이 참 많았어요. 뭘 해도 욕심을 부렸었죠. 그런데 그런 맘으로 일을 하니 뜻대로 되는 게 하나도 없더라구요. 그래서 생각을 확 바꿨죠. '수입이 적으면 적은 대로 많으면 많은 대로 맞춰서 살자.' 그랬더니 속이 편안해지더라고요."

"와- 놀랍습니다. 오늘 제가 강의를 한 게 아니고, 오히려 한 수 배워갑니다."

"아이고, 아니에요. 사실 제가 생각을 고쳐먹게 된 것도 다 신부님이 쓰신『무지개 원리』덕분이에요. 거기서 그러셨잖아요. '절대 긍정! 절대 희망!' 만날 TV로 볼 때마다 언젠가 꼭 한번 만나 뵙고 싶었습니다. 오늘 이렇게 강의도 듣고 식사도 함께하게 되다니! 이런 게 삶이 주는 작은 행복인 것 같습니다. 하하."

덩달아 필자도 흐뭇해져 함께 웃었다. 이분이야말로 '무지개 원리' 정신을 지닌 선봉적인 인물이 아니겠는가?

그가 말을 이었다.

"근데 말입니다. 참 희한한 일들이 다 있어요. 안 그래도 손님들께서

요즘 '기름 값 올라서 걱정 많겠다'고 자주들 말하시거든요. 그럼 전 또 아까처럼 얘기해요. 저한텐 불경기가 없다고. 그런데 그럴수록 손님들이 내릴 때 팁을 많이 주고 가시더란 말입니다. 저 때문에 오히려 기운이 난다고 하시면서요. 하하."

이렇듯 생각을 바꾸면 현실이 바뀐다. 주님의 뜻을 오묘하게 받아들이기를 바란다.

말씀으로 전해지는 하느님의 뜻

기도 응답의 조건   누구든지 우리는 자신의 기도가 응답받기를 원한다. 주님께서는 그 비결을 다음과 같이 가르쳐 주신다.

"너희가 내 안에 머무르고 내 말이 너희 안에 머무르면, 너희가 원하는 것은 무엇이든지 청하여라. 너희에게 그대로 이루어질 것이다"(요한 15,7).

사도 요한 역시 같은 취지의 말을 전한다.

"우리가 청하는 것은 다 그분에게서 받게 됩니다. 우리가 그분의 계명을 지키고 그분 마음에 드는 것을 하기 때문입니다"(1요한 3,22).

왜 여기서 주님의 말씀과 계명이 기도의 조건으로 언급되고 있는가? 바로 그것들이 하느님 뜻을 드러내기 때문이다.

그러므로 위의 문장을 바꾸어 말하면 이렇게 된다. "하느님께서는 당신 뜻을 실행하는 사람의 기도를 반드시 들어주신다."

하느님 뜻을 알고자 한다면 먼저 신앙의 제일 기본인 성경공부를 해야 한다. 그리고 나서 말씀으로 중무장하는 것이다.

말씀에 찔리다   말씀이 우리에게 어떤 은혜를 가져오는지를 보여 주는 이야기가 있다.

범죄자 이시이 도오기찌는 남녀노소를 가리지 않고 잔인하게 살해한 죄로 사형을 선고받았다. 형 집행을 기다리는 기간 동안 두 명의 선교사가 형무소로 찾아와 그를 전도하려고 애썼다. 그때마다 그는 완강히 거부했고 선교사들은 결국 성경 한 권을 전해 주며 떠나버렸다. 무심코 성경을 집어든 이시이는 이상하게 읽기를 멈출 수가 없었다. 그러던 중 예수님이 십자가에 못 박혀 돌아가시는 대목에 이르러 다음과 같은 말씀을 읽었다.

"아버지, 저들을 용서해 주십시오. 저들은 자기들이 무슨 일을 하는지 모릅니다"(루카 23,34).

이 말씀에 깊은 내적 변화를 겪은 이시이는 이렇게 고백했다.

"나는 마치 못에 내 마음이 꿰찔린 듯했다. 그것이 그리스도의 사랑일까. 한 가지 분명한 것은 내가 믿었다는 것, 그리고 굳었던 내 마음이 녹아버렸다는 사실이다."

사형 집행 당일 교수대에 오른 이시이의 얼굴은 처음 형무소로 왔을 때의 험상궂은 얼굴이 아니라 미소로 환하게 빛나는 얼굴이었다.

한 구절, 단 한 구절이 나와 코드가 맞을 때 비로소 변화가 일어나는 것이다. 기가 막힌 일이다.

말씀에서 움튼 비전   하느님 말씀이 나에게 당신의 뜻을 가르쳐 주시면, 나는 이것에 대한 꿈을 품고 일생을 살아야 한다.

고백하건대 필자는 다음의 말씀 안에서 비전을 세웠다.

"나는 복음을 위하여 이 모든 일을 합니다"(1코린 9,23).

필자는 복음을 위해서라면 죄 짓는 것만 빼고 모든 수단과 방법을 다 동원하여 가진 능력을 전부 다 발휘하려 노력한다. 그 일환으로 탄생한 책이 『무지개 원리』다.

필자는 이 책이 처음 나왔을 때 100만 부가 되게 해 달라고 기도하였다. 이는 이제 거의 현실이 되었다. 고백하건대, 사실 필자는 이보다 더 원대한 꿈을 품고 기도해 왔다.

"『무지개 원리』가 저희들의 바람이 아닌, 중국에서 번역의뢰가 들어와서 중국진출을 할 수 있도록 해 주십시오. 응답이 올 때까지 기도하겠습니다."

놀랍게도 중국의 4군데에서 번역의뢰가 들어왔었고, 현재 중국의 제일 큰 출판사와 계약을 맺은 상태다. 이 응답을 받는 데 1년 반 걸렸다.

비전이란 이런 것이다. 그것이 하느님 뜻에 합당한 것이라면, 하느님께서는 반드시 이루어 주신다. 나는 다만 나를 그분께 던지며 최선을 다하면 되는 것이다. 설사 실패한다 해도 그 또한 주님의 뜻이니 무엇이 문제인가.

비전기도

> **비전기도 에센스**   지금까지 '아버지의 뜻이' 속에 숨겨진 보물들을 탐사하였다. 먼저, 인간구원을 위한 하느님의 맞춤 구원섭리를 더듬어 봤다. 그리고, 구원섭리로 구현되는 하느님의 뜻에 부합하는 나의 사명을 되물어야 함을 확인했다. 여기서 하느님의 뜻을 묻기 위한 가장 탁월한 방법이 '성경말씀'임을 깨달았다.
>   이러한 영성지평에서 아버지의 뜻이 자신의 삶 안에 이루어지도록 하기 위하여 나의 사명을 묻고 다짐하는 기도가 비전기도다. 비전기도를 통해 우리는 자신의 삶의 방향을 새롭게 점검할 수 있다.

우체부가 발견한 소명   미국 샌프란시스코 로스알데 힐이라는 작은 마을에 요한이라는 우체부가 있었다. 그는 젊었을 적부터 매일 약 80km의 거리를 오가며 우편물을 배달했다. 여느 날처럼 요한이 우편물을 배달하는데 오가는 거리에 모래 먼지가 뿌옇게 이는 것을 보고 문득 쓸쓸한 기분이 들었다. '앞으로도 이런 황폐한 거리를 오가며 남은 인생을 보내야 하나……'

요한은 풀 한 포기, 꽃 한 송이 없는 그 길이 마치 자신의 인생같이 느껴졌던 것이다. 그러던 어느 날 그는 내적 사명을 받았다. '어차피 나에게 주어진 일이다. 해야 할 일이라면 아름다운 마음으로 하자! 나쁜 게 있다면 좋게 만들면 되지 않은가.'

다음 날부터 요한은 우편물을 배달하러 나갈 때 들꽃 씨앗을 챙겼다. 우편물을 나르며 오갈 때마다 그는 그 꽃씨들을 하루도 쉬지 않고 거리에 뿌렸다.

여러 해가 지났다. 어느새 그가 다니는 길 양 옆으로는 계절마다 색색의 꽃들이 앞 다투어 피어났고 사시사철 푸르렀다. 더 이상 황량하거나 쓸쓸한 풍경은 없었다. 울긋불긋 꽃길을 따라 우편배달을 하는 요한의 뒷모습이 한 폭의 수채화처럼 아름다웠다.

때로는 불만스런 상황, 불평의 내용이 바로 소명의 계기일 수 있다. 주님께서는 스스로 대안이 되라고 그 상황에 우리를 투입시키시는 것이다.

남 탓, 상황 탓을 하지 말자. 비난은 누구나 할 수 있다. 필자는 가끔 한소리 듣는다. '차 신부는 어떻게 교회 비판을 하나도 안 하는가?'

필자는 입바른 소리도, 비판도, 모두 하지 않고 대안을 찾는 것이다. 스스로가 대안이 될 때 진정 답을 찾을 수 있게 된다.

비전기도 바치기 _아우구스티노 성인의 기도 아우구스티노 성인은 회개 후 당신 『고백록』에다가 '앞으로 인생을 이렇게 살겠다'라며 기도문을 남겼다. 그의 기도야말로 비전기도에 가깝다.[3] 이 장을 닫으면서 마음을 실어 자신의 기도로 바쳐보자.**(이 기도는 눈으로 읽지 마시고 꼭 소리를 내어 바쳐야 은혜가 됩니다!!!)**

주님이 원하시는 것을 따르게 하소서

오 하느님,
이제 나는 주님만을 사랑하며,

주님만을 따르며,
주님만을 찾으며,
주님만을 섬기고자 합니다.
주님만이 나의 참 주님이시기에
주님의 지배하에 거하고자 합니다.

기도하오니
주님이 원하시는 것을 나에게 명하소서.
그러나 먼저 주님의 말씀을 들을 수 있도록
내 귀를 치료하여 열어 주소서.
주님의 손짓을 볼 수 있도록
내 눈을 치료하여 뜨게 하소서.

주님이 누구이신지 바로 식별할 수 있도록
나에게서 망상을 쫓아내주소서.
주님을 바라보기 위하여
어디로 가야 할지 말씀해 주소서.
주님이 명하시는 모든 것을 나는 따르기 원합니다.
아멘.

"사람의 마음속에 많은 계획이 들어 있어도 이루어지는 것은 주님의 뜻뿐이다"(잠언 19,21).

11 '아버지의 뜻이'(2)
_뚝심기도

원문에 숨겨진 보물   사실 첫 번째 청원인 '아버지의 이름이 거룩히 빛나시며'(개신교: '이름이 거룩히 여김을 받으시오며')와 두 번째 청원인 '아버지의 나라가 오시며'(개신교: '나라가 임하시오며')가 온전히 구현되면, '아버지의 뜻'은 자동으로 이루어진다. 이 땅에서 아버지 존재가 드러나고 아버지 통치가 이루어지면 그것이 바로 구원인 것이다. 그러니까 지금 우리가 다루고 있는 세 번째 청원은 앞의 두 청원의 반복이며 구체적 종합인 셈이다.

그런데 '아버지의 뜻'을 가장 알고 싶어 할 때가 시련과 역경의 때다. 인간은 고통 속에서 하느님을 찾고 하느님께 묻는다. "주님 도대체 저에게 원하는 것이 무엇입니까?", "도대체 왜 이러세요?", "하느님, 너무 미워요. 당신을 버릴래요!", "끝이 어딥니까? 이제 그만 십자가를 놓을래요!", "왜 저한테만 자꾸 고통을 주십니까? 왜 기쁨은 안 주십니까?", "하느님, 살아 계시기는 한가요? 제 앞에 나와 보세요!"……. 하느님의 부재가 느껴질 때 우리가 하느님을 향하여 내뱉는

> 넋두리도 사실은 기도다.
>
> 　원치 않는 고통, 시련, 난관 앞에서 우리는 어떻게 이들을 아버지의 뜻과 연결시킬 수 있을까? 이는 보통 어려운 것이 아니다. 아버지의 뜻이 나의 뜻과는 무관하게 느껴질 때, 우리가 할 수 있는 최선의 방법은 굳건한 믿음으로 '답'이 올 때까지 버티는 것이다.
>
> 　고난 중에 '아버지의 뜻'을 물으며 기도할 때 가장 바람직한 기도가 '뚝심기도'다. 바로 이럴 때 우리가 바칠 수 있는 것이 '뚝심기도'다. 기도 중에 제일 잘하는 기도가 마지막까지 버티는 이 '뚝심기도'다.

하느님의 부재

신앙 선배들의 절규　　우리가 하느님의 뜻을 가장 절실하게 성찰할 때가 언젠가? 바로 하느님의 부재가 느껴지는 순간이다.

　하느님의 침묵이 장기화될 때, 우리는 하느님의 뜻을 묻는 것이다. 우리 신앙의 선배들은 하느님의 부재를 느끼면서 부르짖었다.

　"저의 하느님, 저의 하느님, 어찌하여 저를 버리셨습니까? 소리쳐 부르건만 구원은 멀리 있습니다. 저의 하느님, 온종일 외치건만 당신께서 응답하지 않으시니 저는 밤에도 잠자코 있을 수 없습니다"(시편 22,2-3).

　다윗의 이 부르짖음은 후에 예수님이 십자가 위에서 돌아가시기 전에도 반복된다. 필자 역시 개인적으로 이 기도를 드린 때가 있었다. 독자들도 마찬가지일 것이다.

또 하나의 절절한 목소리가 있다.

"내게 귀를 기울이시라고 나 소리 높여 하느님께, 나 소리 높여 하느님께 부르짖네. 곤경의 날에 내가 주님을 찾네. 밤에도 내 손을 벌리지만 지칠 줄 모르고 내 영혼은 위로도 마다하네. 하느님을 생각하니 한숨만 나오고 생각을 거듭할수록 내 얼이 아뜩해지네. 〔…〕 '주님께서 영원히 버리시어 더 이상 호의를 베풀지 않으시려나? 당신 자애를 거두시고 당신 말씀을 영영 그쳐 버리셨나? 하느님께서 불쌍히 여기심을 잊으셨나? 분노로 당신 자비를 거두셨나?'"(시편 77,2-4.8-10)

이는 다윗 왕 때 노래하는 사람들의 우두머리였던 아삽의 부르짖음이다. 아삽은 오랫동안 기도했지만 하느님이 마치 귀를 막아 버리신 것 같다고 느꼈던 것이다.

이럴 때 우리는 하느님의 뜻을 어떻게 받아들이고 이해해야 하는가?

하느님 없다고 말하지 말라   하느님 뜻을 절절하게 묻는 이에게 깨달음을 주고 힘을 주는 한 신부의 사연이 있다.

필자는 이 신부의 이야기를 교구사제피정 때 직접 듣게 되었다. 피정기간 내내 들은 그분의 인생이야기는 필자가 여태껏 들었던 어느 피정강의보다 기억에 많이 남는다. 주인공은 바로 부산교구의 허성 야고보 신부다. 월간 〈참 소중한 당신〉 2004년 9월 호에 실린 내용을 발췌해 본다.

신학교에서 쫓겨나고, 수도회에서 쫓겨나고, 선교사로 떠돌다가 천신만고 끝에 41세의 나이로 신부가 된 허 신부의 이야기는 이렇게 시작된다.

6살 때, 허 신부는 돌아가신 어머니의 상여를 뒤따라가며 하느님을 많이 원망했었다고 한다. 얼마나 가난했던지 형들이 산에서 주워온 기다란 막대기 두 개에 요를 말아 그걸 상여로 삼았을 정도였다. 형수가 해 주는 밥을 먹고 자란 허 신부는 16세 때 소신학교에 입학하여 사제의 꿈을 키우게 된다.

그런데 이후 대신학교 4학년을 마칠 무렵, 학장신부가 그를 부르시며 하신 말씀이 '짐을 싸서 이곳에서 나가라'는 것이었다. 그러면서 보여 주신 종이서류에는 "이 학생은 본당신자들을 분열시키는 성품을 지녔다"라는 본당신부의 소견이 쓰여 있었다. 사건의 발단은 이랬다.

방학 때 본당에서 청년들과 함께 성탄 준비와 행사를 잘 마치고 난 뒤, 한 구역 청년들이 '학사님 수고했다'며 떡을 해 왔다. 다른 구역 청년들이 이를 알게 되어 그렇게 세 구역의 청년들에게 각각 대접을 받았는데, 질투심과 소외감 때문인지 싸움이 붙었던 것이다.

그 명목으로 신학교에서 제적을 당한 허 신부는 고민하다가 수도회를 찾아갔고 그곳에서 평수사로 서원하게 된다. 직분은 주방업무였다. 그런데 옛날 주방에는 냉장고가 없었기 때문에 음식 조절이 무척 까다로웠다. 음식이 모자라면 굶어야 했고, 남으면 원장수사께 묵주기도 15단을 보속으로 받았는데 공동생활을 하면서 묵주기도 15단을 따로 바치기란 보통 힘든 것이 아니었다. 어느 날도 밥이 남자 허 신부는 머리를 썼다. 시장에서 누룩을 얻어와 막걸리를 담고는 원장수사가 기분 좋을 때 내와서 함께 마신 것이다.

그러나 수도회에서도 알 수 없는 이유로 7년간의 생활을 타의에 의해 그만두게 된다. 자신이 한 잘못이 있다면 그 일밖에 떠오르지 않는데 말이다. 또 한번의 실패와 좌절을 맛보게 된 것이다.

이에 허 신부는 무작정 당시 부산교구장이었던 최재선 주교를 찾아갔고, '오소'라는 마을에 선교사로 발령받는다. 그런데 막상 그곳에 가 보니 신자가 한 명도 없었다. 전쟁 직후라 교회가 밀가루며 분유 같은 것들을 나눠 줄 때였으니 그걸 바라고 선교사를 희망한 것이었다. 그러니 묵을 방 한 칸조차 없던 허 신부는 이곳저곳을 옮겨 다니며 7년을 보내야 했다. 더 이상 버틸 수 없는 상황에 이르자 허 신부는 다시 최 주교를 찾아갔다. 마지막 희망으로 교회 땅을 빌려 양계를 시작한 것이다. 그러나 달걀 값이 폭락할 때는 자전거 뒤에 싣고 시장이며 마을이며 직접 팔러 다녀야 했고, 병든 닭고기와 달걀만 며칠씩 먹을 때도 있었다.

그렇게 가는 곳마다 핍박을 받고, 하는 일마다 실패를 하며 15년의 세월이 지나가고 있던 중 그는 우연히 최 주교를 찾아갔다가 뜻밖의 말을 듣게 된다.

"혹시 신부 될 생각 없어?"

허 신부의 열심한 삶을 지켜봐 왔던 최 주교가 사제가 될 수 있는 길을 열어 준 것이었다. 그렇게 하여 허 신부는 청강생으로 광주 가톨릭대학교에 들어가게 됐고, 1974년 7월 5일 드디어 꿈에도 그리던 사제로 서품되었다.

허 신부는 첫 미사 강론을 지금도 생생하게 기억한다고 했다.

"제가 어떻게 사제가 되었는지 설명하려면 못합니다. 어머니의 상여를 따라가며 어린 나이에 하느님을 원망해 보았고, 사제가 되고 싶어 신학교에 갔지만 제적당했고, 평수사로 열심히 살려고 노력했지만 그마저도 포기해야 했습니다. 선교사로 열심히 살려고 했지만 일주일에 다섯 번 쫓겨날 정도로 힘들었습니다. 제 가혹한 삶에서 늘 하느님께 섭섭한 마음뿐이었습니다.

그러나 이제 와 생각하니, 하느님께서는 당신을 원망만 했던 그 순간에도 저를 사랑하셨고, 저를 버렸다고 생각했던 순간에도 버리지 않으셨고, 버림받았던 때에도 사랑으로 보호하고 인도해 주고 계셨습니다. 이제 그분은 제 손을 놓지 않으실 것이라는 것을 확신합니다."

필자는 허 신부야말로 '하느님이 우리에게 보내신 분'임을 안다. 은퇴 후 신학교 영적지도 신부로, 교구사제연수나 수도회 영성지도 등을 통해서 만나는 사람들에게 위로와 격려를 주고 하느님 체험을 하도록 돕고 있기 때문이다. 허 신부의 고통은 이제 기적이 되었다.

하느님께서는 인간을 사랑하시기 때문에 아들 예수님을 이 세상에 보내주셨다. 예수님의 십자가는 바로 우리를 향한 사랑이다. 허 신부의 처절한 실패를 통해서도 주님은 우리를 사랑하신다. 우리를 사랑하시기 때문에 한 인물을 뽑아서 밑바닥까지 가게 한 후 그가 깨달은 사랑으로 우리를 감싸주는 은혜를 내려주신 것이다.

하느님의 뜻은 이토록 심오하다.

고통의 은총

그분에게는 뜻이 있다   한 임금이 신하에게 세상에서 가장 훌륭한 천리마를 구해 오라고 했다. 이에 전국 곳곳을 살피고 온 신하가 임금 앞에 내놓은 것은 죽은 말의 뼈였다. 임금은 기가 막혔다.

"세상에 천리마가 멸종이라도 되었단 말이냐?"

신하가 대답했다.

"온 나라를 돌았어도 명마를 팔겠다는 사람이 없었습니다. 그래서 죽은 명마의 뼈를 비싼 값을 주고 사왔습니다. 임금님께서 죽은 명마의 뼈도 후한 값을 쳐주실 만큼 명마를 아끼고 사랑한다는 소문이 퍼지면 곧 좋은 천리마를 팔겠다는 사람이 나타나지 않겠습니까?"

며칠 후 신하의 말대로 명마를 팔려는 사람들이 왕궁 앞에 줄서기 시작했다.[1]

안목이 없는 이에게는 말 뼈다귀만 보인다. 하지만 보는 눈이 있으면 지혜와 희망이 보인다. 고통의 경우도 마찬가지다. 그 뒤에 하느님의 예지가 숨어 있다.

고통의 뒤에는   고통 뒤에는 숨은 뜻이 있다.[2]

첫째는 '견책'의 의미다. '견책'은 내가 하느님이 원하시는 길이 아닌 어긋난 길로 나아갈 때 하느님으로부터 '매매' 맞는 것이다. 이는 '벌'과는 다르다. '벌'은 마지막 때에, 심판 때에 알 수 있는 것이지만 '견책'은 우리가 살면서 받는 것이다. 이는 하느님 사랑의 발로다. "주님께서는 사랑하시는 이를 훈육하시고 아들로 인정하시는 모든 이를 채찍질하신다"(히브 12,6).

둘째는 '시련'의 의미다. '시련'은 나는 잘하고 있는데도 어려움을 주시는 것이다. 이는 하느님이 나를 한 단계 더 끌어올리시기 위함이다. "너는 내 은총을 넉넉히 받았다. 나의 힘은 약한 데에서 완전히 드러난다"(2코린 12,9).

셋째는 '구원'의 의미다. 이는 우리가 예수님의 십자가 고통에 동참하는 것이다. 사도 바오로는 구원의 의미를 잘 알고 있었다. "그리스도의 환난에서 모자란 부분을 내가 이렇게 그분의 몸인 교회를 위하여 내 육신으로 채우고 있습니다"(콜로 1,24).

기왕이면 이 세 가지 고통 중에 구원을 위한 고통에 동참하려는 자세가 바로 지혜로운 선택일 것이다.
"그리하여 그리스도의 고난이 우리에게 넘치듯이, 그리스도를 통하여 내리는 위로도 우리에게 넘칩니다"(2코린 1,5).

섭리를 신뢰하라   아슬아슬한 절벽 위 바위 턱에 독수리의 보금자리가 있다. 어미 독수리는 때가 되면 둥지를 흔들고 어린 독수리들을 낭떠러지 밑으로 떨어뜨린다. 새끼들이 어설픈 날갯짓을 하며 바닥으로 떨어지는 찰나 어미는 새끼들을 자기 날개로 걷어 올린다. 새끼가 스스로 날 수 있을 때까지 어미는 이 훈련을 반복한다. 이 과정을 거쳐 새끼들은 마침내 하늘을 날아오르는 방법을 배워 또 하나의 강한 독수리가 된다.

성경에 모세가 독수리 새끼를 훈련하는 과정과 방법을 통해서 하느님의 사랑을 설명하는 부분이 있다.
"독수리가 보금자리를 휘저으며 새끼들 위를 맴돌다가 날개를 펴서 새끼들을 들어 올려 깃털 위에 얹어 나르듯 주님 홀로 그를 인도하시고 그 곁에 낯선 신은 하나도 없었다"(신명 32,11-12).

하느님의 사랑은 어미 독수리의 그것과 같다. 우리가 고통의 때에도 힘을 내야 하는 이유가 여기에 있다. 로버스 슐러의 '절벽 가까이로 부르셔서'라는 시는 무한 가능성으로 우리를 내모는 섭리에로 초대한다.

절벽 가까이로
나를 부르셔서 다가갔습니다.
절벽 끝에 더 가까이 오라고 하셔서
더 가까이 다가갔습니다.

그랬더니 절벽에
겨우 발을 붙이고 서있는 나를
절벽 아래로
밀어버리시는 것이었습니다.

물론 나는
그 절벽 아래로 떨어졌습니다.
그런데 나는 그때서야 비로소 알았습니다.
내가 날 수 있다는 사실을.[3]

시련이 올 때 우리는 기억하자. '주님께서 나를 날게 하기 위해 그러신 것'임을 말이다.

뚝심기도

> **뚝심기도 에센스** 지금까지 '아버지의 뜻이' 속에 숨겨진 보물들을 두 번째로 탐사하였다. 먼저, 하느님께서는 우리가 시련과 고통을 겪고 있을 때도 결국 당신의 선하신 뜻을 관철하신다는 사실을 확인했다. 그리고, 역경 속에서 우리가 취할 수 있는 최선의 선택은 기도하면서 인내로 버티는 것이라는 사실을 배웠다.
>
> 이러한 영적 지혜에 의지하여 우리가 벼랑 끝 상황에 처했을 때도 담대히 하느님의 선한 뜻을 믿으며 드리는 기도가 뚝심기도다. 뚝심기도야말로 기도 중의 기도요 가장 신통한 기도다.

말씀에서 얻는 뚝심 그리스도인들이 가진 '뚝심'의 근원은 무엇일까. 바로 '말씀'이다. 하느님이 우리에게 주시는 위로와 치유와 평화, 용기 그 밖의 모든 것들이 다 말씀 안에 있다. 이 말씀을 붙들고 우리는 살아간다.

필자의 『주일복음묵상』을 통하여 이루 헤아릴 수 없는 이들이 뚝심을 얻고 있다. 그 가운데 한 자매가 보내온 사연을 가감 없이 소개한다.[4]

"주일복음묵상을 접하기 전 저는 매사에 부정적인 생각이 많았습니다. 그로 인해 잘 해결될 수 있었던 일들도 그르치는 일이 많았습니다.

처음 주일복음묵상을 접했을 때, 긍정적인 내용을 전하는 그 내용들에 저는 반신반의했습니다. 하지만 인내심을 가지고 꾸준히 들었습니다. 그런데 어느 날부터인지 주님의 말씀이 제 안에 자리를 잡고 가지를 뻗어 큰 나무로 자라가고 있음을 느끼게 되었습니다. 그리고 어느 순간부터 구름처럼 많던 근심 걱정들이 걷히면서 긍정적인 생각들이 점점 더 크게 자리를 잡아감을 느꼈습니다.

그런 밝고 기쁨이 가득한 제 모습에 냉담 중이던 남편도 놀라워하며 자연스럽게 성당을 다시 다니게 되었습니다. 그리고 얼마 전에는 견진성사까지 받게 되었습니다. 이 모든 은혜에 대한 감사를 하느님께 돌려드리고 싶습니다."

필자가 이 증언들을 전하는 이유는 위로와 치유가 필요한데 복음을 들을 길이 없는 분들을 위함이다. 말씀을 들을 길 없어 뚝심기도가 약한 분들을 위함이다.

뚝심기도 바치기 _본회퍼의 기도   디트리히 본회퍼 목사는 히틀러 암살 음모에 가담했다가 39세의 젊은 나이에 처형되었다. 그가 형장으로 끌려가기 며칠 전 쓴 기도문으로 알려진 다음의 기도는 가히 뚝심을 청하는 기도라 할 수 있겠다. 이 장을 닫으면서 마음을 실어 자신의 기도로 바쳐보자.**(이 기도는 눈으로 읽지 마시고 꼭 소리를 내어 바쳐야 은혜가 됩니다!!!)**

―――◆◆◆―――

주님,
엄청난 시련이 엄습하였나이다.
온갖 불안이 저를 짓누르려고 합니다.
저는 어찌할 바를 모르겠습니다.

하느님,
저에게 자비를 베푸시어 도와주소서!
당신이 저에게 보내주시는 운명을 감당할 힘을 주소서.
공포가 저를 지배하지 못하게 하시고,
당신께서 저의 모든 두려움을 자부(慈父)적으로 대신 져주소서.

자비하신 하느님,
제가 당신과 사람들에게 지은 모든 죄를 용서하소서.
저는 당신의 은총을 굳게 믿고
제 목숨을 당신의 손에 맡기나이다.
당신의 뜻대로 그리고 제 영혼에 유익이 되는 쪽으로,
저와 더불어 당신이 주관하소서.

살거나 죽거나 저는 당신 곁에 있고
당신은 제 곁에 있나이다.
나의 하느님,
주님, 당신의 구원과 당신 나라가 임하기를 저는 바라나이다.

"하느님을 사랑하는 이들, 그분의 계획에 따라 부르심을 받은 이들에게는 모든 것이 함께 작용하여 선을 이룬다는 것을 우리는 압니다"(로마 8,28).

12 '하늘에서와 같이 땅에서도 이루어지소서!' _소통기도

원문에 숨겨진 보물 그리스어 원문에서 '호스 엔 우라노, 카이 에피 게스' (hos en ourano, kai epi ges)는 원래 '하늘에서와 같이 땅에서도 이루어지게 하소서'(개신교: '하늘에서 이루어진 것 같이 땅에서도 이루어지이다')라고 번역된다.

하느님의 뜻은 어디에서 일어나는가? 그 뜻이 행해지는 곳에서 일어난다. 그렇기 때문에 하느님의 뜻을 행하는 것에 대해서 모든 복음서들(마태 7,21; 마르 3,35; 루카 12,47-48; 요한 7,17 참조)이 말하고 있으며, 이 뜻을 행하는 자만이 하늘나라의 상속자가 될 것임을 약속한다.

이 기도 구절은 이미 하늘에서 세우신 그 계획이 땅에서 그리스도를 통하여, 교회를 통하여, 마침내 나를 통하여 이루어지기를 청원하는 의미를 지닌다.

주님의 기도 구성상 '하늘에서와 같이 땅에서도'라는 말은 '하느님'과 관련된 3가지 청원을 마무리하면서 그 다음에 나올 '사람'과 관련된 4가지 청원으로

> 넘어가는 교량 역할을 해 준다. 즉, 이 구절은 '하늘'과 '땅'의 상호 소통을 지향하고 있는 것이다.
>
> 이 구절을 깊이 묵상하여 찾은 통하는 기도는 '소통기도'다. 말 그대로 하늘과 땅이 연결되는 것이다. 이제 뚫리는 기도가 이루어지는 것이다.

하늘에서와 같이

드높은 뜻 아버지의 뜻이 땅에서 이루어지려면 하늘에서 세우신 그 뜻을 우리가 알아들어야 한다. 하지만 짧은 안목으로 그 고매한 뜻을 이해하려는 노력 자체가 부질없는 일이다. 그러기에 사람을 상대하다가 답답함을 느끼신 하느님께서 급기야 이런 말씀을 하신다.

"내 생각은 너희 생각과 같지 않고 너희 길은 내 길과 같지 않다. 주님의 말씀이다. 하늘이 땅 위에 드높이 있듯이 내 길은 너희 길 위에, 내 생각은 너희 생각 위에 드높이 있다"(이사 55,8-9).

세상을 살다 보면 여러 가지 일들을 겪겠지만 그 중에서 가장 억울한 일 중 하나가 나보다 낮은 수의 사람에게 충고를 듣는 것이다. 나의 깊은 뜻을 모른 채 '이래라, 저래라' 하는 것이다. 그럴 때는 속이 뒤집힌다.

하느님께서도 마찬가지다. 우리 생각과 하느님 생각은 격이 다르다. 짐작은 하면서도 우리는 곧잘 하느님께 따진다.

"하느님, 왜 그러셨어요? 그러시면 안 되죠!"

우리는 얼마나 많은 경우들 앞에서 그런 말을 내뱉었는가?

아라비아 종마의 비밀   주님의 뜻을 이해할 수 없을 때는 그냥 순명하는 것이 상책이다.

예언자 마호메트가 지구상에서 가장 훌륭한 종마를 찾기로 했다. 그는 온 세상을 두루 다니며 훌륭한 100마리의 암말을 찾아냈다. 그런 뒤 말들을 가두고 며칠간 물을 제외한 먹을 것을 주었다.

말들이 목말라 미칠 지경이 될 쯤 마호메트는 우리의 문을 열었다. 말들은 일제히 고개를 올리고 있는 힘을 다해 발을 구르며 시냇가를 향해 내달렸다. 말들이 시내에 거의 다다랐을 때 마호메트가 뿔피리를 입에 대고 한껏 불었다. 그러자 정신없이 뛰어가던 100마리의 말 가운데 단 4마리만이 주인의 신호를 듣고 속도를 줄여 달리기를 멈추고 명령을 기다렸다. 마호메트가 말했다.

"저 4마리의 말을 종마로 삼아 세계 제일의 말을 길러내겠다. 저 말들은 이제 '아라비아의 종'이라고 불리울 것이다."

우리는 그리스도의 종마가 되어야 한다. 그러기 위해서는 절대 순명의 본능이 요구되는 것이다.

예수님의 양식   순명의 본보기는 누가 뭐래도 예수님이다.

사실 따지고 보면 하느님과 예수님은 격이 같다. 하지만 당신 자신을 포기하고 아버지의 뜻을 내세우셨다. 아버지의 뜻을 이루는 것은 주님의 일관된 삶의 주제였다. 그분은 이를 다음과 같이 표현하셨다.

"그렇습니다, 아버지!"(마태 11,26ㄱ)

"아버지의 선하신 뜻이 이렇게 이루어졌습니다"(마태 11,26ㄴ).

"나는 내 뜻이 아니라 나를 보내신 분의 뜻을 실천하려고 하늘에서 내려왔기 때문이다"(요한 6,38).

"내 양식은 나를 보내신 분의 뜻을 실천하고, 그분의 일을 완수하는 것이다"(요한 4,34).

특별히 마지막 말씀에서 왜 주님은 '양식'이라는 표현을 했을까? 양식은 배고픔을 해결해 주는 것이다. 양식을 먹으면 우리는 기운이 나고 활동을 할 수 있다. 바로 예수님은 이 점을 말씀하신 것이다. 예수님께서는 아버지의 뜻을 실천할 때라야 기운이 나고 신이 나신다. 이것이 양식이다.

땅에서도 이루어지소서

시골효자 이야기   아버지의 뜻이 땅에서도 이루어지는 데 우리의 적극적인 응답이 요구된다.

어느 도시효자가 이름난 시골효자의 소문을 듣고 찾아갔다. 그가 도착해 보니 다 쓰러져 가는 초가집에 노모 혼자 있었다. 곧 시골효자가 나무 한 짐을 지고 집으로 돌아왔다. 이를 본 노모가 부리나케 뛰어나와 아들의 짐을 받쳐 내려놓았다. 그리고는 황급히 들어가 대야에 따뜻한 물을 떠와 아들의 발을 씻기기 시작했다. 정성껏 아들의 발을 씻기며 두런두런 이야기를 주고받는 노모의 얼굴에 미소가 떠나질 않았다. 그 모습에 도시효자가 혀를 끌끌 차며 말했다. "이 마을에 효자가 산다더니 내가 집을 잘못 찾았나 보군. 어떻게 늙으신 어머니께 발을 씻겨달라고 하시는가?"

이에 시골효자가 답했다. "저는 그저 어머님이 하시고자 하는 일이면 무슨 일이든 기쁘게 해 드리는 것뿐입니다."

필자 역시 이 방법으로 효도하고 있다. 아직도 연세가 80이 넘은 노모의 밥을 먹고 살고 있다. 오래전 필자가 대학생이었던 시절에는 어머니가 필자의 머리카락을 직접 잘라 주시곤 했다. 이유는 단 하나, 어머니께서 원하셨기 때문이다.

이야기가 좀 옆으로 샜지만, 주님께서도 우리가 그저 '무슨 일이든' 주님께서 원하시는 그대로 행하는 것을 기뻐하신다.

주님의 종이오니 – 피에타

하느님의 뜻에 '예!' 하고 응답하고 이를 평생토록 눈물겹게 이행한 분이 성모 마리아다.

"보십시오, 저는 주님의 종입니다. 말씀하신 대로 저에게 이루어지기를 바랍니다"(루카 1,38).

성모 마리아는 성령으로 말미암은 예수님의 잉태 소식을 알리러 온 가브리엘 천사에게 이렇게 대답하신 후에 한평생 이 말에 책임을 지고 사셨다.

천재적인 조각가 미켈란젤로는 성경을 읽다가 성모님의 순명에 깊은 감명을 받았다.

그의 작품 가운데 유명한 '피에타' 상은 성모 마리아가 아들 예수님의 주검을 무릎 위에 얹어놓고 두 팔로 끌어안으며 한없는 슬픔과 자애의 눈으로 찢긴 아들의 몸을 바라보는 조각이다. 피에타는 이태리어로 '충실한 믿음'을 뜻한다. 미켈란젤로는 아들의 시신을 안고 바라보고 있는 어머니의 시선과 마음과 모습에서 '충실한 믿음'의 전형(典型)을 보았던 것이다. 마리아는 자신의 온 마음으로 오직 하느님의 뜻이 이루어지기만을 원하고 그대로 따른 여인이었다. 그녀는 비록 자기 자신이 이해하지 못했을 때조차도 하느님을, 하느님께서 그녀를 사랑하고 계시다는 사실을, 그리고 하느님의 지혜와 방법을 굳게 믿었다. 그렇기 때문에 그녀는 가브리엘 천사를 통해 하느님의 부르심을 들었을 때 '예'라는 대답이 실상 무엇을 의미하는지, 또 그것이 장차 어떤 일을 가져올 것인지를 이해하지 못했으면서도 기꺼이 응답할 수 있었던 것이다. 그리고 그 '예'가 지금 아들의 주검을 끌어안고 부드러운 사랑과 연민으로 내려다보고 있는 것이다. 미켈란젤로는 마리아 안에서 이루어진 이 엄청난 성취에 대해 가장 적절한 말을 붙여 주었다. "피에타!"[1]

이것이 봉헌이고 영성이다. 과연 우리는 이처럼 내 삶에서 원치 않는 일이 일어났을 때 그것을 주님의 뜻으로 봉헌할 수 있는가? 우리가 피에타의 '충실한 믿음'을 실행할 때, 바로 아버지의 뜻이 땅에서도 이루어지는 것이다.

예수의 성적표   머리 식히는 이야기 하나 듣고 넘어가자. 예수의 초등학교 시절 일화다.

방학을 맞아 예수가 학교에서 성적표를 받아왔다. 그런데 성적이 좋지 못했다. 어머니 마리아는 예수의 성적을 보고 아무 말도 하지 않고 이 모든 것을 마음속에 간직하였다. 그런데 문제는 남편 요셉에게 보여야 한다는 것이었다. 성적표에는 다음과 같이 쓰여 있었다.

수학: 빵과 물고기의 곱셈 이외에는 거의 아무것도 모른다. 덧셈의 감각조차 없다. 그 증거로, 하느님 아버지와 자신이 '하나'라고 말한다.

글쓰기: 연필이나 공책 같은 학용품을 가지고 다니는 법이 없다. 걸핏하면 땅 위에 나뭇가지 따위로 글씨를 쓴다.

표현력: 분명하게 말하는 데 어려움을 겪고 있다. 언제나 비유를 통해서만 표현한다.

화학: 하라는 실험은 않고 선생님이 등만 돌리면 물을 포도주로 변화시킨다.

체육: 다른 아이들처럼 물속에서 수영을 하는 것이 아니라 물 위를 걸어 다닌다.

품행: 난처한 학생이다. 이방인들, 가난한 사람들, 타락한 사람들과 어울린다.

요셉은 이대로는 안 되겠다고 생각하였다. 어떻게 할까 고민한 후 예수에게 말했다.

"예수야, 부활 방학 동안 십자가를 하나 만들어라. 납품 의뢰가 들어왔다."

우스갯소리라 토를 달 필요도 없지만, 순둥이 소년 예수가 어른거리는 것은 왜일까.

뭔 말이 필요합니까   한번은 레오날드 우드 경이 프랑스의 왕을 방문했다. 왕은 그가 무척 마음에 들어 다음 날 만찬에 초대한다는 기별을 보냈다.

우드 경은 다음 날 궁전으로 가 왕을 알현했다. 왕은 반가워하기는

했지만 의외라는 표정으로 말했다.

"우드 경, 나는 당신이 오늘 참석하는지 몰랐소. 어찌된 일이오?"

그러자 우드 경이 오히려 당황하여 되물었다.

"폐하께서 제게 초대장을 보내지 않으셨습니까?"

"그랬었소, 하지만 경은 나의 초대에 아무 답신도 보내지 않았잖소?"

비로소 사태를 이해한 우드 경이 정중히 대답했다.

"왕의 초대에 감히 가타부타 대답할 수 없지요. 다만 순종만 있을 뿐입니다."

주님이 우리에게 명령하실 때도 마찬가지다. 거기에는 가타부타가 없는 것이다.

소통기도

소통기도 에센스 지금까지 '하늘에서와 같이 땅에서도 이루어지소서!' 속에 숨겨진 보물들을 탐사하였다. 먼저, 이 기도문을 통하여 하늘의 일과 땅의 일, 곧 하느님의 뜻과 사람의 뜻이 서로 소통하게 됨을 확인했다. 그리고 하느님의 뜻이 이 땅 위에 이루어지기 위해서는 하느님께 대한 우리의 순명이 요청됨을 깨달았다. 그러기에 때로 하느님의 뜻을 이해할 수 없더라도 온 마음과 행동을 다해 따르기를 애써야 하는 것이다.

이러한 영적 지혜를 바탕으로, 하느님 뜻의 계시와 이에 대해 자발적이며 기꺼운 순명을 고백하는 사람 뜻의 표명이 함께 어우러지도록 바치는 기도가 소통기도다. 소통기도는 한마디로 인간이 하느님과 서로 코드를 맞추려 노력하는 기도다.

기도는 소통이다　　'소통'은 영어로 '커뮤니케이션'(communication)이다. 그렇다면 기도는 한마디로 커뮤니케이션이다. 기도는 일방향이 아닌 쌍방향적인 것이기 때문이다. 주고받음이 있다는 것이다. 이와 관련하여 기도에 관한 두 가지 물음을 점검해 보자.

첫째는 '하느님께서는 우리가 필요한 것을 이미 알고 계실 텐데, 왜 꼭 기도해야 하는가'라는 물음이다.

하느님은 우리에게 필요한 걸 주실 수 있다. 하지만 우리는 때로 주님이 나에게 주신 것을 모르고 넘어간다. 때문에 주님께서는 우리가 그것을 꼭 알아보고 인정해 드릴 수 있다는 사인이 올 때까지 기다리시는 것이다.

예를 들어, 하느님께서 열심한 어느 신자를 보고 기특하여 그 자녀를 좋은 대학에 들어갈 수 있도록 해 주셨다고 하자. 이는 특별히 본인이 기도하지 않았는데 잘된 것이다. 그렇다면 과연 그 자녀는 주님께 감사하는 마음을 갖게 될까? 그렇지 않다. 그래서 하느님은 부모가 간절히 원할 때에만 축복을 주신다. '간절함'이 서로의 소통을 만들기 때문이다.

하느님은 당신이 하신 것을 우리가 알아주길 바라신다. 그렇지 않으면 교만과 탐욕에 빠지기 십상이기 때문이다. 우리가 한두 번 기도하고 떡하니 받으면 그것이 기도해서 받은 것인지, 우연인지 잘 알지 못한다. 손이 발이 되도록 애걸복걸하면 그때 하느님이 '이제 줄 때가 됐군' 하시는 것이다.

이는 바꿔 말해서 어떤 의미를 지니는가? 우리가 알아보는 눈만 있으면, 또 들을 귀만 있으면 기도하지 않아도 주신 그분의 은총을 발견할 수 있다는 뜻이다. 그때그때 주신 것을 알고 감사를 드리면 삶의 모든 것들에서 그분의 축복을 깨달을 수 있다.

둘째는 '하느님의 침묵(무응답)을 어떻게 해석해야 하는가'라는 물음이다. 그 무응답의 이유는 크게 세 가지로 생각해 볼 수 있다.

우선, 우리가 청한 것이 하느님의 안목으로 보았을 때 좋지 않은 것일 수 있다. 주어 봤자 그 사람에게 해가 되고 독이 되는 경우다. 그럴 때는 '아, 이건 내 것이 아니구나' 하고 포기하는 편이 낫다.

둘째로, 하느님께서 더 좋은 것을 주길 원하시는 것일 수 있다. 당신께서 이미 대안을 갖고 계시기에 둘러서 바꿔서 더 크게 주시려는 것이다.

셋째로, 하느님께서 시간을 끄심으로써 우리가 기도하는 가운데 성화되기를 원하시는 것일 수 있다. 이를테면 고통을 겪으면서 우리가 정화되기를 바라시기 때문인 것이다.

이렇듯 침묵과 무응답도 주님의 깊은 뜻이 있다.

하느님의 응답 방법 '5만 번 응답받은 사람'으로 개신교에서 유명한 인물이 있다. 바로 조지 뮬러다. 그는 기도하는 것마다 전부 응답을 받았다. 한번은 그가 이렇게 말했다.

"나는 한 사람의 회심을 위해 63년 8개월간을 기도해 오고 있지만 그는 아직 돌아오지 않았다. 그러나 나는 변함없는 주님의 약속을 의지하고 있다. 그러니 그는 언젠가 반드시 돌아올 것이다."

그의 친구는 뮬러의 장례식 전에 회심했다. 그랬다. 늦었지만 응답은 왔다. 하느님께서 그의 기도를 들으신 것이다.

"우리가 상대해야 하는 그분은 얼마나 선하시고 친절하시며 은혜로

우시고 겸손하신지! 나는 다만 연약하고 죄 많은 인간이지만 그분은 나의 기도를 오만 번이나 들어주셨다."[2]

하느님과의 '소통'을 끝까지 믿고 그분께 맡기면 결국 이루어진다. 이를 믿고 우리 신앙생활의 희망으로 삼길 바란다.

소통기도 바치기 _마리아의 노래   소통기도의 전형은 마리아의 노래 '마니피캇'이다. 이 기도문 안에서 하늘에서 하느님 뜻이 내려오고 땅에서 마리아의 '예'라는 응답이 올라가서 만나는 것이다. 이 장을 닫으면서 마음을 실어 자신의 기도로 바쳐보자.(이 기도는 눈으로 읽지 마시고 꼭 소리를 내어 바쳐야 은혜가 됩니다!!!)

내 영혼이 주님을 찬송하고
내 마음이 나의 구원자 하느님 안에서 기뻐 뛰니
그분께서 당신 종의 비천함을 굽어보셨기 때문입니다.
이제부터 과연 모든 세대가 나를 행복하다 하리니
전능하신 분께서 나에게 큰일을 하셨기 때문입니다.
그분의 이름은 거룩하고
그분의 자비는 대대로 당신을 경외하는 이들에게 미칩니다.
그분께서는 당신 팔로 권능을 떨치시어 마음속 생각이 교만한 자들을 흩으셨습니다.
통치자들을 왕좌에서 끌어내리시고 비천한 이들을 들어 높이셨으며 굶주린 이들을 좋은 것으로 배불리시고 부유한 자들을 빈손으로 내치셨습니다.
당신의 자비를 기억하시어 당신 종 이스라엘을 거두어 주셨으니
우리 조상들에게 말씀하신 대로
그 자비가 아브라함과 그 후손에게 영원히 미칠 것입니다.
(루카 1,46-55)

"보십시오, 저는 주님의 종입니다. 말씀하신 대로 저에게 이루어지기를 바랍니다"(루카 1,38).

오늘 저희에게 일용할 양식을 주시고

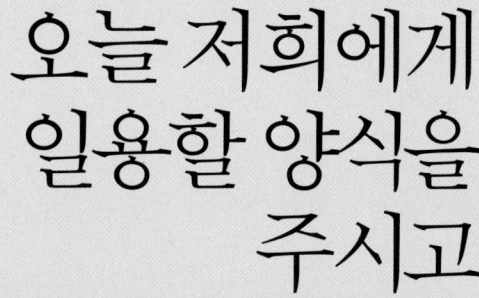

13 '오늘 저희에게'_화살기도

14 '일용할 양식을'_청원기도

15 '주시고'_성취기도

13 '오늘 저희에게'_화살기도

원문에 숨겨진 보물   그리스어 원문에서 '오늘 저희에게 일용할 양식을 주시고'(개신교: '오늘 우리에게 일용할 양식을 주시옵고')에 해당하는 부분은 '톤 아르톤 헤몬 톤 에피우시온 도스 헤민 세메론'(ton arton hemon ton epiousion dos hemin semeron)이다.

'오늘 저희에게'(개신교: '오늘 우리에게')는 그리스어 원문에서 '헤민 세메론'(hemin semeron)을 번역한 말이다. 여기서 헤민(hemin)은 '저희에게'를 의미하고 세메론(semeron)은 '오늘'을 뜻한다.

본래 세메론(semeron)은 '지금'이라는 뜻도 가지고 있는 단어로서 시간의 현재성을 크게 부각시키는 말이다. 이는 육적 필요에 대한 기도가 바로 그날에 국한된다는 사실을 강조한다. 이 단어는 내일에 대한 모든 근심을 버리라는 예수님의 말씀을 상기시킨다.

"그러므로 내일을 걱정하지 마라. 내일 걱정은 내일이 할 것이다. 그날 고생은 그날로 충분하다"(마태 6,34).

이와 같은 취지의 말씀을 우리는 탈출기 16장에서 발견한다.

"주님께서 모세에게 말씀하셨다. '이제 내가 하늘에서 너희에게 양식을 비처럼 내려 줄 터이니, 백성은 날마다 나가서 그날 먹을 만큼 모아들이게 하여라'"(탈출 16,4).

이를 참조할 때, '세메론'은 우리가 매일 음식을 더 많이 거두려고 욕심 부리지 말고 그날그날 하느님께 의지해서 사는 삶의 자세를 갖추라는 뜻이 된다.

왜 하느님은 우리가 하루살이 인생이 되기를 원하시는 걸까? 이는 인간학과 심리학의 관점에서 이해될 수 있다. 하느님은 인간을 잘 아신다. 인간은 조금만 배가 불러도 다른 맘을 먹게 된다는 것을 알고 계신다. 먹을 것이 단 이틀 치만 있어도 기도하지 않는 것이 인간이다. 그런데 하느님은 우리와 하루하루 관계를 중요시하신다.

'오늘'을 깊이 묵상하며 기도하게 될 때, 우리의 기도는 '화살기도'가 된다. 이는 그때그때 우리가 바칠 수 있는 기도다.

오늘 하루

명품시계 먼저 주님의 기도에서 '오늘'이 시사하는 바를 깨달아 보자.

한평생 시계만 만들어 온 사람이 있었다. 어느새 노인이 된 그는 자신의 노하우와 기술을 모두 쏟아내어 시계 하나를 만들었다. 그리고는 아들에게 주었다. 아들은 이 멋진 시계를 보고 이상한 점을 발견했다.

"아버지, 초침은 금, 분침은 은으로 돼 있는데 시침은 왜 구리로 만드셨어요? 초침보다는 시침이 금으로 되어야지 않나요?"

아들의 질문에 노인이 미소를 지으며 답했다.

"아들아, 1초가 모여 1분이 되고 하루가 된다. 1초를 아끼며 살아라. 1초가 세상을 바꾼단다."

매순간이 중요하다. 앞서 필자가 소개한 송해붕 세례자 요한의 메시지 가운데에 '시간묵상과 화살기도를 게을리 하지 않는 자는 반드시 성인·성녀가 되고 말 것이다'라는 말이 있다.

'시간묵상'은 무엇을 뜻하는가? 똑딱똑딱 잠깐이지만 나의 삶을 초침에 맞추어 하느님의 현존을 놓치지 말고 기도하라는 얘기다.

이는 소화 데레사 성녀의 영성에서 가져온 말이다. 소화 데레사 성녀는 일평생 시간묵상을 했다. 하루에 단 5분도 하느님의 임재를 놓쳐 본 적이 없다고 한다. 독자들은 책을 읽고 있는 이 순간에 바로 하느님의 임재를 느끼는 것이다.

오늘 하루입니다 브라질의 한 수도원에서 있었던 일이다. 한 수녀의 '서원 60주년'을 맞이하여 기념 미사가 열렸다. 미사 집전에 초대된 주교가 수녀에게 축하 인사와 함께 물었다. "수녀님, 정말 대단하십니다. 그런데 정확히 수도생활을 몇 년 동안 하신 겁니까?"

수녀가 답했다. "오늘 하루입니다."

놀란 주교의 얼굴을 쳐다본 수녀가 이유를 설명했다.

"매일 아침마다 저는 거듭 다시금 시작하기 때문입니다."[1]

'나는 오늘 하루를 산다.' 어떤가. 참 괜찮은 영성 아닌가.

매일 정해진 시간에   '오늘'은 결국 시간의 중요성을 가리킨다. 주님께서는 우리의 '오늘'이 주님의 축복으로 가득하기를 원하신다. "시간이 나면 기도하겠다"라고 말하지 말라. 특정한 시간을 의도적으로 만들고, 아무것도 거기에 끼어들지 못하게 하라.

하느님께서는 매일 24시간을 선물로 주셨는데 우리가 바쁘다는 핑계로 단 몇 분도 주님께 드릴 수 없다면 그야말로 배은망덕이다. 그러므로 시간의 십일조를 봉헌하는 영성도 중요하다.

어떤 이는 그런 핑계를 대지 않기 위해 다음과 같은 조치를 취했다고 한다.

"스케줄 표에 '7:00-7:30 기도'라고 써놓아도 걸핏하면 빼먹고 지나갔다. 반드시 지켜야 하는 약속인데도 말이다. 그래서 이제는 '7:00-7:30 하느님'이라고 적어 둔다. 이렇게 써 두니 무시하고 넘어갈 수 없게 되었다."

기도를 '의무'라고 여기면 하기 싫은 마음이 커지는 법이다. 반면에 하느님과의 데이트로 생각하면 오히려 설레임으로 기다리게 되는 것이다.[2]

기도시간을 확보하고 싶다면 이 방법을 써보자. 아예 더 좋은 방법은 달력의 주일마다 동그라미를 그려 넣는 것이다. 이는 물론 하느님과의 선약표시인 것이다. 이것이 바로 하느님을 기쁘게 해 드리는 신앙이다.

분심 처리법   기도를 할 때 제일 문제가 되는 것이 있다면 무엇일까? 필자가 많이 받는 질문 가운데 하나이기도 하다.

"자꾸 분심이 드는데 어떻게 하면 좋지요?"

이 분심을 해결하는 방법이 있다. 분심은 한마디로 사인(sign)이다. 지금 내 삶에서 사실은 꼭 해결해야 할 문젯거리가 무의식중에 있다가 어느 순간 분심으로 떠오르는 것이다. 따라서 이는 엄밀히 말해서 분심이 아닌 나의 가장 중요한 기도 제목이다. 집중적으로 기도해서 근원적인 것을 해결해야 하는 숙제인 것이다.

이 뿌리가 없어지지 않으면 계속 남아서 자신을 괴롭히게 된다. 이는 어떤 때는 나에게 일어났던 안 좋은 기억일 수도 있고, 또는 앞으로 일어날 일에 대한 걱정일 수도 있다. 문득 떠오를 때마다 적어 두면 내 삶의 우선순위를 알 수 있다. 그러면서 하나씩 하나씩 해결해 나가는 것이다. 곧 없애려고 노력하는 것이 아닌 역으로 문제의 핵심을 완전히 파악하여 해소시키는 것이다.

그러니 기도 중에 분심이 생기면 너무 예민해지지 말고 우선 화살기도로 하나하나 기도하는 것이 좋다. 그러다 다시 깊이 집중되면 관상기도로 들어가면 되는 것이다.

저희에게

함께   주님의 기도에서 말하는 '저희에게'는 '우리'의 여격(與格)에 해당한다. '나에게 주십시오'가 아닌, '저희에게 주십시오'를 청하는 것이다.

사도행전 4장에는 교회가 책임과 사랑으로 자기의 재물을 제 것이라

하지 않고 서로 나누고 베풀며 복을 부어 주신 사건이 기록되어 있다.

"그들 가운데에는 궁핍한 사람이 하나도 없었다"(사도 4,34).

주님의 기도에서 '저희에게'는 바로 이 정신을 공유하는 것이다.

한 천재 음악가가 유서 깊은 성당에서 파이프 오르간 연주회를 가졌다. 중간 휴식시간이 되자 그는 파이프 오르간 뒤쪽으로 갔다. 그곳에는 오르간에 공기를 넣기 위해 펌프질을 하던 노인이 담배를 태우고 있었다. 노인이 음악가에게 말했다.

"우리 연주회 정말 멋지지요?"

음악가는 기가 막혔다.

"지금 '우리'라고 했습니까? 연주는 내가 했는데요."

휴식시간이 끝나고 다시 연주를 시작한 음악가는 당황할 수밖에 없었다. 오르간에서 아무 소리도 나지 않는 것이었다. 그제야 깨달음을 얻은 음악가가 황급히 오르간 뒤로 달려가 노인에게 말했다.

"당신 말이 맞았군요. 이 연주회는 '우리' 연주회입니다."[3]

'저희', '우리'는 이토록 중요하다.

삐에르 신부의 명처방

프랑스 사람들이 뽑은 존경하는 인물 중에 8년 동안 일곱 차례나 1위를 차지했던 사람이 바로 아베 삐에르 신부다. 그의 『단순한 기쁨』이라는 책에 다음과 같은 이야기가 있다.

한 신사가 자살 직전 삐에르 신부를 찾아왔었다고 한다. 그는 가정

불화와 파산, 사회적 지위의 실추 등을 털어놨다. 신부는 그의 말을 다 들은 후 잠시 생각하고는 이렇게 말했다.

"자살을 결심한 것도 이해가 갑니다만 죽기 전에 저 좀 도와주시지 않겠습니까?"

그러자 신사가 대답했다.

"좋습니다. 어차피 죽을 거 얼마간 신부님을 돕지요."

그때부터 신사는 신부를 도와 가난하고 불쌍한 사람들을 위해 열심히 집 짓는 일을 도왔다. 그리고 얼마 후 신사가 신부에게 말했다.

"만약 신부님께서 제게 돈이나 집처럼 무언가를 베풀었다면 전 결심대로 자살했을 겁니다. 하지만 신부님은 오히려 제게 도움을 요청했습니다. 저는 다른 사람들을 도우면서 살아야 할 이유를 찾았습니다. 저는 비로소 행복한 삶이 어떠한 것인지를 깨달았습니다."[4]

신사는 인생의 의미, 더 나아가 존재의 의미를 알게 되었다. 무엇을 통해서인가? 바로 '우리'를 체험하게 되면서부터였다.

연민으로 형성되는 우리   '우리'의 본질을 깨달으려면 연민을 다시 한번 확인해 볼 필요가 있다. 필자는 다음의 시를 통해 '연민은 이런 것이다'라고 결론 내릴 수 있었다. 로버트 프로스트는 그의 시, 「쓰러져 있다(Lodged)」에서 꽃들의 고통을 고스란히 느낀다.

비가 바람한테 말했습니다.
"너는 밀어붙여, 나는 퍼부을 테니."
그래서 그들은 화단을 강타했고

꽃들은 정말 무릎을 꿇었습니다.
그리고 쓰러져 있었습니다 – 죽지는 않은 채.
나는 그 꽃들이 어떻게 느꼈는지 압니다.

시인은 지금 꽃들을 볼 뿐만 아니라, 그들의 절규와 탄식과 신음을 듣고 있는 것이다. 연민으로 그들과 교감을 하고 있는 것이다.

그는 꺾인 꽃만을 노래한 게 아니다. 이 세상을 노래한 것이다. 자의 반 타의 반으로 실직한 사람들, 시험에 실패한 사람들, 절망하고 낙심한 사람들……. 바로 그들이 퍼붓는 비와 밀어붙이는 바람에 의해 꺾어져버린 것이다. 우리 주변에 있는 이런 이들의 아픔을 우리는 진심으로 느낄 수 있어야 한다.

어떤 시험 문제   어느 간호학교에서 기말시험이 치러지고 있었다. 고요한 적막이 흐르는 가운데 시험은 진행되었고 드디어 대부분의 학생들이 마지막 문제를 풀게 되었다. 그때 여기저기서 한숨소리와 놀람의 탄성이 터져 나왔다. 마지막 질문은 바로 이것이었다.

"우리 학교를 깨끗하게 청소해 주는 아주머니의 이름은?"

필자는 이 이야기를 읽으며 우리 연구소의 주방을 맡고 있는 자매의 성함을 알고 있나 반문해 보았다. 다행히 알고 있었다. 간단한 이야기지만 가장 가까이에서 보이지 않게 우리를 도와주시는 형제 · 자매들을 어떻게 챙겨야 하는지 가르쳐 주는 중요한 교훈인 것이다.

화살기도

> **화살기도 에센스** 지금까지 '오늘 저희에게' 속에 숨겨진 보물들을 탐사하였다. 먼저, '오늘'에 담긴 영적 지혜를 음미하면서 항시 하느님께 의탁하는 자세의 중요성을 다시금 깨달았다. 다음으로, '저희'를 묵상하면서 나눔과 공유의 중요성을 확인하였다.
>
> 이러한 영적 자산을 살려 매순간을 하느님께 바치며 그 오묘한 이끄심에 의지하는 기도가 화살기도다. 화살기도는 하느님과 우리의 삶을 하루 24시간 붙들어 매는 끈이다.

아브라함 종의 화살기도   아브라함의 종이 바쳤던 기도는 우리에게 신선한 영감을 준다.

늙은 아브라함은 아들 이사악이 결혼하여 손자를 볼 수 있기를 간절히 바랐다. 이에 자기의 모든 재산을 맡아보는, 집안의 가장 늙은 종에게 분부하였다. "내 고향, 내 친족에게 가서 내 아들 이사악의 아내가 될 여자를 데려오겠다고 하여라"(창세 24,4).

한마디로 아브라함의 종은 먼 길을 떠나 아브라함의 고향으로 가서 이사악에게 적합한 신붓감을 골라야 했다. 그녀는 아브라함의 먼 친척이어야 했으며, 서로 본 적도 없는 이사악과 결혼하기 위해 자기와 함께 가나안으로 와 주어야 했다.

아브라함의 종은 마을에 가까이 이르자 다음과 같이 하느님께 기도드렸다.

"제 주인 아브라함의 하느님이신 주님, 오늘 일이 잘되게 해 주십시오. 〔…〕 이제 제가 샘물 곁에 서 있으면, 성읍 주민의 딸들이 물을 길으러 나올 것입니다. 제가 '그대의 물동이를 기울여서, 내가 물을 마시게 해 주오.' 하고 청할 때, '드십시오. 낙타들에게도 제가 물을 먹이겠습니다.' 하고 대답하는 바로 그 소녀가, 당신께서 당신의 종 이사악을 위하여 정하신 여자이게 해 주십시오. 그것으로 당신께서 제 주인에게 자애를 베푸신 줄 알겠습니다"(창세 24,12-14).

이 단순하고 짧은 기도가 즉각적이고도 놀라운 응답으로 되돌아왔다. "그가 말을 마치기도 전에, 아브라함의 아우 나호르의 아내인 밀카의 아들 브투엘에게서 태어난 레베카가 어깨에 물동이를 메고 나왔다. 이 소녀는 아직 남자를 알지 못하는 아주 예쁜 처녀였다"(창세 24,15-16).

하느님께서는 종의 기도가 채 끝나기도 전에 응답을 주신 것이다. 그녀는 종의 기도대로 확실한 신붓감이었다. 그녀가 자신에게 물을 주었을 뿐만 아니라 낙타에게도 물을 길어다 주었기 때문이다.

결국 이사악이 레베카를 아내로 맞아 사랑하게 되는 것으로 이야기는 마무리된다(창세 24,67 참조).

종의 기도는 탁월했다. 누군지도 몰랐지만 자기의 주인이신 '아브라함의 하느님'께 청하면 왠지 일이 잘될 것이라는 기대를 가졌다. 그는 이 신뢰 위에 '오늘 일이 잘되게 해 주십시오'라고 기도하여 응답을 받았던 것이다. 그때그때 어떤 일을 놓고 기도를 드리는 것, 이것이 바로 주님이 응답하시는 화살기도다.

화살기도　　　화살기도(ejaculation, ejaculatio, 또는 aspiration,

aspiratio)는 '쏘다, 던지다'(ejaculate) 또는 '숨쉬다, 호흡하다'(aspirate)에서 나온 용어다. 이는 마치 화살을 쏘듯이 하루에 몇 번이라도 하느님께 올리는 기도, 숨쉬는 가운데 호흡하듯이 계속적이고 자연스럽게 반복하는 기도라는 뜻이다.

넓은 의미에서 화살기도는 전통적으로 수많은 그리스도인들이 외워 온 기도와 성경이나 일반 기도서의 한 구절을 이용한 것을 들 수 있다. 혹은 개인이 자유로이 만들 수도 있겠으나, 그 내용이 신학적으로 타당하며 적절한 표현을 갖추어야 할 것이다.[5]

화살기도 바치기 대표적인 화살기도의 예를 우리는 김보록 신부의 저서 『기도하는 삶』에서 발견한다. 이 기도문은 성부, 성자, 성령께 바치는 전통적인 화살기도들 가운데서 발췌한 것이다.[6] 이 장을 닫으면서 마음을 실어 자신의 기도로 바쳐보자. (이 기도는 눈으로 읽지 마시고 꼭 소리를 내어 바쳐야 은혜가 됩니다!!!)

성부께 드리는 화살기도

- "하늘과 땅의 주인이신 아버지, 찬미받으소서."
- "아버지의 사랑에 감사드립니다."
- "하느님, 날 구하소서."
- "아버지, 힘을 주세요, 도와주세요."
- "모든 것을 아버지께 맡깁니다."

- "하느님, 당신께 희망을 거나이다."
- "모든 것을 당신 영광을 위해 바칩니다."

성자께 드리는 화살기도

- "아멘. 오십시오, 주 예수님!"(묵시 22,20)
- "예수, 나의 사랑, 나의 모든 것."
- "주는 나의 방패, 나의 구원, 나의 피난처."
- "세상의 빛이신 예수여, 나를 비추어 주소서."
- "주여, 내게 힘을 주소서."
- "주여, 내 말과 생각과 행위를 거룩하게 하소서."

성령께 드리는 화살기도

- "오소서, 성령이여!"
- "사랑의 성령이여, 내 마음을 당신 사랑으로 채우소서."
- "성령이여, 나를 새롭게 하시고 굳세게 하소서."
- "성령이여, 당신의 영성으로 채워 주시고 당신의 기도를 가르쳐 주소서."
- "성령이여, 나를 비추어 주시고 인도하소서."

"제 주인 아브라함의 하느님이신 주님, 오늘 일이 잘되게 해 주십시오"(창세 24,12).

 '일용할 양식을' _청원기도

원문에 숨겨진 보물   그리스어 원문에서 '일용할 양식을'에 해당하는 부분은 '톤 아르톤 헤몬 톤 에피우시온'(ton arton hemon ton epiousion)이다.

여기서 '양식'은 '아르토스'(artos)에 해당하며 이는 일차적으로 빵을 가리키지만, 일반적으로는 '음식'을 지칭하고 있다. 즉 생존에 필요한 모든 것을 의미한다. 이는 육적 양식과 영적 양식을 총괄하는 의미를 지닌다.

예수님께서는 우리의 육적 양식을 대수롭지 않게 여기지 않으셨다. 예수님께서는 실제적으로 빵과 물고기로 배고픈 사람들을 먹이셨다. 초기 공동체에서 규칙적으로 행해지던 전례에서 어떤 것을 회상시키는 유일한 것이 바로 '식사'였다는 점을 우리는 기억해야 한다.

또한 예수님께서는 영적 양식을 강조하기도 하셨다(요한 6,35 참조).

그런데 우리가 '일용할'로 번역하는 그리스어 형용사 '에피우시온'(epiousion)

은 확실한 어원을 알 수 없다. "'일용할'이라는 낱말은 신약성경에서 여기서만 쓰인다. 시간적인 의미에서 이 말은 우리의 '온전한' 신뢰를 굳게 하기 위해 '오늘'이라는 낱말을 교육적으로 반복한 것이다."[1]

이러한 정황으로 볼 때, '일용할'은 '오늘' 우리에게 '필요한' 곧 '오늘의' 특정한 양식을 지칭한다고 보면 될 것이다.

'일용할 양식을'에 초점을 맞춰 드리는 기도는 '청원기도'다. 이는 말 그대로 우리에게 필요한 양식을 청하는 것이다.

육적 양식

선교사와 식인종 일용할 양식은 일차적으로 육적 양식을 가리킨다.

아프리카 오지에서 선교활동을 하던 선교사가 어느 날 식인종을 만났다. 막다른 길에 몰린 선교사는 무릎을 꿇고 다짜고짜 하늘을 우러러 기도했다.

"하느님, 저 식인종이 그리스도교인으로 변하게 해 주십시오!"

그러자 식인종이 갑자기 무릎을 꿇더니 하늘을 보며 말했다.

"하늘에 계신 우리 아버지, 오늘도 일용할 양식을 주셔서 감사합니다. 아멘."

선교사에게는 유감스러운 일이지만, 어떻게 됐든 식인종의 청원기도는 응답받았다. 물론 지어낸 이야기일 뿐이다.

백 배의 수확을 올린 이사악　　우리가 생존하는 데 필요한 것을 위해 기도할 때 '내가 너무 욕심을 내는 것이 아닐까' 하고 움츠러들 필요가 없다. 기도할 때는 무조건 많이 청해서 많이 받고 또 받은 것을 나누는 것이 좋다. 하느님께서는 우리가 안 받고 가난한 것을 원하지 않으신다. 많이 받고 많이 나누는 것을 원하신다.

창세기 26장에 이사악이 백 배의 수확을 올린 이야기가 나온다.

"이사악은 그 땅에 씨를 뿌려, 그해에 수확을 백 배나 올렸다. 주님께서 그에게 이렇듯 복을 내리시어, 그는 부자가 되었다"(창세 26,12-13).

이사악은 가는 곳마다 주님의 복을 받았다. 다른 이들이 버리고 떠난 자리지만 이사악이 들어가면 생수의 복이 터져 올랐다(창세 26,19 참조).

맞춤응답　　하느님이 우리에게 얼마나 잘 먹여 주시는지 감동적인 예화가 있다.

한 영국인이 자신의 50회 생일을 앞둔 어느 날, 하느님께 감사하는 마음으로 50파운드를 자선하기로 결심하고 고민하였다.

'어디다 보내야 하나……'

그는 일단 10파운드를 조지 뮬러가 운영하는 고아원에 보내기로 했다. 그런데 이상하게도 그 생각이 들자 즉시 돈을 보내고 싶어졌다. 그렇게 10파운드 수표가 바로 뮬러의 고아원으로 우송됐다.

연말이 되어 그 영국인이 고아원의 회계보고서를 받아보았을 때 놀라지 않을 수 없었다. 그가 기부금을 우송한 바로 앞 날짜 보고서에 다음과 같은 뮬러의 낙서를 발견한 것이다.

"오늘은 결국 돈과 양식 모두가 바닥났다. 그러나 결코 걱정하지 않는다. 지금까지 그랬던 것처럼 이번에도 하느님께서 반드시 채워 주실 것이다."

하느님께서는 절묘한 방법으로 뮬러에게 응답하셨던 것이다.

우리는 그때그때 필요한 것을 청할 줄 알아야 한다. 수준을 찾고 고차원을 찾는 것은 기도에 있어서는 사치스러운 일이다.

하느님께서 들으시는 기도   혼기가 꽉 찬 아가씨가 매일같이 하느님께 기도했다.

"하느님, 저 결혼하고 싶어요. 괜찮은 신랑감 좀 보내주세요."

그런데 도대체 응답의 기미가 없었다. 친구들에게 하소연을 하자 한 친구가 그 이유를 알려 주었다. 원래 자신을 위한 기도는 응답이 잘 안 되고, 타인을 위한 기도는 응답이 잘된다고 말이다. 이후 그 아가씨는 이렇게 기도하기 시작했다.

"하느님, 우리 엄마가 딸을 시집보내야 한대요. 제발, 엄마께 사윗감을 보내주세요. 아멘!"

때로 이렇게 억지도 부려보는 것이다. 애교스럽지 않은가.

영적 양식

두 가지 영적 양식   '일용할 양식'은 또한 영적 양식을 가리키기도 한다.

어느날 예수님은 영적 양식에 대하여 이렇게 언급하셨다.

"내가 진실로 진실로 너희에게 말한다. 하늘에서 너희에게 빵을 내려 준 이는 모세가 아니다. 하늘에서 너희에게 참된 빵을 내려 주시는 분은 내 아버지시다. 하느님의 빵은 하늘에서 내려와 세상에 생명을 주는 빵이다. […] 내가 생명의 빵이다"(요한 6,32-33.35).

'영적 양식'의 첫째는 '말씀'이다.

예수님이 이 말씀을 마치자 많은 사람들이 그 뜻을 이해하지 못하고 예수님을 떠났지만 베드로는 이렇게 말했다.

"주님, 저희가 누구에게 가겠습니까? 주님께는 영원한 생명의 말씀이 있습니다"(요한 6,68).

'영적 양식'의 둘째는 '성체' 곧 주님의 몸이다.

베드로가 예수님께 저 말을 할 때는 아직 반만 알 때였다. 학기로 치자면 이제 중간고사를 치른 격이다. 그렇다면 기말고사의 답으로 '영원한 생명을 주는 말씀'은 50점짜리 답에 불과하다. 나머지 50점은 당연히 '성체'에 속하는 것이다.

성체는 우리에게 어떤 양식인가? 약 700년경 이탈리아 란치아노 지방에서 빵은 살로, 포도주는 피로 변하는 성체의 기적이 일어났다. 이것을 고스란히 보존하였다가 1,200년이 지난 1970년에 이르러 약 4개월간의 전문조사를 마친 보고서에 의하면 "이 살은 심장부위의 근육조직으로 되어 있고, 혈액형은 AB형이다"라고 분명하게 증거한다.

필자는 이 이야기를 듣고 큰 은혜를 받았다. 사실 예수님의 '몸'이 무엇인지 이 결과보고를 듣기 전까지는 막연했다. 그런데 '심장근육'이라는 것을 알게 되면서 '아, 성체는 예수성심이구나'라는 것을 깨닫게 된 것이었다. 예수성심은 무엇인가? 예수님의 사랑이다. 결국 우리가 성체를 모시는 것은 예수님의 사랑을 먹고 사는 것이다. 미사 드릴 때마다 예수님 사랑의 양식을 받아 모시는 것이다.

성체의 효과 예수님의 이 사랑이 우리들에게 무슨 일을 했는가? 분명한 자료를 공개한다.

가톨릭 신자는 통계상 가장 선한 종교인으로 모범을 보이고 있다. 각 종교의 형사범 발생률을 비교한 결과, 기타 종교는 15명당 1명, 원불교는 30명당 1명, 불교는 31명당 1명, 개신교는 39명당 1명으로 나타난 반면, 가톨릭은 105명당 1명을 기록하였다. 여러 종교 가운데 가톨릭이 현저하게 낮은 최저 범죄율을 나타낸 것이다.[2]

남에게 해를 끼치지 않는다는 것은 바꿔 말해서 사랑이다. 이 본성이 어디서 온 것인가? 성체에서 온 것이다. 매번 미사를 드릴 때마다 우리는 사랑을 완성하기 위하여 자신의 몸을 기꺼이 우리에게 내어 주신 예수 그리스도와 하나가 되기 때문이다.

솔직한 말로 가톨릭 신자들의 말씀의 양식은 영양실조 수준이다. 그러나 다행히도 미사 때 성체의 양식(예수님의 사랑)을 모심으로써 착한 본성이 길러지는 것이다.

이유 있는 침묵 성체의 영성은 항상 달콤하지만은 않다.

한때 새롭게 공개된 마더 데레사의 편지들로 인해 국내외 언론은 들끓었다. 데레사 수녀의 10주기를 기념하여 발간된 책 속, 데레사 수녀가 고해 신부에게 보낸 40여 통의 편지에서 "보려 해도 보이지 않고 들으려 해도 들리지 않으며 기도하려 해도 말이 나오지 않는다"며 신의 존재를 느끼지 못하는 고통을 호소하였다는 것이다.

이에 대해 영국과 미국을 넘나들며 공격적인 무신론을 주장하는 논객 크리스토퍼 히친스는 한 방송국 난상토론 자리에서 "아주 감동적이고 정직한 고백"이라며 환영했다. 국내에서도 일면 그대로를 받아들인 다양한 여론들이 반사적으로 쏟아졌다.

이런 글들을 접하면서 필자는 이해력과 안목의 차이에서 기인된 '경솔' 내지 '무례'를 연상하였다. 이와 관련하여 필자는 우연스럽게 필자의 생각과 광범위하게 오버랩되고 있는 한 시인의 건강한 사량(思量)을 대면하였다. 토를 달 것도 없이 한 블로그에 실린 조병준의 글을 발췌하여 소개한다.

"〔…〕 평생을 '몸의 고통'과 싸우며 살아야 했던, 자신의 몸이 아니라 '타인의 몸'의 고통과 싸우며 살아야 했던 사람이 신의 존재를 매순간 확인할 수 있었다면, 그게 차라리 거짓말이 되었을 것이라고 나는 믿는다. 쓰레기터에 버려진 아기들을 보면서 어찌 신의 존재를 회의하지 않을 수 있을 것이며 구더기가 파먹고 있는, 그러나 아직 살아 있는 육신을 만지면서 어찌 신의 부재를 의혹하지 않을 수 있을까. 〔…〕 이미 여러 번 말로 했고 글로 썼던 이야기지만 오늘 한 번 더 반복하련다. 내가 마더 데레사와 사랑에 빠졌던 그 아침의 이야기를. 새벽 6시에 시작하는 수도원의 아침 미사. 마더 데레사는 언제나 바로 저 자리에 저 자세로 앉으셨다. 그리고 어느 날, 그 새벽 미사가 진행되는 동안 잘 알아들을 수 없는 신부님의 강론에 졸립고 지겨워 내가 여기저기 둘러보고 있었을 때 거기서, 마더 데레사는 고개를 끄덕이며 졸고 계

셨다. 아, 인간적인, 너무나 인간적인, 그리하여 너무나 신성한 ······
가톨릭 신자가 아니었던, 앞으로 가톨릭이 될지 말지 아무도 모르는
내가 신을 만난 순간이 바로 그 순간이었다. 저 연약한, 저 부서지기
쉬운 몸을 가진 인간이 그렇게 위대한 일을 해냈구나······. (···)"

　마더 데레사 자신만을 위해서였다면 홀로 성체 앞에서 하느님과의
깊은 일치감을 느끼고 달콤한 영성에 빠질 수도 있었을 터다. 하지만
당장 죽어가는 사람을 보면서 어떻게 나 혼자만의 영성에 빠질 수 있
겠는가?
　마더 데레사의 삶이 위대한 것은 온전히 성체 영성에서 퍼올린 사랑
의 힘으로 이루어낸 기적이기 때문이다.

청원기도

청원기도 에센스　　지금까지 '일용할 양식을' 속에 숨겨진 보물들을
탐사하였다. 먼저, 이는 말 그대로 현실적으로 먹고살기 위해 '필요한' 육적 양식
을 가리킴을 확인하였다. 다음으로, 이는 또한 영적 결핍을 보충하고 예수님의
사랑을 섭취하는 데 '필요한' 영적 양식을 가리킴을 짚어 봤다.
　이러한 두 가지 양식을 그날그날 청하는 기도가 청원기도다. 청원기도를 바칠
때는 "입을 크게 벌려라"(시편 81,10: 공동번역)라는 시편 말씀과 "여러분은 더 큰
은총의 선물을 간절히 구하십시오"(1코린 12,31: 공동번역)라는 바오로의 진취적인
권고를 기억하는 것도 좋은 일이다. 적게 받아서 인색한 삶을 사는 것보다 많이
받아서 풍요롭게 나누는 것이 더 훌륭한 신앙인 것이다.

야베츠의 청원기도   여기 청하여 복을 받은 또 한 명의 대표적 성경 인물이 있다. 바로 야베츠다. 우선 성경 본문을 보자.

"야베츠는 이스라엘의 하느님께 이렇게 빌었다. '부디 저에게 복을 내리시어 제 영토를 넓혀 주시고, 당신의 손길이 저와 함께 있어 제가 고통을 받지 않도록 재앙을 막아 주십시오.' 그러자 하느님께서 그가 청한 것을 이루어 주셨다"(1역대 4,10).

야베츠는 현실적인 것들을 청원하였다.

첫째, 야베츠는 "부디 저에게 복을 주세요" 하고 기도했다. 하느님의 복은 구하는 사람만이 받을 수 있다.

"여러분이 가지지 못하는 것은 여러분이 청하지 않기 때문입니다"(야고 4,2).

이 복을 꼭 세상의 재물이나 호강으로 대치시킬 필요는 없다. 그보다 더 귀한 복들이 많이 있지 않은가. 우리는 이 복들을 구할 줄 알아야 한다.

둘째, "제 영토를 넓혀주세요" 하고 기도했다. 그는 자신의 삶이 이미 결정되었다고 포기하지 않았다. 여기서 영토는 땅(土)만이 아니라 삶의 지평(horizon)을 뜻하는 것으로도 알아들을 수 있다.

"어떠한 눈도 본 적이 없고 어떠한 귀도 들은 적이 없으며 사람의 마음에도 떠오른 적이 없는 것들을 하느님께서는 당신을 사랑하는 이들을 위하여 마련해 두셨다"(1코린 2,9).

우리는 더 큰 일을 위해 태어났다. 바로 지금, 하느님은 그것을 증명해 주시려고 기다리고 계신다.

셋째, "당신의 손길이 저와 함께해 주세요" 하고 기도했다. 그는 자신의 영토가 넓어지고 감당해야 할 일들이 늘어나자 하느님의 '위대한 손길'에 의지해야 함을 누구보다 잘 알았다.

"주님의 손길이 그들을 보살피시어 많은 수의 사람이 믿고 주님께 돌아섰다"(사도 11,21).

'주님의 손'은 곧 성령의 능력을 말한다. 성령께서 우리를 채워 주실 때, 이 평범한 우리가 힘을 받아 모든 이들에게 증언할 수 있는 자신감을 갖게 된다(사도 1,8 참조).

물론 이를 우리는 구체적인 삶의 질곡에서 하느님의 도움의 손길을 청하는 것과 연관시킬 수도 있다. 곧 '하는 일마다 잘되게 해 주세요'라는 뜻으로 해석할 수 있다.

넷째, "제가 고통을 받지 않도록 재앙을 막아 주세요" 하고 기도했다. 시험당할 때 우리는 어떻게 기도하는가? 대부분의 경우 "그 속에서 굴복하지 않도록 힘을 달라"고 기도하지만 야베츠는 아예 재앙을 "막아 달라"고 기도했다. 이는 예수님이 주님의 기도에서 가르쳐 주신 것과 같다.

"저희를 유혹에 빠지지 않게 하소서"(루카 11,4).

이처럼 아예 우리의 원수, 방해세력 등을 막는 것이다. 유혹을 최대한 멀리함으로써 하느님의 일에 협력하는 우리의 역할을 잘 감당할 수 있기 때문이다.[3]

야베츠 기도의 결론은 무엇인가. "하느님께서 그가 청한 것을 이루어 주셨다"(1역대 4,10)는 사실이다.

먼저 구할 것!!!   앞의 야베츠의 기도는 다음 예수님의 말씀과 연결이 된다.

"그러므로 너희는 '무엇을 먹을까?', '무엇을 마실까?', '무엇을 차려입을까?' 하며 걱정하지 마라. [⋯] 너희는 먼저 하느님의 나라와 그분의 의로움을 찾아라"(마태 6,31.33).

사실 야베츠의 기도와 예수님의 이 말씀은 서로 모순되는 것처럼 보인다. 하지만 그렇지 않다. 말뜻을 잘 알아들어야 한다.

여기서 먹는 것, 마시는 것, 입는 것은 모두 현실적인 것들이다. 야베츠가 구한 것들이다. 잘 알아들어야 할 것이 예수님은 이러한 것들을 '구하지 말라' 하신 게 아니라, '걱정하지 말라'고 말씀하셨다. 걱정하지 말라는 것은 여기에 '집착하지 말라'는 뜻이다. 눈이 이곳에만 고정되어 다른 것을 하지 못한다면 그것은 비극이다. 결코 바람직하지 않다.

그러기에 예수님께서는 이 대안으로 '하느님 나라'와 '하느님 의'를 구하라고 하셨던 것이다. 이 말의 뜻은 기도의 지평 곧 전망을 보다 높이라는 주문이셨다. 더 높은 전망에서는 그 '아랫것'도 함께 보인다. 하지만 낮은 전망은 '위엣것'을 놓친다. 이런 맥락에서 주님께서는 "그러면 이 모든 것도 곁들여 받게 될 것이다"(마태 6,33)라고 약속해 주셨던 것이다.

본문에는 기록되지 않았지만, 하느님께서 야베츠의 기도를 들어주셨던 것은 필경 그가 하느님 나라와 의로움을 추구하는 사람이었기 때문일 것이다. 그렇지 않았다면 얘기는 달라졌을 것이다.

청원기도 바치기   일용할 양식을 육적 양식과 영적 양식으로 나누어 보았으므로 청원기도의 예 또한 두 가지다. 하나는 마더 데레사의 기도로, 이는 육적 양식을 위한 청원기도에 가깝다. 다른 하나는 란치아노 기적 성당 기도문으로, 이는 영적 양식을 위한 청원기도에 가깝다. 이 장을 닫으면서 마음을 실어 자신의 기도로 바쳐보자.(이 기도는 눈으로 읽지 마시고 꼭 소리를 내어 바쳐야 은혜가 됩니다!!!)

마더 데레사의 기도

주님,
가난한 이들의 비참에 대한 저의 무관심과 무감각을 흔들어 깨우소서.
굶주리고 목마른 당신을 볼 때,
어떻게 하면 당신에게 먹을 것과 마실 것을 드릴 수 있으며,
당신을 제 집에, 그리고 제 중심에 모실 수 있는지 그 길을 보여 주소서.
당신의 가장 작은 형제들 안에서 당신을 섬길 수 있는 길을 보여 주소서.

'성체의 기적' 앞에서 드리는 기도

오, 그리스도여 찬미 받으소서.
성체성사 안에 당신께서 진실로 현존하심을
저희로 하여금 더 굳게 믿게 하시고자

당신이 이 성체의 기적을
저희에게 사랑의 징표로 남겨 주셨나이다.

예수님, 제대 위에서 늘 새롭게 이루어지는
당신의 놀라우신 강림에 대해 감사드리나이다.
당신은 저희의 참된 친구이시며,
저희 길에 빵이시며, 저희 기쁨에 포도주시며,
저희 고통에 향유시며, 저희 마음에 바람이시나이다.

오 주님, 새 천 년을 맞이하여
당신의 몸과 피를 받아 모심으로써
당신의 사랑으로 변화되어, 모든 인류에게
저희가 당신의 크나큰 사랑을 드러내게 하시고
당신의 왕국을 예언하게 하소서.

살아계신 하느님의 성자여
저희에게 성령을 보내주시고
성부께로 향하는 길을 열어 주소서.
그리하여 저희가 순례의 여정을 끝마칠 때
영원한 신이시며 평화이신 성령 안으로
받아들여질 수 있게 해 주소서. 아멘.

"주님, 아침에 제 목소리 들어 주시겠기에 아침부터 당신께 청을 올리고 애틋이 기다립니다"(시편 5,4).

15 '주시고'_성취기도

원문에 숨겨진 보물   우리가 '주세요'(dos)라고 기도할 때 전제되는 것이 하나 있다. 그것은 주님께서 먼저 '약속'을 주셨다는 사실이다. 대표적으로 세 구절만 확인해 보자.

"너희가 기도하며 청하는 것이 무엇이든 그것을 이미 받은 줄로 믿어라. 그러면 너희에게 그대로 이루어질 것이다"(마르 11,24).

"청하여라, 너희에게 주실 것이다. 찾아라, 너희가 얻을 것이다. 문을 두드려라, 너희에게 열릴 것이다. 누구든지 청하는 이는 받고, 찾는 이는 얻고, 문을 두드리는 이에게는 열릴 것이다"(마태 7,7-8).

"너희가 내 안에 머무르고 내 말이 너희 안에 머무르면, 너희가 원하는 것은 무엇이든지 청하여라. 너희에게 그대로 이루어질 것이다"(요한 15,7).

우리가 '주세요' 하며 기도하는 것은 전적으로 이 약속의 이행을 요구하는 것과 같은 의미를 지닌다.

> 이 약속의 말씀을 철석같이 믿고 바치는 기도가 바로 '성취기도'다. 여기에는 '응답받는 기도'라는 뜻이 내포되어 있다.

주님은 '간절한' 기도에 응답하신다

응답받은 기도　　하느님께서는 청하는 것을 '주신다'.

　한 기업의 총수가 바쁜 틈 중에 짬을 내어 교회에 왔다. 자신이 이번에 착수하려는 사업이 꼭 성공하게 해 달라고 열심히 기도해 볼 심산이었다. 그의 기도가 무르익어 갈 쯤, 걸인 한 사람이 교회로 들어오더니 큰 소리로 오두방정을 떨며 다음과 같이 기도했다.

　"주님, 오늘 10만 원을 벌 수 있게 저를 도와주소서! 주님, 제가 오늘 일자리를 얻어 꼭 10만 원을 벌 수 있게 해 주소서! 주님, 저는 10만 원이 꼭 필요합니다. 오, 주님이시여!"

　자꾸 분심이 든 총수가 참다못해 기도를 멈추고 그 걸인에게 말했다.

　"이봐요. 여기 내가 10만 원을 줄 테니 제발 하느님이 내 기도에 집중하실 수 있도록 그만 좀 나가주시오."

　핵심은 무엇인가. 결국 이루어졌다는 것이다. 하느님은 이런 방식으로도 응답을 주시는 분이다.

응답을 받으려면　　필자는 주님의 기도에서 이 '주시고' 구절을 볼 때마다 생각나는 것이 있다. 독자들은 기도 중에 제일 짧으면서도 제일 강력한, 여섯 글자로 된 기도가 무엇인지 아는가?

정답은 "아시죠? 주시죠!"란다. 이 장의 핵심이 바로 여기에 다 있다.

우리가 기도 응답을 받으려면 가장 중요한 두 가지 자세를 염두에 두어야 한다.

첫째는 간절히 구해야 한다는 것이다. 우리 마음속 정성과 사랑을 다 모아서 강한 밀도로 그분께 청해야 한다. 그럴 때 서로의 마음이 통하는 것이다. 이는 스포츠로 치면 단거리 육상에 비견될 수 있다. 백 미터를 뛰는 심정으로 기도하는 것이다.

둘째는 끈질기게 구해야 한다는 것이다. 이는 반드시 응답을 받게 되어 있다.

지난여름 2008 베이징올림픽에서 유도 금메달을 딴 최민호 선수를 보면서 필자는 또 한번 무릎을 탁 쳤다.

전 경기를 한판승으로 승리하고 결승전마저 한판으로 이긴 최민호 선수의 뒤에는 매일 새벽 4시, 성당에 가서 아들을 위해 기도하는 어머니가 있었다. 작은 체구지만 최 선수의 그 장사 같은 기운은 바로 어머니의 끈질긴 기도에서 나온 게 아니겠는가.

마치 장거리 육상선수가 끝내 결승점을 통과하는 것처럼 간절히 끈질기게 기도하면 반드시 응답은 온다.

진짜로 통했어요   필자는 『통하는 기도』 이전부터, 『무지개 원리』를 통해 응용할 수 있는 '기도 응답의 원리'에 관한 강의를 많이 해 왔었다.

안양의 모 본당에서 강의했을 때의 일이다. 어떤 형제가 필자에게

와서 자신의 체험담을 다음과 같이 말해 주었다.

그 형제의 첫마디는 "신부님 덕에 좋은 일 생겼습니다"였다. 워낙 본인은 열심한 신자고 오히려 아내가 냉담을 오랫동안 해 왔는데 하나의 큰 사건을 겪으면서 달라지기 시작했다는 것이다. 그분 말을 빌려 자초지종을 이야기하면 다음과 같다.

"저, 대박 터졌어요. 신부님이 그러셨잖아요. '사업도 주님의 이름으로 다 봉헌합니다. 수입도 다 봉헌할 테니까 주님, 제 사업을 번창하게 해 주세요.' 이렇게 기도해도 된다고 말이에요. 그 말씀을 듣고 제가 그대로 기도했습니다. 제가 여행사 사장입니다. 직원은 6명이구요. 그런데 이번에 60억 원짜리 프로젝트에 저희가 응모를 했는데 경쟁회사들이 만만치 않았어요. 거의 대부분이 우리나라 대표급 여행사들이었죠. 저는 아무것도 없었어요. 제안서를 발표하는 날, 다른 여행사에서는 얼마나 준비를 철저히 했는지 프레젠테이션 한 장도 세심하게 공들였던데 저는 묵주 하나 들고 갔습니다. 그동안 기도를 많이 했거든요. '오늘 모든 것을 주님께 맡기고 하느님의 영광을 드러내기 위해 여기 왔습니다. 주님의 뜻이 이루어지기를 청합니다.'

그랬는데 이해할 수 없는 일이 생겼습니다. 저는 문서조차도 없이 말로만 브리핑을 했습니다. 그런데 심사위원들이 어떻게 설득됐는지 제 것이 채택됐지 뭐예요. 신부님, 대박난 겁니다! 단 6명이 60억 원짜리를 맡게 된 거죠. 이번 일로 냉담하던 제 아내도 자연히 성당에 열심히 나가고 있습니다."

하느님은 이렇게 응답을 주시는 분이다. 무기는 단 두 가지다. 일단은 집중하여 간절히. 그리고 끈질기게.

농성기도   기도할 때 우리의 '간절함'이 가장 극명하게 표출되는 기도가 바로 단식기도와 철야기도다. 이는 한마디로 '농성기도'다. 우리가 이 기도를 하면 주님은 웬만해선 들어주신다. 주님 앞에서 굶으며 잠 안 자며 기도하는데 어찌 외면하시겠는가. 부모에게는 자식이 굶는다는 것보다, 잠 안 잔다는 것보다 더 힘든 건 없을 것이다. 그래서인지 기도의 응답도 아주 세다.

실제로 성경에는 그와 유사한 이야기가 있다.

요나 예언자가 주님의 말씀을 받아 니네베로 가서 40일 후에 있을 하느님의 재앙을 외친다. 이에 니네베인들은 단식을 선포하고, 임금 또한 니네베에 명을 내린다.

"임금과 대신들의 칙령에 따라 사람이든 짐승이든, 소든 양이든 아무것도 맛보지 마라. 먹지도 말고 마시지도 마라. 사람이든 짐승이든 모두 자루옷을 걸치고 하느님께 힘껏 부르짖어라. 저마다 제 악한 길과 제 손에 놓인 폭행에서 돌아서야 한다. 하느님께서 다시 마음을 돌리시고 그 타오르는 진노를 거두실지 누가 아느냐? 그러면 우리가 멸망하지 않을 수도 있다"(요나 3,7-9).

철저하게 이를 실행한 니네베 사람들을 보시고 하느님은 마음을 돌리시어 그들의 멸망 계획을 취소하셨다. 하느님은 그들의 진실성을 보신 것이다.

철야기도도 마찬가지다. 예수님께서도 사안이 중요할 때는 밤샘기도를 하셨다.

우리가 잠을 안 자고 하느님도 못 주무시도록 성가시게 하면 하느님께서 마음을 돌이키신다. 요컨대, 간절히 바치는 기도는 이토록 힘이 있다.

주님은 '끈질긴' 기도에 응답하신다

서낭당 기도와 그리스도인 기도의 차이 주님의 마음은 끈질긴 기도에도 허물어진다. 여기서 잠깐 끈질긴 기도를 바칠 수 있게 하는 영적 보물을 확인해 보자.

옛 어른들은 뒷마당에 정화수 한 그릇 떠놓고 혹은 서낭당에 가서 신께 빌었다. 이는 그리스도인들이 기도하며 비는 것과 분명한 차이가 있다. 그 핵심적 차이가 무엇일까?
우선 듣는 대상과의 친밀감이다.
조상님들의 신은 일방적으로 자신에게 비는 사람의 말을 듣게 된다. 여기서 줄지 안 줄지는 정해지지 않았다. 그냥 비는 것이다.
반면 그리스도인의 기도는 양쪽에서 소통을 한다. 하느님은 아빠시고 우리는 자녀라는 이 관계 안에서 기도하는 것이다. 이 관계는 염치 불구하고, 이유 불문하고 청할 수 있다.
한창 『통하는 기도』 TV강의 녹화 중에 어떤 자매가 필자에게 이렇게 말했다.
"신부님, 제가 강의 듣다 보니까 제 아들이 생각났어요. 하느님의 심정을 이 강의를 통해서 깨달았습니다. 제 아들이 속을 얼마나 썩이는지 제 말은 듣지도 않구요, 염치는 또 얼마나 없다구요. 그런데 얘가 생떼를 쓰면 제가 어쩔 수가 없어요. 줘야 하기 때문에 주는 게 아니고 엄마니까 주게 되더라구요. 지난번에 신부님이 강의하신 것을 듣고 저도 우리 아들처럼 하느님께 얘기해야겠다고 깨달았어요."

 독자들도 하느님의 아들딸처럼 기도하면 된다. 자녀들의 아름다운 신뢰로써 마치 부모님께 떼쓰듯 기도하면 되는 것이다. 이것이 끈질긴 기도를 바칠 수 있는 첫 번째 보물인 것이다.

약속을 붙들고 늘어지라 서낭당 기도와 그리스도인 기도 사이에 또 하나, 더 중요한 차이가 있다. 서두에서 밝혔지만, 그리스도인의 기도는 주님께서 우리에게 주시겠다고 약속하신 것을 요구하는 것이라는 사실이다. 이 약속들이 끈질긴 기도를 바칠 수 있는 두 번째 보물이다.

 이제 주님께서 주신 약속들을 하나하나 마음에 새겨보자.

 "주님의 말이다. 내가 살아 있는 한, 너희가 내 귀에 대고 한 말에 따라, 내가 반드시 너희에게 그대로 해 주겠다"(민수 14,28).

 우리가 입술로 "주님, 주세요. 믿습니다!" 하면 받는다는 약속이다. 이는 또한 "계실까, 안 계실까? 주실까, 안 주실까?" 하면 헷갈리게 된다는 경고다. 자신이 주님 앞에 말한 그대로 되는 것이다.

 "청하여라, 너희에게 주실 것이다. 찾아라, 너희가 얻을 것이다. 문을 두드려라, 너희에게 열릴 것이다. 누구든지 청하는 이는 받고, 찾는 이는 얻고, 문을 두드리는 이에게는 열릴 것이다"(루카 11,9-10).

 이 말씀은 점층법으로 되어 있다. 청하는 것은 '입'으로만 하는 소극적인 기도를 말한다. 찾는 것은 '온몸'을 동원하는 적극적인 기도를 가리킨다. 문을 두드리는 것은 '몸부림치는' 최후적인 기도를 가리킨다. 종합적으로, 이렇게 3중기도를 바치면 못 이룰 것이 없다는 약속의 말씀인 것이다.

"내가 또 진실로 너희에게 말한다. 너희 가운데 두 사람이 이 땅에서 마음을 모아 무엇이든 청하면, 하늘에 계신 내 아버지께서 이루어 주실 것이다"(마태 18,19).

필자는 이 말씀의 위력을 몸소 체험하고 있다. 늘 주변에서 필자를 위해 기도해 주시는 많은 '기도부대'가 있다. 필자의 강의가 늘 은혜로운 것은 바로 지금 이 순간에도 필자를 위해 기도해 주는 분들이 계시기 때문이다. 나 개인을 위하는 것이 아닌, 강의에 함께하는 모두의 영적 성숙을 위함임은 두말할 나위가 없다. 하물며 주님께서 독자들에게 주실 수 있는 것은 얼마나 더 크겠는가!

"주님을 바라보아라. 기쁨에 넘치고 너희 얼굴에 부끄러움이 없으리라. 여기 가련한 이가 부르짖자 주님께서 들으시어 모든 곤경에서 그를 구원하셨네"(시편 34,6-7).

우리 주님의 약속이다. 결코 'Give and Take'가 아니다.

필자가 많은 신자들과 이야기하는 와중에 느낀 제일 큰 장벽은 '제가, 염치가 없어서요'라는 말이다. 자녀는 염치가 없어도 되는 것이다. 당당하게 청하자. "저는 죄인이고 염치없지만 그래도 주십시오. 기쁘게 받겠습니다."

16년 만에 응답받은 기도

성녀 모니카에게서 응답받을 때까지

끈질기게 기도하는 인내심을 배울 수 있다. 그녀는 아들 아우구스티노 성인의 회개를 위하여 오랜 기간 눈물로 기도했다.

그리스도교 집안에서 태어난 모니카는 외교인 파트리치우스와 결혼했다. 그녀는 끈질긴 기도 끝에 시어머니와 남편을 그리스도교로 개종시켰지만 남편은 세례를 받고 1년 뒤 세상을 떠났다. 그 당시 17세의 아들 아우구스티노는 카르타고에서 수사학을 공부하던 중 마니교에 심취해 있었다. 모니카는 그런 아들을 위해 끊임없이 기도했지만 아들은 어머니의 '회개하라'는 소리가 지겨울 뿐이었다.

한번은 아우구스티노가 고향인 북아프리카에서 로마로 가면서 어머니 모니카를 따돌리려고 출항시각을 거짓으로 알려 주었다. 그러자 모니카는 다른 배를 타고 아들을 쫓아간 적도 있었다. 이렇듯 모니카는 아우구스티노가 참다운 그리스도인이 될 때까지 귀찮을 정도로 아들을 쫓아다녔다.

아들 때문에 늘 애태우며 걱정하던 모니카에게 성 암브로시오가 한 말은 지금까지 전해 내려온다.

"어머니가 눈물을 흘리며 기도한 자녀는 잘못되는 법이 없답니다."

그러한 눈물은 16년 만에 그칠 수 있었다. 모니카의 끈질긴 기도와 성 암브로시오의 설교에 점차 감화된 아우구스티노는 마침내 그리스도교로 귀의하게 된 것이다. 387년 부활절 날, 아우구스티노는 성 암브로시오에게 세례를 받았다.

만일 성녀 모니카가 중간에 기도를 포기했다면, 그리스도교 역사상 천 년에 한 번 나올까 말까한 위대한 신학자는 탄생하지 못했을 것이다.

자녀들을 위해 기도할 때 곧바로 응답이 없다고 해서 실망하지 말

일이다. 하느님은 더 큰 인물로 키우시기 위해 때를 보고 계신 것뿐이기 때문이다.

다니엘의 21일 기도　　성경 인물 중에서 끈질긴 기도의 모범은 단연코 예언자 다니엘이다.

다니엘은 중요한 정치 사안, 곧 국가 대사가 생기면 이를 놓고 기도했다. 이에 하느님은 대부분 그날 저녁에 들어주셨다. 사안이 좀 크다 싶으면 단식기도를 했다. 그러면 하루 이내에 대부분 응답이 왔다.

이번에도 똑같은 마음으로 다니엘이 단식기도를 시작했다. 그런데 일주일이 지나도, 또 일주일이 지나도, 또 일주일이 지나도 응답이 안 왔다. 결국 삼 주째 되는 날 가브리엘 천사가 응답을 가지고 왔다.

"다니엘아, 두려워하지 마라. 네가 깨달음을 얻고 너의 하느님 앞에서 극기하기로 결심한 첫날부터, 하느님께서는 너의 말을 들으셨다. 너의 그 말 때문에 내가 이렇게 온 것이다. 그런데 페르시아 나라의 제후 천사가 스무하루 동안 내 앞을 가로막았다"(다니 10,12-13).

이 말씀을 풀어 보면 다음과 같다.

"사실은 당신이 기도한 그 첫날, 하느님께서 나에게 응답을 배달해 주라고 보냈다오. 오다가 보니까 마귀가 나를 방해하길래 그와 싸우다가 지체가 된 것이오. 안 되겠다 싶어 미카엘 대천사를 불러서 대신 싸우게 시키고 급하게 지금 당신에게 가지고 온 거요."[1]

만일 다니엘이 중간에 기도를 포기했다면 어떻게 되는가? 가브리엘 천사는 오다가 도로 되돌아갈 수밖에 없는 것이다. 끝까지 버틴 다니엘은 기도의 응답을 받았다.

여기서 우리가 영적으로 생각해 볼 것은 '배달이 지연될 수도 있다'는 사실이다. 분명히 하느님은 이미 소포를 붙이셨는데 유통과정에서 문제가 생긴 것일 뿐이다. 우리의 기도 역시 중간에 포기하여 응답이 반송된 것도 부지기수다.

끝까지 인내로 버티면서 기도하는 이에게 응답은 온다.

성취기도

성취기도 에센스   지금까지 '주시고' 속에 숨겨진 보물들을 탐사하였다. 먼저, 주님께서는 '간절하게' 바치는 기도에 응답해 주심을 확인하면서 그러한 기도방법의 실례로 단식과 철야기도를 짚어 봤다. 다음으로, '끈질긴' 기도의 효력을 확인하면서 구약에 나타난 끈질긴 기도의 대가들을 만나보았다. 여기서 이렇게 기도 응답의 다이내믹한 사례들이 쏟아지는 이유는 바로 '이미 우리에게 주실 것을 분명히 하신 주님의 약속' 때문임을 되짚어 봤다.

그리하여 이 '약속'을 붙들고 '간절히' 그리고 '끈질기게' 기도함으로써 반드시 응답을 받는다는 신념으로 바치는 기도가 성취기도다. 기왕 기도를 바치는 김에 모름지기 모든 기도가 성취기도가 되어야 한다.

기도 장부   성취기도를 가장 잘 바치는 요령은 기도 장부를 쓰는 것이다. 하루하루 가계부를 쓰며 수입과 지출을 맞추듯이, 기도 제목과 응답여부를 날짜별로 대차대조하여 확인하며 기록으로 남기는 것이다.

필자는 이 기도를 개신교 형제들에게서 배웠다. 대학교 시절 친구

따라 내비게이토 형제들의 모임에 함께한 적이 있다. 이 단체는 말씀을 중심으로 열심히 전도하며 공동체 생활을 하는 일종의 선교단체다. 이 모임에서는 저마다 기도 수첩을 작성하며 1주일에 한 번씩 기도 제목과 응답여부를 나누는 시간을 갖는다. 기도 제목은 매우 구체적인 것들이었다. 자취방, 아르바이트 자리, 시험, 돈, 이성문제 등이 여과 없이 기도 제목으로 발표되었다.

희한한 것은 시간의 흐름과 함께 미결, 곧 무응답의 제목들이 하나 하나 지워져 나갔다는 사실이다. 이 체험을 통하여 필자는 아무리 사소한 것일지언정 우리가 기도하는 것은 100% 응답받는다는 사실을 확인하였다. 그렇다, 100%였다.

야곱의 성취기도

성취기도의 주인공으로 빼놓을 수 없는 인물이 야곱이다.

성경에서 야곱의 이야기를 읽어본 독자들이라면 한 번쯤 다음과 같은 의문을 품었을지 모른다. '야곱은 형의 장자권과 맏아들의 축복을 빼앗은 사기꾼이고 에사우는 결국 그런 야곱을 용서할 만큼 착한데 왜 하느님은 야곱에게 복을 내려주셨을까?'

내막을 모르고서 어찌 단정할 수 있으랴. 사실 여기서 우리는 성경에 나오지 않은 비하인드 스토리를 읽을 줄 알아야 한다.[2]

이사악의 아내이자 야곱과 에사우의 어머니 레베카는 아마도 밥상머리에서 두 아들에게 매일 이런 이야기를 했을 것이다.

"네 아버지가 어떤 분인 줄 아느냐? 할아버지가 어떤 분인 줄 아느냐? 하느님께서 할아버지에게 민족들의 아버지가 된다고 하셨단다. 땅과 후손을 약속해 주셨고, 복의 근원이 되게 해 주겠다고 하셨지.

또 네 아빠는 어떻고! 제물로 바쳐졌다가 극적으로 살아나서 백 배의 축복을 받아……."

그런데 매번 이야기를 들은 두 형제의 반응은 달랐다. 에사우는 어머니의 말이 신물 나도록 지겨웠고 동생 야곱은 군침이 돌았다.

알다시피 에사우는 사냥꾼이고 야곱은 농사꾼이다. 사냥꾼의 기질을 가진 사람은 당장 눈앞의 것을 쫓는 것이 먼 미래를 보는 것보다 중요하다. 에사우가 어머니의 말이 안 들리는 것도 당연한 것이다. 반면 농사꾼은 씨앗 속에서 풍작을 볼 줄 안다. 자연히 야곱은 그 엄청난 축복이 욕심날 만하다. 그러던 중 어느 날 야곱이 판을 벌인 것이다. 야곱은 형이 장자권에 관심 없다는 것을 알고 불콩죽으로 형을 유혹하여 장자권을 넘겨받는다.

이 사건 후 성경은 다음과 같이 기록한다.

"에사우는 맏아들 권리를 대수롭지 않게 여겼다"(창세 25,34).

이것이 바로 하느님의 축복이 야곱에게 넘어간 이유다. 이는 오늘날 우리 교회의 현실과도 연결된다.

교회에서 여러 가지 임무를 맡고 있어도 정작 기도를 대수롭지 않게 여기는 신자들이 많다. 이는 하느님의 은총을, 하느님이 주신 약속을 대수롭지 않게 여긴 것과 같다. 마치 장자권을 대수롭지 않게 생각한 에사우처럼 말이다.

훗날 야곱은 어떻게 되었는가? 하느님께서는 야곱에게 20년간 시련기를 주신다. 이는 틀림없이 정의로운 하느님께서 정해놓으신 '보속'의 절차였다고 봐야 할 것이다. 그런 뒤 하느님께서 축복을 주시니 야곱은 단 1년 만에 엄청난 부를 이루게 된다.

우리는 이렇게 야곱과 같은 신앙을 갖고 기도해야 한다.

자격이 없기에 청하는 거예요   실제로 있었던 일이다.

나폴레옹이 이끄는 군대의 한 병사가 탈영을 했다가 붙잡혔다. 벌써 두 번째 탈영이었기 때문에 군법에 의해 그는 사형을 언도받았다. 이 소식을 들은 병사의 어머니가 달려와 아들의 사면을 탄원했지만 나폴레옹은 매몰차게 거절했다. 병사의 어머니가 말했다.

"황제폐하, 저는 의를 베풀어 달라고 탄원하는 것이 아닙니다. 단지 폐하께 자비를 구하고 있는 것입니다."

병사의 어머니가 아무리 말해도 나폴레옹의 태도는 변함이 없었다.

"한 번도 아닌 두 번이지 않느냐! 당신의 아들은 자격도 없다."

그러나 어머니는 포기하지 않고 계속해서 엎드려 간청했다.

"폐하, 제 아들에게 자격이 없기 때문에 자비를 구하는 것입니다. 자격이 있다면 왜 제가 자비를 구하겠습니까? 그러니 제발 제 아들에게 당신의 자비를 베풀어 주십시오."

어머니의 이 말을 들은 나폴레옹은 결국 아들을 풀어 주었다.[3]

이 이야기는 기도의 성취를 위한 가나안 여자의 막무가내 간청(마태 15,21-28 참조)과 과부의 끈질긴 청원(루카 18,1-8 참조) 등 성경의 일화들이 이 시대에도 실제로 일어나고 있다는 한 실례일 따름이다.

성취기도 바치기 _십자가의 성 요한의 기도   「어둔 밤」이라는 시로 유명한 십자가의 성 요한은 아빌라의 성녀 데레사에게 영향을 받아 가르멜 수도회 갱신에 동참하는 일을 하기도 했다.[4] 역사상 가장 탁월한 신비주의 저술가로 인정받는 그의 글 중에서 강력하게 자신의 소원을 주님께 아뢰는 기도문을 성취기도의 예로 소개한다.

이 장을 닫으면서 마음을 실어 자신의 기도로 바쳐보자.(이 기도는 눈으로 읽지 마시고 꼭 소리를 내어 바쳐야 은혜가 됩니다!!!)

―――――◆―――――

사랑하는 주 하느님, 아직 제 죄를 기억하시고 그래서 제가 갈망하는 당신의 복 내리시기를 미루신다면, 비나니 저에게 마땅한 벌을 내리시든지 아니면 자비를 베푸소서. 제가 착하게 잘 살고 남들에게 좋은 이웃이 되기를 기다리신다면, 당신께서 바라시는 대로 행동할 의지와 힘을 주십시오.

왜 무엇을 기다리고 계십니까? 제가 그토록 갈망하는 사랑을 쏟아 부어주시기에 지체하시는 까닭이 무엇입니까? 당신께서 힘을 주시고 인도하시지 않는다면 제가 무슨 수로 착하게 살고 남들에게 좋은 이웃이 되어주겠습니까? 당신께서 저를 값지게 만들어주시지 않는다면 어찌 제가 당신께 값진 존재일 수 있겠습니까? 당신께서 저를 일으켜 세우지 않으신다면 제가 어찌 당신께로 일어설 수 있겠습니까?

사랑하는 아드님 예수 그리스도를 통해서 제게 베푸신 은총을 정말로 거두어가지 않으시려는 겁니까? 그분이 온 인류에게 드러내신 그 사랑을 정말로 저에게도 베푸시려는 겁니까? 어찌하여 기다리고만 계십니까?

땅과 하늘이 모두 제 것입니다! 세상 사람들이, 의롭든 죄 많든, 모두 제 것입니다! 천사들, 성인들, 순교자들이 제 것입니다! 이 모두가 제 것인 까닭은, 당신 사랑에 대한 보답으로 제가 이 모두를 당신께 바칠 것이기 때문입니다.

당신께 제 삶과 제 모든 것을 드립니다! 속히 받아주십시오. 무엇을 왜 기다리고 계십니까?

"너희가 기도하며 청하는 것이 무엇이든 그것을 이미 받은 줄로 믿어라. 그러면 너희에게 그대로 이루어질 것이다"(마르 11,24).

저희에게 잘못한 이를
저희가 용서하오니
저희 죄를 용서하시고

16 '저희에게 잘못한 이를'_치유기도
17 '저희가 용서하오니'_용서기도
18 '저희 죄를 용서하시고'_통회기도

16 '저희에게 잘못한 이를'
_치유기도

원문에 숨겨진 보물 그리스어 원문에서 '저희에게 잘못한 이를'(개신교: '우리에게 죄 지은 자를')에 해당하는 부분은 '타 오페일레마타 헤몬'(ta opheilemata hemon)이다.

여기서 '잘못'은 마태오복음에서는 '빚, 부채, 의무'를 뜻하는 '오페일레마'(opheilema)가 사용되고 있는 반면, 이와 병행을 이루고 있는 루카복음에서는 '죄'를 의미하는 '하마르티아'(hamartia)가 사용되고 있다. 빚은 죄를 가리키는 상징적인 낱말로서 실제 예수님은 이 구절을 말씀하시면서 아람어로 '호바'(hoba)를 사용하셨을 것이다. 이 '호바'라는 단어는 빚과 죄, 두 가지 뜻을 모두 지니고 있기 때문이다.

여기서 우리가 인정해야 할 것은 우리는 동시에 가해자면서 피해자라는 사실이다. 누구든지 받을 빚과 용서할 죄를 가지고 있을 뿐 아니라 갚아야 할 빚과 용서받아야 할 죄를 지니고 살고 있는 것이다.

또한 잊지 말아야 할 것은 '가해'와 '피해'가 동전의 양면이라는 사실이다.

> 곧 어느 경우든 자신에게 '상처'를 남긴다는 사실이다.
>
> '저희에게 잘못한 이를'을 깊이 묵상하며 바칠 수 있는 기도는 '치유기도'다. 내가 받든지 아니면 상대가 받든지 상처 입은 영혼은 치유받아야 한다.

상처

상처 없는 사람은 없다   '저희에게 잘못한 이'가 내용적으로 가리키는 것은 피차간의 '상처'다.

날개를 크게 다친 독수리 한 마리가 벼랑 위에서 깊은 생각에 잠겼다. 그는 몇 번이나 하늘 높이 날아오르려고 했으나 다친 날개로는 도저히 하늘 높이 날 수가 없었다.

"독수리가 하늘 높이 날 수 없다는 것은 더 이상 살아갈 가치가 없다는 거야. […] 독수리로서의 자존심을 지키는 일은 이 방법밖에 없어!"

그는 아버지를 떠올리며 벼랑 아래로 뛰어내리려고 몸을 잔뜩 웅크렸다. 순간, 어디선가 대장 독수리가 쏜살같이 하늘에서 내려와 "잠깐!" 하고 소리쳤다.

"형제여, 왜 자살을 하려고 하는가?"

대장 독수리가 그를 가로막고 다정한 목소리로 물었다.

"차라리 죽는 게 나을 것 같아서 그렇습니다."

"차라리 죽는 게 낫다니? 왜 그런 생각을 다 하는가?"

"저는 더 이상 높이 날 수가 없습니다. 독수리의 명예를 잃게 되었습니다."

대장 독수리는 한참 동안 그를 말없이 바라보았다. 그리고는 그를 향해 날개를 활짝 폈다. 그의 몸엔 여기저기 상처 자국이 나 있었다. 솔가지에 찢긴 자국, 다른 독수리에게 할퀸 자국 등 수많은 상흔으로 얼룩져 있었다.

"나를 봐라. 내 온몸도 이렇게 상처투성이잖니. 상처 없는 독수리가 어디 있겠니."

자살하려고 했던 독수리는 대장 독수리의 말에 고개를 푹 숙였다. 그러자 대장 독수리가 조용히 말을 이었다.

"이건 겉에 드러난 상처일 뿐이다. 내 마음의 상처는 이보다 더하다. 일어나 날아보자. 상처 없는 독수리는 이 세상에 태어나자마자 죽어버린 독수리뿐이다."[1]

우리 모두가 독수리와 같다. 저마다 자기만의 생각들을 지니고 있다. 우리는 가해자며 동시에 피해자다. 상처가 없는 인간은 없다.

부정적인 감정의 뿌리   상처에서 기인된 지금까지 밝혀진 부정적인 감정은 50가지가 넘는다(의심, 두려움, 죄의식, 불쾌감 등). 그러나 그 모든 것들은 결국 부정적인 감정의 핵심인 분노로 발전되고 표현된다. 분노가 안으로 표출되면 건강이 나빠진다. 또 분노가 밖으로 표출되면 다른 사람들과의 관계를 해친다.

부정적인 감정을 가장 먼저 배우는 곳은 가정이다. 이는 어린 시절에 겪는 두 가지 경험에서 나온다.

첫째, 파괴적인 비판이다. 이는 바꿔 말해서 대안 없는 비판이라고 할 수 있다.

평균적으로 부모들은 자녀들을 한 번 칭찬할 때 여덟 번 꾸중한다고 한다. 만일 "너는 도대체 왜 그리 문제가 많니" 또는 "너는 정말 믿을 수가 없어"와 같은 말을 듣고 자란 아이들은 자신이 그런 사람이라는 것을 무의식중에 인식하게 된다. 이는 아이의 미래 행동을 결정하는 데 심각한 영향을 끼친다.

우리는 대안이 있고 방법이 있고 길이 있는 비판을 해야 한다. 다음의 레위기 말씀에서 그 지혜를 발견한다.

"너희는 마음속으로 형제를 미워해서는 안 된다. 동족의 잘못을 서슴없이 꾸짖어야 한다. 그래야 너희가 그 사람 때문에 죄를 짊어지지 않는다. 너희는 동포에게 앙갚음하거나 앙심을 품어서는 안 된다. 네 이웃을 너 자신처럼 사랑해야 한다"(레위 19,17-18).

한마디로 애정을 갖고 타이르라는 것이다. 그런데 나만 애정을 확인하는 것이 아니라 타인이 그 애정을 확인할 수 있는 기회를 먼저 주어야 하는 것이 중요하다. 그럴 때 상처를 받지 않고 받아들이게 되는 것이다.

필자가 지난여름 KBS TV특강을 연달아 8회 하고 연말에 두 차례 더 강의한 적이 있었다. 그때 여름에 만났던 방청객 중 한 분을 연말 강의 때 또 만났는데 그분이 필자를 굉장히 반가워하며 다음과 같이 말했다.

"신부님 덕분에 딸과 굉장히 친해졌어요. 신부님이 그때 코치해 주셨잖아요. '먼저 애정을 확인시켜 주고 그 다음에 좋은 말을 해 줘라'

하구요. 딸과 사이가 나빴었는데 돌이켜보니 제가 맨날 무작정 야단만 쳤던 거예요. 그 이후 방법을 바꿔서 딸에게 하고 싶은 말이 있으면 먼저 안아주고 '엄마가 너 사랑하는 거 알지?' 하며 먼저 딸과 교감을 해요. 그런 뒤 하고 싶은 말을 했더니 딸아이도 곧잘 받아들이더라구요."

필자는 이에 대한 깨달음이 굉장히 크다. 기억하자. 애정이 없으면 비판할 자격이 없다.

둘째, 사랑의 결핍이다. 이는 그 자체로 이미 상처가 된다.

자녀들은 부모님께 야단을 맞아서 상처받는 것이 아니다. 관심이 없을 때 상처가 된다. 이는 부부 사이도, 자식이 부모를 대할 때도 마찬가지인 것이다.

치유

세 가지 치유의 길   그렇다면 우리는 어떻게 상처를 치유받을 수 있을까? 세 가지 길이 있다.

첫째는 '자가치유'다. 하느님은 우리가 스스로 자기를 치유할 수 있는 능력을 주셨다.

둘째는 '말씀치유'다. 우리가 말씀을 붙들고 의지할 때 치유가 일어난다. 말씀을 읽는 과정 자체가 치유의 과정인 것이다.

셋째는 '성령치유'다. 물론 하느님과 예수님은 늘 우리와 함께 계시지만 성령은 현실에서 만나는 하느님으로 우리에게 강력한 치유

은사를 내려주신다.

이 갈래에 따라 치유를 만나보자.

자가치유력 자가치유의 가장 좋은 스승은 자연이다. 많은 동물뿐 아니라 식물들은 본능적으로 자가치유력이 있다. 그 중의 하나가 소나무다.

동해안의 한 마을 입구에는 큰 소나무들이 몇 그루 모여 있는데 모두 껍질이 벗겨져 있다고 한다. 나무 밑으로 마른 소똥이 잔뜩 널려 있는 것으로 보아, 그 곁에 매어 놓은 소들이 소나무의 껍질을 벗겨 먹은 것이 분명하다. 그러나 소나무들은 껍질이 벗겨져 있는데도 시들어 죽지 않고 오히려 싱싱한 잎새들을 뽐낸다는 것이다.

그 까닭은 무엇일까? 바로 송진 때문이다. 그들이 살아가는 그 이유는 껍질이 벗겨진 나무 둥치마다 흰 송진이 흘러나와 굳어져 있기 때문이다. 소나무가 제 몸에서 흘려보낸 그 송진은 상처 입은 제 몸을 스스로 치료하는 약이었던 셈이다.

인간 안에도 이런 자가치유력이 있다.

자가치유(1): "나는 내가 좋다"라고 말하라 우리는 우선 언어를 통해 자가치유를 할 수 있다. '자가치유'의 첫 번째는 내 자신 스스로에게 이렇게 말하는 것이다.

"나는 내가 좋다."

이는 언어치유에 관한 수백 권의 책을 읽고서 묵상하고 기도한 결과 나온 처방이다. 진리는 원래 간단한 법 아닌가.

과연 이 말을 반복하면 나에게 어떤 일이 생기는가? 내 안에 모든 부정적인 것들(예를 들면 상처, 상한 자존심, 콤플렉스 등)로 얼룩진 나를 어루만져 주게 된다. 그래도 괜찮다고 용기를 북돋아 주게 된다.

"그래도 괜찮아. 나는 내가 좋아. 상처를 입어도 상관없어. 나는 나를 좋아해……."

이 비밀을 우리에게 가르쳐 준 사람이 레나 마리아다.

스웨덴의 세계적인 가스펠 싱어 레나 마리아는 두 팔이 없고 다리도 하나뿐인 채 태어났다. 그런 그녀를 병원에서는 보호소에 맡길 것을 부모에게 권유했지만 신실한 그리스도인인 그녀의 부모는 하느님이 주신 아이로 확신하고, 정상아와 똑같이 신앙으로 키웠다.

특히 그녀의 아버지는 딸을 감추거나 부끄러워하지 않고 어려서부터 자연스럽게 바깥세상에 적응하도록 도와주었다. 일찍이 아이를 봐온 동네 주민들은 그녀를 정상인과 다르게 생각하지 않았다. 아버지는 딸을 수영장에 데려가 신체에 대한 수치심을 느끼지 않게 하기 위해 스킨십을 해 주며 "너를 사랑한다"라는 말을 반복해 주었다. 이렇게 그녀는 자기 자신의 소중함을 배웠다. 훗날 그녀는 세계 장애인 수영선수권대회에서 4개의 금메달을 땄고, 대학 졸업 후에는 가스펠 가수로 전 세계를 다니며 주님의 사랑을 전하는 메신저가 되었다.

사람은 자신을 속일 수가 없는 법이다. 만약 자기 안에 슬픔이 있고 콤플렉스가 있다면 그가 부르는 노래는 밝고 아름다울 수 없다. 그러기에 레나 마리아의 노래는 그녀 안에 애써 감추는 상처가 아닌, 있는 그대로의 무한한 기쁨임을 확인할 수 있게 한다.

독자들도 반복하여 말하자. 치유를 향한 엄청난 힘을 가진 이 말을 말이다. "나는 내가 좋다."

자가치유(2): "이것은 내 책임이다"라고 말하라 '자가치유'의 두 번째는 "이것은 내 책임이다"라고 말하는 것이다.

어떤 사건에 있어서 그 중심에는 항상 내가 있다. 이는 내가 상처를 입었든 피해를 입었든 간에 마찬가지다. 이럴 때 우리는 본능적으로 희생양을 찾는다. 만약 내가 스스로 책임을 지면 어떻게 될까? 통제력이 생긴다. "내 책임이야" 하고 말하는 순간 자유로워지고 긍정적인 감정이 생긴다. 반면 책임을 회피하면 그 문제 속에 빠져 속박당하기 시작한다. 부정적인 감정이 생김은 물론이다.

모든 치유에 있어서 가장 강력한 치료제는 '책임'을 받아들이는 태도다. 브라이언 트레이시는 심리학자들의 통찰에 의거하여 책임을 치유의 열쇠라고 보았다.[2] 위에서 언급한 것을 다시 한번 정리해 보면 다음과 같다.

'책임감 = 자기제어 = 자유 = 긍정적인 감정'의 공식과 '무책임 = 제어상실 = 속박 = 부정적인 감정'의 공식이 성립하는 것이다.

한번 자신의 내면에서 일어나고 있는 심리현상을 섬세하게 관찰해 보라. 이 놀라운 공식의 진실성에 감탄하게 될 것이다. 이것을 깨닫게 되면 부정적인 자의식으로부터 쉽게 해방될 수 있다.

사실 무엇이든지 선택은 우리에게서부터 시작된다. 흔히 사람들은 사기를 당하면 사기꾼을 증오하고 원망하지만, 따지고 보면 이는 일종의 책임 회피다. 내가 선택했기 때문에 당한 것이다. 이것을 받아들이는 것이 책임감이다.

이는 삶의 전 영역에 해당한다. 결혼생활도, 직장생활도 마찬가지인 것이다. 책임을 질 때 홀가분해진다. 감정도 해방된다.

말씀치유(1): 위로의 말씀에 귀 기울이라

주님께서 주시는 말씀은 그 자체로 엄청난 치유력을 지니고 있다. 이는 비단 성경의 말씀만을 두고 하는 말이 아니다.

흑인을 인간 취급도 하지 않던 시절, 한 흑인이 미국의 남쪽에 있는 어떤 교회에 예배를 드리러 갔다. 그런데 차마 예배당 안으로 들어갈 수 없었다. 계단에 서 있던 백인들의 눈빛이 그를 거부했고, 어떤 이들은 공공연히 경멸의 말을 뱉기도 했다.

"아니, 여기가 어디라고! 냄새나는 흑인이 감히……, 저 따위가 예배당에 들어간다면 나는 그냥 돌아갈 거야."

곧 예배를 시작하는 종소리가 들리자 흑인은 그 자리에 쭈그리고 앉았다. 계단에서라도 말씀을 듣고 싶었기 때문이다. 잠시 후 기도하고 있는 그에게 누군가 홀연히 나타나 어깨를 두드리며 물었다.

"너는 어찌하여 여기 있느냐?"

"저도 예배를 드리려고 여기까지 왔지만 경멸의 눈초리와 거부의 말투 때문에 들어갈 수가 없었습니다."

그러자 그가 흑인의 어깨를 다정하게 감싸 안으며 이렇게 말하였다.

"너도 아직 이 예배당에 못 들어갔느냐? 나도 아직 이 예배당 안에는 못 들어갔느니라."

그분은 다름 아닌 예수님이셨다.

"네가 받은 상처가 내가 받은 상처다." 이렇게 나에게 말씀해 주시는 분이 우리 곁에 있다는 것은 살아가는 데 큰 힘이 된다.

말씀치유(2): 성경 속의 치유말씀을 내 것으로 삼으라

말씀으로 치유받는 또 하나의 방법은 성경에서 치유받은 사람의 이야기를 묵상하며 자신을 그 인물과 동일시하는 감정이입을 통하여 치유받는 것이다. 성경에서 말씀치유의 은혜를 입은 가장 대표적인 인물이 누굴까? 바로 자캐오다.

로마 정부의 세관장인 자캐오는 유다인들에게 과도하게 세금을 징수하고 자기 수하의 다른 세리들이 받은 세금에서도 자기 몫을 떼어내어 큰 부를 축적했다. 유다 사회에서 세관장들과 그들의 부하 세리들은 이렇게 가증스러운 인간들로 멸시의 대상이었다. 따라서 비록 자캐오가 남부럽지 않은 부를 쌓아왔더라도 그의 내면 어딘가에는 허전함이 서려 있었을 것이다.

어느 날 자캐오가 사는 '예리코'라는 도시를 예수님께서 지나가시게 되었다. 그는 예수님이 어떠한 분이신지 보려고 애썼지만 군중에 가려 볼 수가 없었다. 그래서 앞질러 달려가 돌무화과나무로 올라갔다. 그곳을 지나시는 예수님을 보려는 것이었다. 자캐오의 모습을 본 예수님은 말씀하셨다.

"자캐오야, 얼른 내려오너라. 오늘은 내가 네 집에 머물러야 하겠다"(루카 19,5).

이는 파격적인 선언이었다. 이로써 그도 사랑받을 자격이 있다는 사실을 알게 되었다. 이렇게 그는 '열등감'을 치유받고 다음과 같이 감사의 표현을 하였다.

"보십시오, 주님! 제 재산의 반을 가난한 이들에게 주겠습니다. 그리고 제가 다른 사람 것을 횡령하였다면 네 곱절로 갚겠습니다"(루카 19,8).

그에게는 또 다른 콤플렉스가 있었다. 키가 너무 작아 조상 탓을 하며 살았다. 스스로 좋은 혈통이 아니라고 생각했던 것이다. 하지만 그도 다른 유다인들과 마찬가지로 아브라함의 후손이며 축복을 받을 자격이 있었다. 예수님께서는 그의 온전한 치유를 위해 이를 확실히 선언해 주셨다.

"오늘 이 집에 구원이 내렸다. 이 사람도 아브라함의 자손이기 때문이다. 사람의 아들은 잃은 이들을 찾아 구원하러 왔다"(루카 19,9-10).

키가 너무 작아 나무 위에 올라가서 예수님을 볼 수밖에 없었던 자캐오. 그러나 그는 예수님과의 만남을 통해 진정으로 큰사람이 되었다.[3]

누구든지 이 자캐오 내면에 있는 콤플렉스의 일면을 가지고 있다. 자캐오 이야기를 몰입하여 묵상할 때 자캐오와 함께 자신이 치유받는 체험을 하게 될 것이다.

성령치유　　성령치유는 혼자 또는 기도모임에서 기도하는 중에 일어나는 은혜의 사건이므로 언어화하기 어렵기에 여기서는 생략한다.

치유기도

치유기도 에센스　　지금까지 '저희에게 잘못한 이를' 속에 숨겨진 보물들을 탐사하였다. 먼저, 우리는 인간은 누구든 빚과 죄에 있어서 가해자인 동시에

> 피해자임을 깨달았다. 우리 모두는 상처를 안고 살아가는 존재인 것이다. 다음
> 으로, 우리는 이를 치유하기 위해 자가치유, 말씀치유, 성령치유의 관점에서 영성
> 적이고도 근원적 치유를 모색할 수 있음을 보았다.
>
> 이에 상처 주고 상처 입은 우리를 회복시키기 위해 드리는 기도가 치유기도다.
> 치유기도는 나를 위한 기도며 동시에 너를 위한 기도다.

치유기도의 전형: 구리 뱀 사건

결국 치유력은 하늘에서 오는 것이다. 이를 잘 드러내는 성경 속 일화가 있다. 그 유명한 구리 뱀 사건이다. 드디어 광야생활 38년이 거의 끝나갈 무렵이었다. 그런데 이스라엘 민족들은 또다시 불평불만을 터뜨린다.

"음식은 이게 뭐고, 물은 이게 뭐고, 아휴……, 이제 다 죽겠다!"

초반 1년 3개월, 그리고 38년, 도합 40년이 다 지나가면서 이들은 졸업을 해야 할 판이었다. 그런데 그만큼 배웠으면서도 백성들이 아직 정신을 못 차리자 주님께서는 아주 센 처방을 내리신다.

"주님께서 백성에게 불 뱀들을 보내셨다. 그것들이 백성을 물어, 많은 이스라엘 백성이 죽었다"(민수 21,6).

아차! 싶은 백성들이 다시 모세에게 애원하자 모세는 기도를 통해 다음과 같은 하느님의 응답을 받게 된다.

"구리 뱀을 장대 높이 올려라. 구리 뱀을 올려라. 그리고 쳐다보는 사람은 살리라"(민수 21,8 참조).

처방치고는 참 재미있다. 왜 장대 높이 구리 뱀을 올리라고 하셨을까? 사실 이는 말이 안 되는 처방이었다. 하느님께서는 일부러 이 처방을 내리신 것이다. 여기에는 두 가지 이유가 있다.

첫째, 순명을 가르치시기 위함이었다. 곧 주님의 명령은 말이 안 되는 것처럼 들려도 '순명'하면 산다는 것을 체험하게 하기 위함이었다. 말이 안 되는 처방을 내렸으니 사람들이 "야! 그거 쳐다본다고 낫냐? 먹을 약을 주든지, 바를 연고를 주든지 해야지, 그게 뭐야?" 하고 생각했을 것이다. 하지만 백성들 입장에서는 그거라도 안 하면 죽게 되었으니 어찌됐든 쳐다보게 된다. 그런데 신기하게도 정말 쳐다본 사람은 살았다. 말씀대로 행했더니 살아난 것이었다. 바로 이를 깨달으라는 조치였던 것이다.

둘째, 바라봄의 영성을 회복시키시기 위함이었다. 곧 올려 쳐다보게 하심으로써 '바라봄'의 영성을 회복시켜 주시기 위함이었다. 장대에 매달린 구리 뱀을 보기 위해서는 사람들이 고개를 들어야 했다. 사실 이들이 불평불만을 하게 된 것은 땅만 쳐다보고 살았기 때문이었다. 사람은 고개를 들어 하늘을 보면서 기도할 줄 알아야 하는데, 자꾸 땅만 바라보고 사니 안목이 없어진 것이다. 그래서 구리 뱀을 장대 높이 달고 그것을 쳐다보게 한 것이었다. 높이 올려다보는 그 시선의 끄트머리에서 바로 하느님을 향한 믿음이 자라나지 않겠는가.[4]

요약해 보자. 말도 안 되는 명령에 순명했을 때 좋은 일이 일어난다. 하늘을 쳐다봤을 때 좋은 일이 일어난다. 예기치 못한 놀라운 치유까지 일어난다.

치유기도 바치기   우리는 치유기도의 예를 최봉도 신부의 내적 치유를 위한 '희망의 기도'에서 발견한다. 특히 자기 자신에서 비롯된 상처의 치유와 인간관계에서의 상처치유에 초점을 맞춰 기도문을 발췌해 본다. 이 장을 닫으면서 마음을 실어 자신의 기도로 바쳐 보자.(이 기도는 눈으로 읽지 마시고 꼭 소리를 내어 바쳐야 은혜가 됩니다!!!)

자기 자신으로 인한 상처치유

주님, 제가 (   )한 실수를 하였습니다.
그 잘못을 주님이 이미 모두 용서하셨습니다.
저 자신이 저를 진심으로 용서합니다.
그러나 아직 저의 잘못을 용서하지 않으셨으면 용서해 주시고,
저의 이 상처가 치유되면 좋겠습니다.

인간관계의 상처치유

주님, (   )가 저를 비난했습니다. 그 마음의 상처가 없어지면 좋겠습니다. 그를 용서합니다. 그에게 강복해 주십시오.
주님, (   )가 저를 싫어하고 있습니다. 그 사람에 대한 부담이 없어지면 좋겠습니다. 그를 용서합니다. 그에게 강복해 주십시오.
주님, 저는 따돌림을 당하고 있습니다. 그 큰 상처가 치유되면 좋겠습니다. 그를 용서합니다. 그에게 강복해 주십시오.
주님, (   )가 저에게 사기를 쳤습니다. 그 큰 상처가 치유되면

좋겠습니다. 그를 용서합니다. 그에게 강복해 주십시오.

주님, (　　)가 저를 무시합니다. 그 상처가 치유되면 좋겠습니다. 그를 용서합니다. 그에게 강복해 주십시오.

주님, (　　)가 저를 모른 체 합니다. 그 상처가 치유되면 좋겠습니다. 그를 용서합니다. 그에게 강복해 주십시오.

주님, (　　)가 저를 이용했습니다. 그 큰 상처가 치유되면 좋겠습니다. 그를 용서합니다. 그에게 강복해 주십시오.

주님, (　　)가 저를 무고하였습니다. 그 큰 상처가 치유되면 좋겠습니다. 그를 용서합니다. 그에게 강복해 주십시오.

주님, (　　)가 저를 배신했습니다. 그 큰 상처가 치유되면 좋겠습니다. 그를 용서합니다. 그에게 강복해 주십시오.

주님, (　　)가 여러 사람 앞에서 저를 공격하였습니다. 그 상처가 치유되면 좋겠습니다. 그를 용서합니다. 그에게 강복해 주십시오.

주님, (　　)가 저를 욕을 하였습니다. 그 상처가 치유되면 좋겠습니다. 그를 용서합니다. 그에게 강복해 주십시오.

주님, (　　)가 저에게 무례한 행동을 하였습니다. 그 상처가 치유되면 좋겠습니다. 그를 용서합니다. 그에게 강복해 주십시오.

주님, (　　)가 돈을 빌려가서 갚고자 하지 않습니다. 그 상처가 치유되면 좋겠습니다. 그를 용서합니다. 그에게 강복해 주십시오.

주님, (　　)가 저를 모욕했습니다. 그 상처가 치유되면 좋겠습니다. 그를 용서합니다. 그에게 강복해 주십시오.

주님, 아들(딸)이 저에게 불효를 하였습니다. 그 상처가 치유되면 좋겠습니다. 그를 용서합니다. 그에게 강복해 주십시오.

"주님께서는 마음이 부서진 이들에게 가까이 계시고 넋이 짓밟힌 이들을 구원해 주신다"(시편 34,19).

17 '저희가 용서하오니'
_용서기도

원문에 숨겨진 보물 그리스어 원문에서 '저희가 용서하오니'(개신교: '우리가 […] 사하여 준 것 같이')에 해당하는 부분은 '카이 아페스 헤민'(kai aphes hemin)으로 이는 '용서하였듯이'라는 뜻이다. 이는 본래 '버리다, 포기하다, 탕감하다'라는 의미를 지닌 '아피에미'(aphiemi)의 변화형으로, 결국 이 구절에서 '용서'는 빚(죄)의 완전한 탕감과 소멸을 가리킨다고 볼 수 있다.

한 가지 여기서 눈여겨볼 말은 '하오니'(개신교: '같이')다. 여기에 나타나는 '하오니'(하듯이, sicut)는 예수님의 가르침에서 단 한 번 나오는 것은 아니다.[1]

"하늘의 너희 아버지께서 완전하신 것**처럼** 너희도 완전한 사람이 되어야 한다"(마태 5,48).

"너희 아버지께서 자비하신 것**처럼** 너희도 자비로운 사람이 되어라"(루카 6,36).

"내가 너희에게 새 계명을 준다. 서로 사랑하여라. 내가 너희를 사랑한 것**처럼**

너희도 서로 사랑하여라"(요한 13,34).

예시된 말씀에서 보듯 먼저 주님이 선행되고 우리가 따르게 되어 있다.

그런데 언뜻 '주님의 기도' 속에서는 이 논리가 거꾸로 되어 있는 듯 보인다. '주님이 우리를 용서하신 것처럼 우리도 용서하여라'라는 것이 아니라 '우리가 용서한 것처럼 우리 죄를 용서해 주세요'라고 말이다. 그러나 핵심은 바로 이 말씀에 녹아 있다.

"하느님께서 그리스도 안에서 여러분을 용서하신 것**처럼** 여러분도 서로 용서하십시오"(에페 4,32).

'저희가 용서하오니'를 깊이 묵상하며 바칠 수 있는 기도는 '용서기도'다. 용서하는 마음을 주님께 청하며 우리의 용서를 선언하는 기도인 것이다.

용서의 은총

용서를 구하는 용기　　'저희가 용서하오니'는 우리의 무조건적인 용서를 요구한다.

'농노들의 친구'로 이름난 러시아 보로네슈의 주교 티흘이 어느 날 그 지방의 한 제후를 찾아갔다. 농노들이 받는 부당한 처사를 지적하며 자비로써 그들을 대할 것을 당부하는 티흘의 강경한 말투에 제후는 기분이 상했다. 언성을 높이다 분에 못 이긴 제후는 급기야 티흘의 뺨을 때렸다. 이에 분개한 티흘은 자리를 박차고 일어나 떠났다.

집으로 돌아가던 중 티흘은 자신의 언행에도 잘못이 있었음을 깨닫고 즉시 발길을 돌려 제후에게 찾아갔다. 티흘은 무릎을 꿇고 제후에게 말했다.

"저의 말투가 당신을 화나게 만들었습니다. 용서해 주십시오."

티흘의 말에 제후는 도리어 놀라 함께 무릎을 꿇고 말했다.

"아닙니다. 당신처럼 선한 사람에게 내가 너무 심한 짓을 했습니다. 용서받아야 할 사람은 오히려 저입니다."

그 후 제후의 태도는 급변하여 농노들뿐 아니라 그 지방 전역의 백성들에게 오래도록 칭송을 받았다.

뺨 맞은 사람이 뺨 때린 사람에게 가서 '나를 용서하시오'라고 얘기하는 것, 바로 이런 것이 용서다.

선생의 깊은 뜻 용서란 하고 싶다고 되는 것이 아니다. 용서를 위해서는 자신의 심리에 대한 이해가 도움이 된다.

어느 고등학교의 학생들이 단체로 수업을 거부하고 있었다. 교내 어떤 교사가 학생 한 명을 심하게 때렸기 때문이었다. 학생들은 교사의 해임을 주장했다. 그런데 학교 측에서 이를 받아들이지 않자 수십 명의 학생들이 몽둥이를 들고 교무실로 난입했다. 놀란 교사들이 대부분 자리를 피했고 학생주임인 김 선생만이 남아 있었다.

"이 녀석들, 당장 수업에 들어가지 못해! 어떻게 교무실까지 함부로 들어와 행패야! 썩 나가라!"

학생들은 잠시 주춤했지만 흥분한 아이들이 순식간에 김 선생을 덮쳤다. 그 순간 김 선생은 두 손으로 눈을 가렸다. 학생들은 몽둥이까지 들고 김 선생을 마구 때렸다.

얼마 후 다행히 학교는 제자리를 찾았다. 그렇지만 김 선생을 때렸던 학생들은 두려움과 죄송한 마음에 어찌할 바를 몰랐다. 용서를 구하러 간 학생들에게 김 선생은 이렇게 말했다.

"괜찮다. 잘못한 줄 알았으면 됐어. 너희가 용서를 구하러 와줘서 오히려 고맙구나."

김 선생은 오히려 그간 학생들의 마음고생을 위로했다. 그런데 잠시 후 한 학생이 물었다.

"선생님, 그런데 그때 왜 손으로 눈을 가리고 계셨나요?"

"나도 사람인지라 말이다. 만약 그때 날 때리는 너희의 얼굴을 봤더라면 내가 너희들을 미워하게 될까 봐 말야. 그래서 눈을 가리고 있었지."

김 선생의 말에 학생들은 참았던 눈물을 흘렸다.[2]

'용서하기'가 어려운 것은 어쩌면 상대가 아닌 내 탓이다. 이를 지혜롭게 행동함으로써 용서의 실천을 몸소 보여 준 그 교사의 모습에서 우리는 '참스승'을 본다. '참용서'를 배운다.

은혜를 잊지 않겠어요   용서는 우리 삶에 아름다움을 가져다준다.

미국 남북전쟁이 한창일 때 북군의 어느 병사가 탈영 혐의로 체포되었다. 그는 무죄라고 주장했지만 자신의 결백을 증명할 수가 없었다. 결국 그는 사형 선고를 받았다. 이 와중에 그가 작성한 항소문이 에이브러햄 링컨의 책상에까지 올라가게 되었다. 이를 본 링컨은 그를 불쌍히 여겨 사면서에 사인해 주었다.

다시 복귀한 병사는 전쟁에서 열심히 싸웠고 끝내 마지막 전투에서 목숨을 잃었다. 후에 고인이 된 그의 가슴에 달린 주머니에서 링컨이

사인한 사면서가 발견되었다. 병사는 언제나 그 문서를 가슴에 새겨 두고 있었던 것이다.

용서는 사람 하나도 이처럼 변화시킨다.

십자가의 힘으로

불가능한 용서는 없다   사실 말로는 "용서해라, 용서해라" 하면서도 용서가 그렇게 쉽지만은 않다. 이 때 그리스도인인 우리는 죄 없는 예수님이 죄 많은 우리를 위해 십자가에서 돌아가신 것을 기억하며 그분 뜻에 힘입을 필요가 있다.

필자는 때로 용서의 어려움을 느끼면 '불가능한 용서'를 한 어느 신부의 찡한 이야기가 생각난다. 알바니아에서 사제생활을 하셨던 분으로 성함은 안톤 룰릭. 1996년, 사제서품 50주년을 맞이하여 자신의 삶을 회상하는 글을 남겼는데 그 속에 바로 예수님의 용서가 녹아 있다. 이분이 어떻게 용서를 했는지 그 과정에 필자와 함께 가보자.

"저는 알바니아에서 태어났습니다. 그곳은 제가 사제서품을 받은 직후, 얼마 되지 않아 바로 공산독재 치하에 들어가게 되었습니다. 무자비한 종교탄압이 즉각 시행되었고 저의 동료 예수회 사제들에게는 임의 재판을 거쳐 사형이 선고되었습니다. 모두 믿음의 순교자로 기쁘게 죽어갔습니다. 마치 조국의 구원을 위하여 빵이 쪼개어지고 피를 흘리듯이 말입니다.

1946년, 그렇게 그들은 그들의 마지막 미사를 온몸으로 봉헌하였습니다. 그러나 예수님께서는 저에게 산 채로 그분의 십자가에 못 박혀, 저의 팔을 벌리고 그분과 함께 있도록 하는 희생을 원하셨습니다. 저의 사제적 희생제사는 사제로서의 전 삶을 조롱과, 배척과, 고문과, 감옥살이에 바치는 것이었습니다.

서품을 받은 해 12월 19일, 공산정권은 제가 정부에 반대선동을 한다는 구실로 체포한 후 17년간은 감옥에, 그 후 다음 17년간은 노동 수용소로 보냈습니다.

저의 첫 번째 감옥은 아주 추운 외딴 산골마을의 한 작은 화장실이었습니다. 9개월간, 저는 누울 수도, 다리를 펼 수도 없는, 그 비좁고 더러운 곳에서, 그것도 강제로 인분 위에 앉아 있어야만 했습니다.

서품을 받은 바로 그 해, 성탄절 밤에 그들은 저를 감옥의 1층에 있는 다른 화장실로 끌고 가서 옷을 벗기고 밧줄에 묶어 천장에다 발가락이 겨우 바닥에 닿을 듯 말 듯하게 매달았습니다. 조금씩 조금씩 혹독한 냉기가 전신을 휘감았고 그것이 제 가슴까지 차 올라왔을 때, 심장은 곧 멈출 것만 같았습니다.

갑자기, 너무나 엄청난 절망감으로 저는 크게 소리를 내고 울었습니다. 그러자 저를 심문하던 사람이 달려와 밧줄을 잘라 저를 바닥에 내려놓고 다시 마구 구타하기 시작하였습니다.

바로 그날 밤, 그 더럽고 혹독한 곳에서 저는 참으로 예수님의 강생과 십자가의 의미를 깨달았습니다. 왜냐하면 저는 그 고통 안에서 바로 저와 함께 제 안에서 힘을 주시는 예수님과 함께할 수 있었기 때문입니다.

어느 때는 너무도 강하게 저를 지탱해 주셨기 때문에 저는 그 고통

중에서도 위로를 느꼈고, 심지어 마음 깊이 신비로운 기쁨이 차올랐습니다. 인간적으로 보면 사제로서의 제 삶의 거의 모든 것을 다 빼앗아 버린 그 고문자들에게 저는 어떤 미움도 느끼지 않았습니다.

1989년, 제가 79세 되던 해, 처음으로 감옥에서 석방되었는데 길거리에서 우연히 저를 고문하던 사람 중 한 사람을 만나게 되었습니다. 저는 곧장 그에게로 다가가 그를 진심으로 껴안았습니다. 이것이 사제로서의 제 삶이었습니다.

아마도 저와 함께 금경축을 맞이하는 여러분들과 많이 다르겠지만 반드시 특이한 것만은 아닐 것입니다. 왜냐하면 지난 50년 동안 수천 명의 사제들이 오직 사제라는 이유 하나 때문에 박해 받아왔기 때문입니다. 비록 우리들의 경험은 모두 다르지만 우리는 모두 성품성사와 예수님의 사랑 안에서 하나입니다.

사제는 무엇보다 사랑하는 것을 배운 사람입니다. 그는 오직 예수님을 사랑하기 위해 사는 사람이며, 그러므로 예수님을 위해, 사람들을 사랑하는 사람입니다. 모든 상황에서, 예수님에 대한 사랑으로, 그들을 사랑하는 것입니다. 사제는 그의 삶을 바치고 예수님과 사람들을 위해 그의 생명을 내어줍니다."

안톤 룰릭 신부는 50년 사제생활 중에서 34년간을 박해와 수모를 받으며 살아왔다. 하지만 신부는 그에 굴하지 않고 인내하며 모진 고난들을 이겨냈다. 신부는 자신을 고문하던 사람을 용서했다.

필자는 언젠가 『주일복음묵상』을 통해 이 내용을 읽어드린 적이 있다. 그때 룰릭 신부의 마지막 말이 마치 필자의 삶을 덮치는 듯 굉장히 강한 공감이 엄습했다.

'사제는 예수님의 사랑을 위해서 그의 생명을 사람들에게 내어준다.'

맞아! 용서란 바로 이런 것이 아니겠는가!

때로 사람의 힘으로 불가능한 용서도 예수님이 하신 용서를 바라봄으로써 인간의 용서는 완성된다.

되돌려 받은 장화   예수님의 용서가 우리로 하여금 어떻게 용서할 수 있도록 도와주는지 함께 보자.

이집트에 주둔한 적이 있었던 한 영국 상사의 고백이다.

"제가 있던 부대에 예수를 믿는 민간인이 하나 있었습니다. 우리는 그를 아주 못살게 굴었지요. 비가 몹시 내리던 어느 날 밤 그가 잠자리에 들기 전 기도를 하려고 무릎을 꿇는 모습을 보았습니다. 나는 진흙이 잔뜩 묻은 내 장화를 그 사람 머리 위에 꾸욱 올려놓았어요. 그런데도 그는 기도를 계속했습니다.

다음날 아침 일어나 눈을 떠보니, 어젯밤 그 장화가 깨끗이 닦여진 채 내 침대 옆에 놓여 있었습니다. 그것이 나에 대한 그의 보답이었습니다. 그날 바로 나는 구원을 받았습니다."[3]

영국 상사가 돌려받은 장화는 단순히 진흙만 닦인 것이 아니었다. 그의 더러운 마음까지 깨끗하게 닦여진 것이었다. 바로 그분의 용서로써 말이다.

용서기도

> **용서기도 에센스**   지금까지 '저희가 용서하오니' 속에 숨겨진 보물들을 탐사하였다. 먼저, 우리는 '용서하기'는 결국 상대방이 아닌 내 안의 상한 감정으로부터 벗어나기임을 깨달았다. 다음으로, 곧 죽어도 힘든 용서가 있다면, 예수님께서 우리에게 내어 주신 '십자가의 힘'으로 가능하다는 것을 감동적인 사례를 통해 확인하였다.
>
> 이에 예수님의 용서에 의지하여 우리의 용서가 완성됨을 몸소 체험하도록 바치는 기도가 용서기도다. 용서기도를 통해 불가능한 용서도 가능해진다.

그리스도인을 부끄럽게 한 인디언   때는 미국의 서부 개척시대였다. 어느 날 저녁 개척자의 집에 한 인디언이 찾아와 그에게 먹을 것을 구걸했다.

"너에게 줄 것은 아무것도 없다."

인디언은 물 한 모금이라도 달라고 애원했으나 개척자는 더욱 거칠게 대할 뿐이었다.

"썩 꺼져라! 인디언 개놈아!"

인디언은 끝내 빈손으로 쫓겨났다.

몇 달 뒤, 개척자가 사냥하러 나갔다가 숲에서 길을 잃었다. 나무 사이로 새어나오는 희미한 불빛을 따라 가던 개척자의 눈에 멀리 인디언들의 막사가 보였다.

그곳에서 하룻밤을 신세지게 된 개척자는 한 인디언의 대접을 받았다. 그를 위해 사슴고기와 따뜻한 우유를 내어주고 잠자리도 봐주었다. 아침이 되어 집까지 가는 길을 안내해 주던 그 인디언이 개척자에게 물었다.

"당신은 나를 기억합니까?"

"그러고 보니 어디선가 본 듯한 기억이 납니다."

개척자의 말에 인디언이 나지막이 말했다.

"바로 당신 집 문간에서였지요. 당신에게 꼭 충고 한마디 하고 싶었습니다. 다시는 당신에게 먹을 것이나 마실 것을 애원하는 사람에게 '꺼져! 인디언 개놈아!' 하고 말하지 마십시오."

개척자는 인디언 앞에 무릎을 꿇고 용서를 빌었다. 그는 심한 부끄러움과 함께 깨달음을 얻어 집으로 돌아왔다.[4]

이야기에서 개척자는 누구에 빗댈 수 있을까? 바로 말씀을 많이 알고 있지만 실천하지 못하는 그리스도교 신자다. 그렇다면 인디언은 누구인가? 단순한 삶을 사는 사람, 그러나 지혜가 있는 사람이다. 그가 아직도 용서를 못하고 우물쩍대는 우리를 부끄럽게 하지 않는가.

용서기도 바치기 미국에서 성령세미나의 위원으로 봉사활동을 하고 있는 린다 슈버트는 기도 중에 영감을 받아 『기적의 성시간』이라는 책을 썼다. 이 책에 실린 그녀의 용서기도문은 불가능한 용서까지 가능하도록 우리를 도와준다. 이 장을 닫으면서 마음을 실어 자신의 기도로 바쳐보자.(이 기도는 눈으로 읽지 마시고 꼭 소리를 내어 바쳐야 은혜가 됩니다!!!)

사랑이 지극하신 아버지,
저는 당신이 제게 베푸신 용서에 힘입어,
제 자신과 다른 사람들을 용서하기로 결심합니다.
이 은총에 감사드립니다.
주님,
우선 저 자신과 화해합니다.
제 모든 죄와 결점과 실패에 대해서, 저 자신을 용서하며,
자신에 대한 적대감을
속박에서 풀어 주고
성령의 능력을 통하여
오늘 나 자신과 평화를 맺습니다.
다음으로, 주님, 저의 이웃들과 화해합니다.
(잠시, 성찰하고 나서 떠오르는 것을 표현하며)

- 저는 제 조상들과 친척들을 용서합니다.
오늘까지 제 삶에 영향을 끼치고
하느님의 자녀다운 자유를 누리며 사는 것을 방해한
온갖 부정적인 행위에 대하여
제 조상들을 용서합니다.
예수님의 이름으로 오늘 그들을 속박에서 풀어 드리며
그들과 더불어 평화를 맺습니다.
- 저는 저의 어머니와 아버지를 용서합니다.

지금까지 제 삶에서 저도 모르게 영향을 끼쳤을
부정적 요인에 대하여 어머니와 아버지를 용서합니다.
- 저는 저의 배우자를 용서합니다.
알게 모르게 끼친 악영향과
그동안 함께 살아오면서 저에게 남긴 모든 상처를
지금 용서하기로 결심합니다.
- 저는 제 아이들을 용서합니다.
제게 준 모든 상처들을 용서합니다.
그들을 속박에서 풀어 주며 오늘 제 아이들과 평화를 맺습니다.
주님, 그들을 축복해 주소서.
- 저는 제 형제자매를 용서합니다.
제게 준 모든 상처들을 용서합니다.
그들을 속박에서 풀어 주며 오늘 그들과 평화를 맺습니다.
주님, 그들을 축복해 주소서.
- 저는 제 친구와 동료들을 용서합니다.
성령의 능력으로 오늘 저는 그들을 속박에서 풀어 주며
그들과 다시 평화를 맺습니다.
- 저는 어떤 식으로든지 제게 상처를 준 사회의 모든 구성원
을 용서합니다.
제가 알든 모르든 범죄 행위로
저와 제 가족에게 해를 끼친 이들을 용서합니다.

하늘에 계신 아버지,
이제 제 생애 가운데 저에게 가장 큰 상처를 준

한 사람을 용서할 은총을 간구합니다.
아직도 분노를 느끼고 마음이 상해 있는 것을 느끼지만,
가장 용서하기 힘든 그 사람을
지금 용서하기로 결심합니다.
또 제게 가장 큰 상처를 준 가족과 친구
또는 권위자와 평화를 맺습니다.

주님, 제게 용서할 사람이 아직 남아 있습니까?
(고요한 가운데 귀를 기울이십시오.)

감사합니다.
사랑이 지극하신 아버지,
저를 자유롭게 해 주셔서 감사합니다.
지금 저는 제게 상처를 준 이들에게
축복의 기도를 합니다.
주님, 그 한 사람 한 사람에게
무언가 특별한 일을 해 주십시오.
감사합니다.
주님, 당신을 찬미합니다. 아멘.

"아버지, 저들을 용서해 주십시오. 저들은 자기들이 무슨 일을 하는지 모릅니다"(루카 23,34).

18 '저희 죄를 용서하시고'
_통회기도

원문에 숨겨진 보물 그리스어 원문에서 '저희 죄를 용서하시고'(개신교: '우리 죄를 사하여 주시옵고')에 해당하는 부분은 '호스 카이 헤메이스 아페카멘 토이스 오페일레타이스 헤몬'(hos kai hemeis aphekamen tois opheiletais hemon)이다.

앞서 언급하였듯이 우리는 이 기도를 "우리에게 잘못한 이를 우리가 용서하겠으니, 하느님께서도 우리의 죄를 용서하기를 청한다"고 생각하기 쉽다. 그러나 '우리가 우리에게 잘못한 이웃을 용서하는 것'은 '조건'이 아니라 '결과'다.

형제에게 몇 번이나 용서해야 하느냐고 묻는 베드로에게 예수님께서는 "일곱 번이 아니라 일흔일곱 번까지라도 용서해야 한다"(마태 18,22)라고 말씀하시며 '매정한 종의 비유'(마태 18,23-35 참조)를 들어 말씀해 주신다. 이 매정한 종처럼 우리는 '하느님의 용서'를 먼저 받은 사람들이다. 그 용서는 우리 죄의 많고 적음을 따지지 않으신 무조건적인 용서였다.

> 우리는 모두 하느님께 큰 빚(사랑의 빚)을 지고 있다. 하느님께서는 우리를 먼저 사랑하시고 용서하셨기 때문에 우리는 누군가를 용서할 능력을 얻은 것이다. 그러므로 이미 용서받은 우리가 남을 용서하지 않으면 그 용서를 취하할 것이라는 말이다.
>
> "너희가 저마다 자기 형제를 마음으로부터 용서하지 않으면, 하늘의 내 아버지께서도 너희에게 그와 같이 하실 것이다"(마태 18,35).
>
> '저희 죄를 용서하시고'를 깊이 묵상하며 드릴 수 있는 기도가 '통회기도'다. 우리가 이제 주님의 용서를 받을 차례다. 이 얼마나 은혜로운 순간인가.

먼저 받은 용서

전보 한 장의 파장　　'저희 죄를 용서하시고'는 용서받아야 하는 우리의 현주소를 향한 기도다.

'셜록 홈즈 시리즈'로 유명한 추리소설가 아서 코난 도일은 친구들에게 장난치기를 좋아했다. 하루는 그가 사회적으로 제법 높은 지위에 있는 다섯 명의 친구들에게 똑같은 내용의 전보를 띄웠다.

'이 전보를 받고 다들 어떻게 행동할지 궁금하군.' 그가 혼자 중얼거리며 미소 짓자 부인이 물었다.

"뭐라고 썼는데요?"

"'전부 탄로 났으니 튀어라!' 하고 썼지. 결과가 궁금하지 않소?"

다음날 코난 도일은 전보를 띄운 친구의 집을 차례로 찾아갔다. 그런데 그들 중 누구 하나 집에 있는 사람이 없었다.

털어서 먼지 하나 안 나오는 사람이 어디 있으랴. 바로 이것이 우리 현실이다.

용서받고 싶은 욕망 용서받고 싶은 마음은 누구나 가지고 있다.
헤밍웨이의 작품 중에는 『세계의 수도』라는 단편소설이 있다. 어느 스페인 아버지가 집을 나가 마드리드로 떠난 아들 '파코'를 용서하고 찾아 나섰다. 아버지는 뒤늦게 후회하며 마드리드의 한 신문에 광고를 낸다.

"파코, 화요일 낮 12시에 몬타나 호텔 앞에서 만나자. 모든 것을 용서하마. 사랑한다."

파코는 스페인에서 매우 흔한 이름이다. 아버지가 약속 장소에 나갔을 때 그곳에는 무려 800여 명의 '파코'가 나와 기다리고 있었다.

얼마나 많은 사람들이 용서를 원하고 용서를 기다리고 있는가.

실제로 충분히 가능한 이야기다. 누구든 마음속에는 용서받고 싶어 하는 열망이 있다. 문제는 기회가 흔하지 않다는 것이다.

기쁜 소식이다! 예수님이 복음을 선포하시며 제일 먼저 요구한 것은 바로 다음의 말씀이다.

"때가 차서 하느님의 나라가 가까이 왔다. 회개하고 복음을 믿어라"(마르 1,15).

여기서 복음 곧 '기쁜 소식'(Good News)은 무엇인가? 바로 죄의 용서다. 용서하고 용서받는 것이다.

원래 기쁜 소식이 성립하려면 슬픈 현실이 있어야 한다. 바꿔 말해서 기쁜 소식을 제대로 알아들으려면 사실 슬픈 현실을 확인해야 한다. 이 슬픈 현실은 지금 우리가 처한 사회에 그대로 남아 있다. 이를 먼저 잘 알아들어야 기쁜 소식을 제대로 알 수 있다.

우선, 슬픈 현실이란 예수님 이전의 사람들이 처했던 한계상황을 가리킨다.

구약 시대에는 자신의 죄를 처리할 방법이 없었다. 이들의 가장 기본이 되는 구원의 도리는 상선벌악(賞善罰惡)이었다. 이는 '착하게 살면 천국에 가고 악하게 살면 지옥에 간다'는 믿음이다. 이 사상은 동양의 종교(유교, 도교, 불교 등)가 그렇고 유다교, 이슬람교도 다 해당된다.

불교에서 사용하는 '업보'와 '윤회'라는 말만 봐도 그렇다. 부처님도 지은 죄에 대해서는 어떻게 해 줄 수가 없는 것이다. 이것이 바로 한계고 슬픈 현실이다.

이러한 때에 예수님이 나타나 복음 곧 '기쁜 소식'(Good News)을 선포하신 것이다. 이 기쁜 소식은 슬픈 현실을 이기는 소식이었다. 바로 우리가 회개하고 복음을 믿음으로써 지은 죄를 거저 용서받는 길이었기 때문이다.

다음으로, 예수님을 부정하는 사람들이 처한 슬픈 현실이 있다.

예수님이 기쁜 소식을 선포하셨을 때 모든 사람이 받아들인 것은 아니었다. 율법학자와 바리사이들로 대변되는 지도자와 기득권자들은 예수님의 이 선언을 듣고 '말도 안 되는 얘기'라며 반박했다. "어떻게 한낱 인간이 죄를 용서할 수 있다는 말인가? 예수라는 인물이 하느님을 월권하고 있다. 그가 무슨 자격으로 이러한 이야기를 하는가?"

당시 세리, 죄인, 창녀는 공동체에 어울릴 수 없는 사람들이었다. 그들은 이미 심판받아 단죄받은 자, 자격을 박탈당한 자들이었다. 한마디로 이미 끝난 사람들인 것이다. 그런데 예수님은 이들에게 "기회가 있다", "용서받을 수 있다", "하늘 나라의 시민으로 자격이 있다"라고 말씀하셨던 것이다. 그러니 기득권 세력들이 가만있을 수 있겠는가?

처음에는 세리, 죄인, 창녀들조차 예수님을 믿지 않았다. 역사 이래 들어본 적이 없는 획기적인 선언이었기 때문이다. 그랬던 그들이 결국 무엇을 보고 믿었을까? 필자는 '예수님의 눈'을 통해서였다고 생각한다. 의심이 들었을 때 문득 예수님의 눈을 보았더니 거기에 사랑의 용광로가 들끓고 있던 것이다. '정말 저분이 우리를 용서하시는가 보다……' 예수님께서 주변을 한번 둘러보실 때마다 다들 이 마음으로 녹아났던 것이다.

필자도 가장 보고 싶은 것이 예수님의 눈이다. 그 눈 속에 깃든 연민과 자비를 바라볼 수 있다면! 하느님의 사랑은 이렇듯 이론적으로 만나는 게 아니라 느낄 수 있는 것이다. 눈빛만 마주쳐도 얘기는 끝나는 것이다.

용서의 완성   예수님께서는 우리가 용서받을 수 있는 근거를 마련하셨다. 예수님은 모든 것을 용서로 푸셨다.

가장 은혜로운 것은 예수님 자신이 지니고 있던 용서하는 권한을 제자들에게 물려주셨다는 사실이다.

"너희가 무엇이든지 땅에서 매면 하늘에서도 매일 것이고, 너희가 무엇이든지 땅에서 풀면 하늘에서도 풀릴 것이다"(마태 18,18).

그렇다면 예수님은 용서의 완성을 어떻게 이루셨는가?

바로 십자가 제사를 통해서였다. 예수님은 자기를 못 박는 이들을 향해 "아버지, 저들을 용서해 주십시오. 저들은 자기들이 무슨 일을 하는지 모릅니다"(루카 23,34)라고 말씀하심으로써 그들을 용서하신다. 이후 십자가상에서 함께 매달린 오른쪽 강도를 용서하심으로써 용서를 완성하신다. 이 용서야말로 단연 복음의 꽃이다.

처음 오른쪽 강도 역시 예수님을 정치범으로 알았다. 그런데 곁에서 바라본 그분은 달랐다. 예수님의 기도가 강도의 마음에 팍 꽂힌 것이다. '나는 지금 괴롭고 고통스럽고 원한과 저주의 마음만이 가득한데 이분은 지금 뭐라고 기도했는가? 아버지, 저들을 용서해 주십시오……?'

강도는 깨달았다. '이는 인간의 말이 아니다. 이분은 결국 우리의 모든 죄를 사하시기 위해서 오신 메시아구나!' 비로소 강도의 눈이 열린 것이었다. 곧바로 강도는 이렇게 기도한다.

"예수님, 선생님의 나라에 들어가실 때 저를 기억해 주십시오"(루카 23,42).

이는 "당신은 메시아입니다"라는 고백이나 마찬가지였다. 이에 예수님은 그 유명한 말씀으로 가장 완벽한 용서를 이루신다.

"내가 진실로 너에게 말한다. 너는 오늘 나와 함께 낙원에 있을 것이다"(루카 23,43).

그런 뒤 모든 일이 다 이루어졌음을 아신 예수님께서는 마지막 말씀을 하시고 숨을 거두신다.

"다 이루어졌다"(요한 19,30).

예수님께서 다 이루셨다. 이로써 불교에서 말하는 '업보'의 숙명도 유다교에서 말하는 '상선벌악'의 굴레도 예수님의 십자가로 말끔히 청산되었다.

구제불능의 강도가 죽기 30초 전 예수님께 드린 말 한마디로 인하여 천국에 입성한 것이다. 예수님의 말씀은 빈말이 아니었다. 강도의 용서는 결국 구원의 완성이었다.

"네가 여태껏 지었던 모든 죄도 내가 지금 짊어지고 피 흘리고 완성한 십자가 제사의 공로로 모두 용서할 수 있다. 너의 어떠한 죄도 용서받을 수 있다."[1]

강도가 용서받았다면 이 세상에 용서받지 못할 죄는 없다. 예수님으로 인해 우리 인간들의 구원의 희망이 활짝 열린 것이다. 우리는 이 사실을 믿고 감사할 줄 알아야 한다.

사실 우리는 이렇게 해서 아무 조건 없이 '먼저' 용서받았다. 이 무조건적인 용서를 우리는 이미 세례를 통해서 받아 놓은 상태에 있는 것이다.

다시 받는 용서

그게 사소한 일이냐구! 옛날 헝가리의 어느 왕이 깊은 근심에 잠겨 있었다. 왕의 아우가 왕에게 이유를 물었다.

"아우여, 나는 하느님 앞에 큰 죄인이라네. 그러니 심판의 날 하느님 앞에 설 것을 생각하면 벌써부터 두려워 견딜 수가 없다네."

이 말을 들은 아우가 별거 아니라는 듯이 말했다.

"그런 사소한 일에 마음 쓰지 마십시오. 쓸데없는 생각일 뿐입니다."

왕은 아우의 말에 아무 대답도 하지 않았다.

며칠 뒤 모두가 잠든 밤, 왕의 아우가 사는 집 앞에 사형집행관이 나타나 나팔을 불었다. 잠자던 아우는 놀라 벌떡 일어나서 한걸음에 궁으로 달려가 왕을 알현했다.

"왕이시여, 제가 어떤 죄를 지었나이까?"

"아우여, 내가 보낸 사형집행관의 나팔 소리가 그토록 두려웠는가? 자네는 죄를 범한 적이 없다네. 그런데 큰 죄인인 내가 하느님의 심판대 앞에 서기를 두려워하는 것에 대해서는 어떻게 생각하나?"

비로소 아우는 왕의 마음을 이해했다.

필자가 강의 때 이 이야기를 했더니 누군가 공감하며 말했다.

"맞아요, 신부님. 사실 저도 하느님 앞에 설 것이 두려워요. 특히 천둥칠 때, '내가 벼락이라도 맞으면 어쩌지?' 하는 생각도 든다니까요."

그 말을 듣고 필자에게 문득 떠오른 사건이 있었다.

어느 날 연구원들과 밖에서 저녁을 먹고 연구소로 돌아오던 길이었다. 갑자기 어마어마한 비가 쏟아지더니 천둥번개가 꽝꽝 치는 것이었다. 운전 중이던 필자는 갑자기 두려운 마음이 들어 말했다.

"얘들아, 기도해라."

사실 농담이었다. 그런데 뒷자리에 앉았던 연구원이 냉큼 대답하는 것이었다.

"신부님, 그러지 않아도 지금 기도하는 중이었어요. 꺄악! 무서워요."

그렇지만 주님은 자비로우신 분이다.

다 잊었어!　　세례를 통해 이미 용서를 받았지만, 그 이후의 잘못은 그때그때 통회를 통해 새롭게 사함받을 필요가 있다.

진홍같이 붉은 죄를 눈과 같이 희게 해 주는 것이 바로 고해성사다. 그와 얽힌 이야기다.

'필리핀혁명의 정신적 지도자'로 불리었던 하이메 신 추기경은 하느님의 계시를 받았다며 자신을 찾아오던 한 여인의 이야기를 즐겨 했다고 한다.

신 추기경은 자신을 끈질기게 쫓아다니던 여인에게 마침내 다음과 같은 엄포를 놓았다.

"가톨릭교회에는 환시나 메시지가 정말 하느님에게서 온 것인지 확인하는 엄격한 규정이 있소. 당신이 진짜인지 확인해 봐야겠소. 다음에 올 때는 내가 가장 최근에 고해한 죄가 무엇인지 하느님께 물어보시오. 답이 맞으면 당신을 인정하겠소."

한 주 뒤, 여지없이 여인이 나타났다. 추기경이 물었다.

"하느님께 내가 고해한 내용을 여쭤보았소?"

"그랬지요."

"그래, 뭐라 하셨소?"

"기억이 안 난다고 하시던데요?"[2]

정답이다. 이런 분이 하느님이다.

죄를 뒤집어써도　　정말로 고해는 비밀이 보장될까? 가끔 고해소를 나오는 신자들이 찜찜해 할 때가 있다 한다. "정말 비밀이 유지되나요?" 당연히 100퍼센트 유지된다.

실제 있었던 일이다. 1910년 포르투갈의 어느 작은 마을, 리베이라 신부가 자정이 되어 잠자리에 들려던 참이었다. 갑자기 어느 사내가 찾아와 고해성사를 하고 싶다고 했다. 늦은 시간이었지만 신부는 흔쾌히 허락했다.

"저는 강도와 살인을 저질렀습니다. 지금 경찰이 날 쫓고 있지요."

"죄를 뉘우치고 있습니까?"

"전혀요. 중요한 건 당신이 내 고해의 비밀을 지켜야 하기 때문에 경찰에 신고할 수 없다는 것입니다. 내 권총과 훔친 지갑을 여기 두고 가지요. 나중에 찾아갈 테니 그동안 잘 있으시오!"

이 말을 남기고 사내는 황망히 떠났다. 잠시 후 무장경찰들이 들이닥쳤다.

"한 시간 전에 이 근방에서 살인사건이 일어났습니다. 경찰견이 냄새를 맡고 이곳으로 안내하더군요. 신부님, 뭐 하실 말씀 없으십니까?"

"나는 아무것도 모릅니다."

경찰들은 야멸친 웃음을 띠며 집을 수색하기 시작했다. 곧 그들은 범인이 두고 간 권총과 돈을 찾아냈다.

"당신을 연행하겠소."

결국 리베이라 신부는 강도살인죄의 누명을 쓰고 중노동에 무기징역을 선고받았다.

세월은 흘러 6년이 지났다. 제1차 세계대전 중 중상을 입은 병사 하나가 군 병원으로 후송되었다. 병세가 심각했던 그는 죽기 전 고해성사를 하고 싶다며 사제를 청했다. 그런 뒤 병사는 세 명의 장교를 증인으로 세워놓고 리베이라 신부가 자기 대신 누명을 썼음을 밝혔다. 리베이라 신부는 6년의 중노동과 감옥생활 끝에 석방되었다.[3]

느낌이 오는가? 이것이 바로 고해의 비밀이다.

통회기도

> **통회기도 에센스**   지금까지 '저희 죄를 용서하시고' 속에 숨겨진 보물들을 탐사하였다. 먼저, 우리가 이미 하느님의 사랑으로 용서받은 사람들임을 확인하였다. 다음으로, 현세에도 그 특은은 고해의 은총으로 이어져 옴을 보았다. 이는 하느님 자비의 발로로서 그리스도인들만이 누릴 수 있는 권리인 것이다.
>
> 이에 진정으로 하느님의 용서를 청하며 다시 그분과의 일치를 이루기 위해 드리는 기도가 통회기도다. 통회기도를 통해 우리의 모든 허물과 죄를 용서받고 우리는 온전히 '새로운 피조물'(2코린 5,17)이 되어 새출발하게 된다.

키르케고르의 명묵상   키르케고르가 쓴 글 중에는 필자가 무척 좋아하는 글귀가 있다. 독자들도 한번 음미해 보길 바란다. 이것이 바로 기쁜 소식의 진수다.

"죄인에 대한 문제라면 하느님은 그냥 팔을 벌리고 서서 '이리 오라'고 단지 말씀만 하시지 않는다. 줄곧 서서 기다리신다. 탕자의 아버지가 그랬던 것처럼.

아니다. 그분은 서서 기다리시지 않는다. 찾아 나서신다. 마치 목자가 잃은 양을, 여인이 잃어버린 동전을 찾아 나선 것처럼 그분은 찾아 가신다.

아니다. 그분은 이미 가셨다. 그 어떤 목자나 여인보다 무한히 먼 길을, 진정 그분은 하느님 신분에서 인간 신분이 되기까지 무한히 먼 길을 내려오셨다. 그렇게 죄인들을 찾아오신 것이다."

얼마나 은혜로운 처사인가. 이것이 주님께서 우리를 통회에로 초대하시는 이유다.

자복하면 프로이센의 프리드리히 대왕이 어느 날 죄수들을 격려하기 위해 한 감옥을 방문했다. 그를 본 죄수들은 모두 왕에게 억울함을 호소했다.

"폐하, 억울합니다! 저는 아무 죄가 없습니다."
"폐하, 저야말로 억울합니다. 저는 누명을 썼습니다!"

온통 소란으로 난잡한 가운데 유난히 아무 말 없이 구석에 앉아 있는 사내가 있었다. 왕이 가까이 다가가서 보니 그는 고개를 푹 숙인 채 눈물을 흘리고 있었다.

"너는 무슨 죄를 지어 이곳에 왔느냐?"
"폐하, 저는 너무 배가 고파서 그만 다른 사람을 위협해 돈을 빼앗았습니다."
"이런, 큰 잘못을 저질렀구나!"
"그렇습니다, 폐하. 저는 벌을 받아 마땅합니다."

사내의 말을 들은 왕이 간수들을 불러 소리쳤다.

"여봐라! 당장 이 고약한 죄인을 석방하라! 이 죄인이 다른 죄 없는 사람들과 함께 있으면 혹여 나쁜 물을 들일까 염려됨이로다."

왕 앞에 정직했던 이 사내는 결국 석방되어 새 삶을 찾을 수 있었다.[4]

자기 죄를 인정하면 궁극적으로 자비를 입는다. 그러니 그저 엎드려 자복할 일이다.

통회기도 바치기 _다윗의 기도   통회기도의 전형은 다윗이 지은 시편 51편이다. 이는 다윗이 밧 세바와 정을 통한 뒤 그의 남편 우리야 장군마저 전쟁터에서 전사시킨 다음, 나탄 예언자를 통해 전해진 하느님 말씀을 듣고 죄를 자복하면서 바친 통회기도다.[5] 이 장을 닫으면서 마음을 실어 자신의 기도로 바쳐보자. (이 기도는 눈으로 읽지 마시고 꼭 소리를 내어 바쳐야 은혜가 됩니다!!!)

───── ※ ─────

하느님, 당신 자애에 따라 저를 불쌍히 여기소서.
당신의 크신 자비에 따라 저의 죄악을 지워 주소서.
저의 죄에서 저를 말끔히 씻으시고
저의 잘못에서 저를 깨끗이 하소서.
저의 죄악을 제가 알고 있으며
저의 잘못이 늘 제 앞에 있습니다.
당신께, 오로지 당신께 잘못을 저지르고
당신 눈에 악한 짓을 제가 하였기에
판결을 내리시더라도 당신께서는 의로우시고
심판을 내리시더라도 당신께서는 결백하시리이다.
정녕 저는 죄 중에 태어났고
허물 중에 제 어머니가 저를 배었습니다.
그러나 당신께서는 가슴속의 진실을 기뻐하시고

남모르게 지혜를 제게 가르치십니다.
우슬초로 제 죄를 없애 주소서. 제가 깨끗해지리이다.
저를 씻어 주소서. 눈보다 더 희어지리이다.
기쁨과 즐거움을 제가 맛보게 해 주소서.
당신께서 부수셨던 뼈들이 기뻐 뛰리이다.
저의 허물에서 당신 얼굴을 가리시고 저의 모든 죄를 지워
주소서.
하느님, 깨끗한 마음을 제게 만들어 주시고
굳건한 영을 제 안에 새롭게 하소서.
당신 면전에서 저를 내치지 마시고
당신의 거룩한 영을 제게서 거두지 마소서.
당신 구원의 기쁨을 제게 돌려주시고
순종의 영으로 저를 받쳐 주소서.
제가 악인들에게 당신의 길을 가르쳐
죄인들이 당신께 돌아오리이다.
죽음의 형벌에서 저를 구하소서, 하느님, 제 구원의 하느님.
제 혀가 당신의 의로움에 환호하오리다.

(시편 51,3-16)

"우슬초로 제 죄를 없애 주소서. 제가 깨끗해지리이다. 저를 씻어 주소서. 눈보다 더 희어지리이다"(시편 51,9).

저희를 유혹에
빠지지 않게 하시고
악에서 구하소서

19 '저희를 유혹에 빠지지 않게 하시고'_결심기도
20 '악에서 구하소서'(1)_수호기도
21 '악에서 구하소서'(2)_헌신기도

19 '저희를 유혹에 빠지지 않게 하시고'_결심기도

원문에 숨겨진 보물   그리스어 원문에서 '저희를 유혹에 빠지지 않게 하시고'(개신교: '우리를 시험에 들게 하지 마시옵고')에 해당하는 부분은 '카이 메 에이세넥게스 헤마스 에이스 페이라스몬'(kai me eisenegkes hemas eis peirasmon)이다.

여기서 우리는 '유혹'(개신교: '시험')이라고 번역된 '페이라스몬'(peirasmon)을 잘 이해해야 한다. 이 청원의 본문은 "우리를 페이라스몬으로 끌어들이지 마소서"라고 되어 있다. 여기에 사용된 '끌어들인다'는 말은 "우리가 그 속으로 빠져 들도록 허용하지 말라"는 뜻이다.

이는 어려운 문장이다. 자칫 잘못 해석하면 '주님이 우리를 유혹으로 끌어들이는 분이신가?'라는 오해를 하게끔 만들기 때문이다.

많은 신학자들이 연구한 결과, 이는 '방임형'이라는 결론을 내렸다. 영어로 치면 'let 동사'쯤 되겠다. 즉 우리를 유혹에 빠지지 않게 지켜 달라는 뜻인 것이다. 결국 이 청원은 '저희를 페이라스몬에 빠지지 않게 하시고'라고 알아

두면 된다.

그런데 여기서는 사탄의 유혹이 전제된다. 즉 큰 틀로 보면 '저희를 유혹에 빠지지 않게 하시고'라는 청원과 뒤의 '악에서 구하소서'는 상관관계가 있다. 우선 유혹이 있으면 유혹의 1m 근방에도 가지 않게 해 달라는 것이다. 그런데 어느 순간 유혹에 빠지면 그때 우리는 '악에서 구하소서' 하고 기도하는 것이다. 이렇게 앞뒤가 짝이 된다는 것까지 확인하고 이 장을 함께 보자.

이 구절을 깊이 묵상하여 찾은 통하는 기도는 '결심기도'다. 우리가 유혹에 빠지지 않으려면 결심(결단)을 해야 한다.

유혹의 전형

유혹의 향수 미국 초대 남극 개척대장을 지낸 리처드 E. 버드 제독이 탐험대를 이끌고 남극에 도착한 지 6개월째 되던 때였다. 대원들은 지독한 추위와 얼음뿐인 세상에 지쳐 있었다.
어느 날 버드 제독이 대원 중 한 명인 잭에게 물었다.
"자네는 바깥 문명 생활에서 무엇이 가장 그리운가?"
잭이 고민할 것도 없다는 듯 말했다.
"유혹입니다."[1]

공감 가는 말이다. 제대를 코앞에 둔 군인에게 '사회에 나가면 제일 먼저 무엇을 하고 싶으냐'라는 질문에 대답이 대부분 유혹을 불러일으키는 것들 아니겠는가. 이것이 우리들의 현실이다.

껄껄껄!!!   성 요한 크리소스토모는 인간이 죽을 때 '껄껄껄' 하고 죽는다고 말했다. 어떻게 사람이 웃으면서 죽을 수 있단 말인가? 내막을 보면 이렇다.

"아유, 잘 살 걸."
"아유, 신앙생활을 잘할 걸."
"아유, 하느님 잘 믿을 걸."
"이럴 줄 알았으면 십일조 잘 낼 걸."
"진즉에 좋은 일에 많이 쓸 걸."
이와 같은 '껄껄껄'인 것이다.

유혹하는 자의 공략 포인트   지피지기면 백전백승이라고 했다. 우리가 유혹의 전형을 확실히 알아두면 언제고 물리칠 수 있다.

성경에서 대표적인 유혹의 전형은 '아담과 하와를 유혹한 뱀 사건' 과 '예수님이 광야에서 받으신 악마의 유혹'이 있다. 이들의 공통점을 차례로 살펴보자.

먼저 창세기 3장으로 간다.
태초에 뱀이 하와를 꾈 때 다음과 같이 물었다.
"하느님께서 '너희는 동산의 어떤 나무에서든지 열매를 따 먹어서는 안 된다.'고 말씀하셨다는데 정말이냐?"(창세 3,1)
이는 여자의 심기를 건드린 유혹이었다. 뱀의 말이 사실이 아니었기 때문이다.
"우리는 동산에 있는 나무 열매를 먹어도 된다. 그러나 동산 한가운데에 있는 나무 열매만은, '너희가 죽지 않으려거든 먹지도 만지지도 마라.' 하고 하느님께서 말씀하셨다"(창세 3,2-3).

하와가 '만지지도 마라'라는 말까지 첨가해 오버해서 응수하자 뱀은 회심의 미소를 짓는다. "옳거니, 됐다. 걸렸다!" 뱀이 다시 약점을 파고든다.

"너희는 결코 죽지 않는다. 너희가 그것을 먹는 날, 너희 눈이 열려 하느님처럼 되어서 선과 악을 알게 될 줄을 하느님께서 아시고 그렇게 말씀하신 것이다"(창세 3,4-5).

이에 하와가 그 나무 열매를 쳐다보니 과연 "먹음직"하고 "소담스러웠을" 뿐만 아니라 "슬기롭게 해 줄 것처럼" 보였다. 결국 하와는 열매를 따 먹고 자기 남편에게도 주었다(창세 3,6 참조).

여기서부터 세 가지 유혹의 전형이 나오게 된다. 요한 1서는 이것을 다음과 같이 해석한다.

"세상에 있는 모든 것, 곧 육의 욕망과 눈의 욕망과 살림살이에 대한 자만은 아버지에게서 온 것이 아니라 세상에서 온 것입니다"(1요한 2,16).

우선, '먹음직한' 것에 대한 탐닉은 '육의 욕망'이 된다. 이는 인간 존재의 안정을 이뤄주는 모든 물질에 대한 욕구와 잇닿아 있다. 이를 우리는 '물질욕'이라 부른다.

다음으로, '소담스러움'에 대한 집착은 '눈의 욕망'이 된다. 이 욕망은 내용적으로 권력에 대한 욕망과 잇닿아 있다. 독재자들이 좋아하는 것이 자신의 눈앞에 펼쳐지는 왕궁 아니면 퍼레이드 아닌가. 이를 우리는 '권력욕'이라 부른다.

마지막으로, '슬기롭게 해 줄 것 같은' 것에 대한 탐닉은 살림살이에 대한 '자만'의 욕망이 된다. 자만, 자랑, 이런 것들을 총칭하여 우리는 '명예욕'이라 부른다.

요컨대, 태초 이래 인간을 노리는 유혹은 물질욕, 권력욕, 명예욕으로 집약된다.[2]

끝나지 않은 유혹 흥미롭게도 악마가 광야에서 예수님을 유혹할 때도(마태 4,1-11; 루카 4,1-13 참조) 똑같이 이 세 가지 기본 욕구를 집중 공격한다.

첫 번째로 유혹자 곧 악마는 "당신이 하느님의 아들이라면 이 돌들에게 빵이 되라고 해 보시오"(마태 4,3) 함으로써 먹고서 생존하기를 원하는 '물질욕'을 건드린다. 40일이나 굶어서 바닥에 이른 기본 욕구를 공략한 것이다. 예수님은 이를 "사람이 빵만으로 살지 않고, 주님의 입에서 나오는 모든 말씀으로 산다"(신명 8,3)는 성경말씀을 인용하여 단호히 물리치신다(마태 4,4 참조).

두 번째로 악마는 예수님을 성전 꼭대기로 데려가 "당신이 하느님의 아들이라면 밑으로 몸을 던져 보시오"(마태 4,6) 하며 '명예욕'을 건드린다. 기적을 통해 자신을 과시하고 싶은 욕구를 부추기고자 했던 것이다. 예수님은 역시 "그분을 시험해서는 안 된다"(신명 6,16)는 성경말씀으로 일축해 버린다(마태 4,7 참조).

세 번째로 악마는 천하를 보여 주면서 "당신이 땅에 엎드려 나에게 경배하면 저 모든 것을 당신에게 주겠소"(마태 4,9) 하며 '권력욕'을 향하여 유혹의 미끼를 던진다. 이에 예수님은 "사탄아, 물러가라. 성경에 기록되어 있다. '주 너의 하느님께 경배하고 그분만을 섬겨라'"(마태 4,10)라고 말씀하시면서 악마를 쫓아내신다.

이게 끝이 아니었다.
"악마는 모든 유혹을 끝내고 다음 기회를 노리며 그분에게서 물러갔다"(루카 4,13).
이 말씀에서 보듯 악마는 다음 기회로 예수님의 제자들을 공략한 것이다. 요한 1서의 순서에 따라 사건을 보자면 다음과 같다.
우선, 유다를 찾아가 예수님이 돈 문제에 소홀하다는 불만을 불러일으킴으로 '물질욕'에 빠트린다. 유다는 예수님의 구원활동을 '돈'의 관점에서만 바라보았다. 막판에는 '영적인 것'에 더욱 주안점을 두시는 예수님을 이해하지 못하고 은전 서른 닢에 팔아 넘겼다. 사탄은 유다를 물질적 관점과 탐욕으로 꽁꽁 묶어 눈이 멀게 했던 것이다.

다음으로, 주님의 수난 예고 때 베드로에게 예수님이 고난의 길을 가서는 안 된다는 생각을 불어넣어 줌으로써 '권력'의 논리에 빠트린다(마르 8장 참조). 이것을 알아차린 예수님은 "사탄아, 내게서 물러가라"(마르 8,33)라고 말씀하신다.
베드로는 분명 예수님을 위해 말했던 것도 사실이지만 흑심 또한 있었던 것이다. 왕이신 예수님에 이어 2인자였으므로 그 자리가 날아갈까 아까웠던 것이다. 예수님은 그 논리 뒤에 숨어 있는 '사탄'을 보셨던 것이다.

마지막으로, 사탄은 십자가상 예수님과 함께 매달렸던 왼쪽 강도의 목소리를 이용한다. "이자가 다른 이들을 구원하였으니, 정말 하느님의 메시아, 선택된 이라면 자신도 구원해 보라지"(루카 23,35). 하느님의 아들이라는 '명예욕'에 빠트리려는 것이다. 그러나 예수님은 한 치 주저함도 없이 모든 유혹을 물리치신다.³

이것이 구약에서 예수님 시대에 이르기까지의 유혹의 역사다. 독자들이 이를 잘 이해하면 우리 앞에 다가오는 모든 유혹을 물리치고 식별할 수 있게 된다. 우리는 승리할 수 있다.

장담하던 워털루 전투   나폴레옹의 마지막 전투로 기억되는 워털루 전투에 관해 위대한 작가이자 시인인 빅토르 위고는 다음과 같은 기록을 남겼다.

"그 격전이 있던 날 아침, 작달막한 키의 전제 군주 나폴레옹은 전투가 벌어질 벌판을 바라보며 그의 사령관에게 그날의 작전을 설명하고 있었다.

'우리는 이곳에 보병을 배치하고 저쪽에는 기병, 이쪽에는 포병을 배치할 것이오. 날이 저물 때쯤에는 이미 영국은 프랑스에게 굴복해 그들의 장군 웰링턴은 프랑스의 포로가 돼 있을 것이오!'

나폴레옹의 말을 듣고 있던 프랑스의 사령관 네이 장군이 말했다.

'각하, 계획은 사람이 세우는 것이지만 성패는 하늘에 달려 있단 걸 잊으시면 안 됩니다.'

그러자 나폴레옹이 가슴을 쭉 펴며 자신만만하게 말했다.

'장군은 나 나폴레옹이 친히 전투 계획을 세웠다는 것과 내가 성패

를 장담한다는 사실을 명심하길 바라오.'

그 순간부터 워털루 전투는 이미 패배한 것이나 다름없었다. 하느님께서 비와 우박을 퍼붓자 나폴레옹은 계획한 작전을 하나도 실행할 수가 없었다. 결국 전투가 벌어진 그날 밤, 나폴레옹의 군대는 영국군에 굴복했고 그는 영국의 장군 웰링턴의 포로가 되고 말았다."

나폴레옹의 패배는 그의 영적 교만에서 비롯된 것이었다. 곧 앞에 언급된 유혹의 전형 가운데 '권력욕'에 걸려 넘어졌던 것이다.

유혹의 함정 유혹에 빠지는 과정을 재치 있게 드러낸 글이 있다. 다이어트 중인 한 여인이 사탕의 유혹에 어떻게 넘어가는지 묘사한 10단계를 함께 보자.

1단계: 나는 운전은 하지만 식품점 근처에는 가지 않겠다.
2단계: 나는 식품점 근처에는 가겠지만, 식품점에 들어가지는 않겠다.
3단계: 나는 식품점에 들어가기는 하겠지만, 사탕이 놓여 있는 쪽으로 가지 않겠다.
4단계: 나는 사탕을 보기는 보겠지만, 그것을 잡지는 않겠다.
5단계: 나는 그것을 집기는 하겠지만, 사지는 않겠다.
6단계: 나는 그것을 사기는 하겠지만, 열지는 않겠다.
7단계: 나는 그것을 열기는 하겠지만, 냄새를 맡지는 않겠다.
8단계: 나는 냄새를 맡겠지만, 그것을 맛보지는 않겠다.
9단계: 나는 그것을 맛은 보겠지만, 많이 먹지는 않겠다.
10단계: 나는 이번에는 맘껏 먹지만, 다음에는 절대 먹지 않겠다.[4]

기가 막힌 관찰이다. 술 마시는 사람들이 꼭 하는 얘기가 무엇인가. "오늘만 실컷 마시고 다음부터 안 마실 거야." 찔리는 독자들이 많으리라. 다들 한두 번 경험이 있는 것이다.

오늘 우리가 빠지는 유혹

야금야금 　　유혹이라는 것은 야금야금 오는 법이다.

영국의 어느 주교가 시골 장터를 지날 때였다. 한 무리의 돼지 떼가 어떤 사람을 졸졸 따라가고 있었다. 호기심이 생긴 주교가 그 뒤를 따라가 보니 놀랍게도 도착한 곳은 도살장이었다. 그런데도 돼지들은 순순히 그 안으로 들어가는 것이었다. 주교가 신기해 하며 물었다.

"형제여, 돼지들에게 도대체 어떻게 한 거요?"

"주교님, 비결은 이 완두콩입니다. 전 그저 몇 알씩 흘려주기만 하면 되지요."

이 말을 들은 주교는 무릎을 탁 쳤다. 다음날 미사 강론 때, 주교는 어제의 깨달음을 이렇게 설명했다.

"바로 그것이 마귀가 우리를 유혹하는 방법입니다. 마귀는 우리 앞에 달콤한 쾌락과 욕망의 콩을 흘립니다. 우리가 그 콩들을 주워 먹으며 계속 따라 들어간다면 종착지는 도살장이 될 것입니다. 안타깝지만 실제로 많은 형제자매들이 이 유혹의 콩알들을 받아먹으며 마귀를 쫓아가고 있습니다."[5]

사실이다. 유혹이 별거 아닌 것 같지만 우리를 죽음에로 인도하는 것이다.

어딜 그리 바쁘게   현대인들이 겪고 있는 대표적인 유혹 가운데 지적할 점 중의 하나가 '바쁘다'는 유혹이다. 이 점에 있어서는 필자도 반성한다.

레비라는 랍비가 하루는 길을 걷고 있는데 어떤 사내가 바쁘게 달려가고 있었다.
"이보시오, 어딜 그렇게 바쁘게 가시오?"
달리던 사내가 뒤도 안 돌아보며 답했다.
"행운 잡으러 갑니다!"
이 말을 들은 랍비가 말했다.
"어리석은 자로구만. 자네의 행운이 자네를 붙잡으려 뒤쫓고 있다구! 헌데 자네가 너무 빨리 가고 있어."

한자 '바쁠 망'(忙)은 두 글자의 조합으로 이루어져 있다. 바로 '마음'(心)과 '죽음'(亡)이다. 곧 이 속뜻은 '마음을 죽인다'는 말이다.
우리가 너무 바쁘면 마음이 죽는다. 마음이 죽으면 어떻게 되는가? 영성이 죽는다.
궁극적으로 그리스도인들에게는 쉼(休)이 필요하다. 곧 주일을 지켜야 한다. 그런데 현대인들의 주일의 유혹은 일상이 되어버렸다.

주말의 유혹   구약성경을 보면 아주 재미있는 대목이 있다. 이스라엘 민족이 바빌론으로 유배 보내졌을 때 이들이 제일 먼저 반성하고 나온 신학이 바로 이것이었다.

"네가 삼가 안식일을 짓밟지 않고 나의 거룩한 날에 네 일을 벌이지 않는다면 네가 안식일을 '기쁨'이라 부르고 주님의 거룩한 날을 '존귀한 날'이라 부른다면 네가 길을 떠나는 것과 네 일만 찾는 것을 삼가며 말하는 것을 삼가고 안식일을 존중한다면 너는 주님 안에서 기쁨을 얻고 나는 네가 세상 높은 곳 위를 달리게 하며 네 조상 야곱의 상속 재산으로 먹게 해 주리라"(이사 58,13-14).

이것이 얼마나 큰 죄였기에 문제가 되었는가? 이는 곧 우리가 안식일에 예루살렘 성전에 가서 야훼를 섬긴 것이 아니라 야외로 놀러가고 우상한테 빠지는 등 결국 죄를 지었다는 것이다. 한마디로 하느님을 공경하는 것을 제대로 못했다는 뜻이다.

우리도 상당수 이와 같다. 우리가 너무너무 바쁘다는 건 하느님을 공경하지 못했다는 것이다. 이에 하느님을 내 삶에서 다시 한번 회복하면 좋은 일이 일어난다.

결심기도

결심기도 에센스   지금까지 '저희를 유혹에 빠지지 않게 하시고' 속에 숨겨진 보물들을 탐사하였다. 먼저, 성경시대의 전형적인 사탄의 유혹을 복습하며 우리 식별의 눈을 키웠다. 다음으로, 현시대 다양한 모습으로 우리를 공격하는 유혹에 대한 식별과 성찰을 꾀해 봤다.

이러한 깨달음을 바탕으로 우리가 여러 유혹을 이겨내기를 다짐하며 보다 행복한 신앙생활을 지향하며 바치는 기도가 결심기도다. 결심기도는 "내가 살아 있는 한, 너희가 내 귀에 대고 한 말에 따라, 내가 반드시 너희에게 그대로 해 주겠다"(민수 14,28)라는 약속과 함께 하느님께서 그리스도인들에게 선물하신 '말'의 권세에 의지하여 바치는 기도다.

유혹을 이기는 법

훈련을 아주 잘 받은 개가 있었다. 어느 날 주인이 그 개를 종일 굶겼다가 고깃덩이를 하나 던져주었다. 개가 먹기 직전 주인은 못 먹도록 명령했다. 그러자 개는 고깃덩이가 아닌 주인의 얼굴만을 바라보았다.

개는 고기를 바라보면 본능에 이끌려 먹어 버릴 수도 있다는 것을 알고 의식적으로 주인만을 쳐다본 것이었다.

이처럼 삶에 찾아오는 다양한 형태의 유혹들을 만날 때 우리는 주님만을 바라보아야 한다. 바로 이것이 유혹을 이기는 가장 효과적이고 현명한 방법인 것이다.[6]

"너의 보물이 있는 곳에 너의 마음도 있다. (…) 아무도 두 주인을 섬길 수 없다"(마태 6,21-24).

악을 선으로 이기라

악을 물리치는 가장 효과적인 방법은 그것을 선으로 대항하는 것이다. 이 지혜를 우리는 『그리스 신화』에서 배운다.

세이레네스는 남자들을 유혹하는 여신이다. 영어 단어 '사이렌'(siren)이 바로 여기서 비롯됐는데 그녀의 유혹 방법이 감미로운 노랫소리였기 때문이다. 그녀는 아름다운 인간의 상반신을 지녔지만 하반신은 새였다. 세이레네스는 항상 바위틈에 숨어 지내다가 지나가는 배가 보이면 달콤한 노래로 유혹하여 파선하게 만들었다.

그런데 오직 한 사람, 음악가 오르페우스가 여신의 유혹을 물리쳐 그녀를 바위로 변하게 만들었다. 오르페우스가 여신의 유혹을 물리친 방법은 의외로 간단했다. 그는 세이레네스의 노래보다 더 큰 소리로 노래를 불러서 그 유혹을 극복했던 것이다.[7]

유혹의 소리 '악'은, 더 큰 소리 '선'으로 이기는 것이다.

"악에 굴복당하지 말고 선으로 악을 굴복시키십시오"(로마 12,21).

결심기도 바치기   사실 우리는 세례예식 때 어둠의 세력(마귀, 죽음)을 물리치는 결심기도를 바친다. 다음 기도문은 세례예식 중에서 마귀와 죄를 끊어 버리고 신앙고백을 하는 부분의 내용을 변형하여 결심기도문으로 재구성한 것이다. 이 장을 닫으면서 마음을 실어 자신의 기도로 바쳐보자. (이 기도는 눈으로 읽지 마시고 꼭 소리를 내어 바쳐야 은혜가 됩니다!!!)

저는 마귀와 그 모든 행실과 유혹을 끊어 버립니다.
저는 미신적인 모든 행위를 끊어 버립니다.
저는 미신적인 모든 허례허식을 끊어 버립니다.
저는 하느님의 자녀로서 자유를 누리기 위하여 죄를 끊어 버립니다.
저는 죄의 근원이요 지배자인 마귀를 끊어 버립니다.

저는 천지의 창조주 전능하신 천주 성부를 믿습니다.
저는 동정녀 마리아께 잉태되어 나시고, 고난을 받으시고

묻히셨으며,
죽은 이들 가운데서 부활하시고, 성부 오른편에 앉으신
외아들 우리 주 예수 그리스도를 믿습니다.
저는 성령과, 거룩하고 보편된 교회와, 모든 성인의 통공과,
죄의 용서와, 육신의 부활과, 영원한 삶을 믿습니다.
아멘!

"당신의 손길이 저와 함께 있어 제가 고통을 받지 않도록 재앙을 막아 주십시오"(1역대 4,10).

20 '악에서 구하소서' (1)
_수호기도

원문에 숨겨진 보물   그리스어 원문에서 '악에서 구하소서'(개신교: '다만 악에서 구하시옵소서')에 해당하는 부분은 '알라 흐뤼사이 헤마스 아포 투 포네루'(alla hrysai hemas apo tou ponerou)다. 우선 '다만'을 뜻하는 '알라'(alla)는 강한 뜻의 반의적 불변사로 우리말 번역에서는 잘 드러나지 않는다.

우리는 앞 문장에서 유혹에 빠지지 않도록 해 달라는 소극적 자세를 청했다. 그런데 여기 '구하소서'라는 뜻을 지닌 '흐뤼사이'(hrysai)라는 말에서 알 수 있듯이 이 청원은 악의 세력, 곧 사탄의 세력으로부터의 지속적인 구원을 강렬하게 원하는 적극적인 기도의 자세를 보여 주고 있다.

이 청원에서, 악은 추상적인 어떤 것이 아니라, 한 위격, 곧 사탄, 악마, 하느님께 대항하는 천사를 가리킨다. '악마'(dia-bolos)는 하느님의 계획과 그리스도를 통하여 이룩된 하느님의 '구원 사업'을 '가로막는' 자다.[1]

한편 원문에서 '악'이라는 의미의 '투 포네루'(tou ponerou)는 두 가지 의미로 번역이 가능하다. 이는 '포네루'(ponerou)라는 단어를 남성명사로 보느냐 중성명사로 보느냐의 차이다. 이를 중성명사 '포네론'(poneron)으로 본다면 이 구절의 번역은 '악에서 구하소서'가 된다. 하지만 남성명사 '포네로스'(poneros)로 본다면 '악한 자에게서 구하소서'가 되는 것이다. 그러나 어느 쪽으로 해석을 하든 이 청원은 유다적 모델에 따른 모든 '악한 것'으로부터의 구원을 요청하는 것이라 보는 게 무방할 것이다.

악한 존재를 염두에 두고 '악에서 구하소서'를 깊이 묵상하면서 기도를 드릴 때 가장 바람직한 기도가 '수호기도'다. 이는 나를 보호해 주시기를 청하는 기도인 것이다.

영적인 전쟁

정말로 악마가 있어? '악에서 구하소서'를 올바로 기도하기 위해서는 먼저 악의 실체를 파악하는 것이 중요하다.

'사탄'이니 '악령'이니 하는 말들은 사실 신부들 사이에서는 잘 쓰지 않는 용어다. 일례로 어떤 사람이 정신적으로 심각한 지경에 이르러 나에게 상담을 요청하며 찾아왔다고 치자. 과연 나는 어떻게 할 것인가? 실제 똑같은 질문을 목사들과 신부들에게 던져보았다. 그 결과 목사들은 거의 다 '안수기도를 해서 마귀를 쫓아낸다'라고 대답한 반면, 신부들은 대부분 '정신과 상담을 받게 한다'라고 응답했다고 한다.

물론 가톨릭에서도 마귀의 존재, 악마의 존재를 생각하긴 하지만 일반 신부들 가운데에는 '사탄', '악령'이라는 존재론적 지칭보다

'악'이라는 추상적 개념을 쓰는 것을 더 선호한다. 왠지 '사탄'이라고 하면 구닥다리 느낌이 드는 것이다. 그럼에도 필자는 이 장을 통해 '사탄'의 정의를 분명히 하고 그것을 물리칠 수 있는 방법까지 제시하고자 한다. 바로 이 순간도 사탄은 끊임없이 우리를 유혹할 기회를 엿보고 있기 때문이다.

요즈음 이상한 TV 채널들

과연 악은 추상적인 것에 지나지 않을까? 아니면 악마는 진짜로 존재하는가? 이를 본격적으로 알아보기 전에 한 가지 식별을 하고 가자.

요즘 TV 채널을 돌리다 보면 희한한 것들을 많이 보게 된다. 귀신 쫓아내는 현장에 간다든지 혹은 귀신 출몰지역에 가서 밤새 촬영을 해 온다든지 결국 내용 없는 화면을 보여 주며 호들갑을 떨고 있으니 말이다. 필자는 궁금하다. 도대체 저런 걸 왜 만드는가? 누가 보는가?

또 필자는 심심치 않게 여러 잡지물에서 '천도제'를 홍보하는 광고를 본다. 저들은 우리가 겪는 질병, 우환, 액운 등이 죽은 조상들의 영혼이 하늘에 이르지 못해서 오는 악영향 때문이라고 말하며 무지몽매한 사람들을 미혹하는 것이다. 그러면서 천도제를 지내준다는 명목으로 적어도 몇 백만 원, 많으면 몇 천만 원 수준의 돈을 받아 챙긴다.

문제의 핵심은 과연 '귀신' 또는 '원혼'이 있느냐는 것이다. 이는 어디까지나 동양 전통의 일설에 지나지 않는다.

그리스도교의 입장은 분명하고 단호하다.

"그런 일은 있을 수 없다!"

왜인가? 전능하신 하느님께서 죽은 자들의 세계를 온전히 장악하고 있기 때문이다. 만일 사람이 죽어서 하느님께 이르지 않고 딴 데서 헤맨다면 그것은 '배달 사고' 아니면 '탈주'라고 이름 붙일 수밖에 없는 사태다. 만약 이것이 사실이라면 필자가 믿는 신앙도 잘못된 것이다. 그 하느님은 사표 내셔야 한다. 그러나 이런 일이 일어날 확률은 '제로(0)'다. 왜냐하면 하느님은 전능하시기 때문이다.

"그렇다면 귀신을 봤다는 사람이 있던데 그것은 어떻게 설명할 수 있죠?"

결국 그것은 귀신의 탈을 쓴 악령의 짓이다. 그 이유는 명명백백하다. 이렇게 함으로써 사람들이 유일신 창조주 하느님에 대한 신앙에서 멀어지게 하기 위해서다. 곧 잡신들을 믿게 함으로써 하느님으로부터 이탈시키려는 것이다. 악령은 사람들을 하느님으로부터 멀어지게 하기 위해서라면 무슨 수라도 동원할 수 있는 의지와 능력을 가지고 있다.

바오로 사도는 말한다.

"우리의 복음이 가려져 있다 하여도 멸망할 자들에게만 가려져 있을 뿐입니다. 그들의 경우, 이 세상의 신이 불신자들의 마음을 어둡게 하여, 하느님의 모상이신 그리스도의 영광을 선포하는 복음의 빛을 보지 못하게 한 것입니다"(2코린 4,3-4).

분명히 알자. 복음의 가르침은 명백하다. 귀신은 없다. 원혼도 없다. 그러므로 초혼이니 영매니 하는 것은 거짓된 영의 속임수에 지나지 않을 뿐이다. 이에 반대되는 주장은 복음에 대한 훼손이다.

천사들의 존재　　영적 존재와 영의 식별, 그리고 영적 전쟁을 이야기하면서 우리가 확인해야 할 것이 '천사'들의 존재다. 우리에게는 '악령'뿐 아니라 '천사'도 있다. 다음은 천사들에 대한 몇 가지 내용이다.

첫째, 아우구스티노 성인은 '천사'가 본성으로서는 영(靈)이고 직무로서 천사(天使) 곧 '하느님의 사자(使者)'라고 가르친다. 존재로서는 영이고, 활동으로는 천사라는 것이다. 그들은 "그분 말씀에 귀 기울이고 그분 말씀을 실천하는 힘센 용사들"(시편 103,20)이다.

둘째, 각 사람에게는 수호천사(守護天使)가 있다. 보잘것없는 사람에게도 천사가 딸려 있음을 예수님은 말씀하신다.

"너희는 이 작은 이들 가운데 하나라도 업신여기지 않도록 주의하여라. 내가 너희에게 말한다. 하늘에서 그들의 천사들이 하늘에 계신 내 아버지의 얼굴을 늘 보고 있다"(마태 18,10).

무슨 뜻인가. 별 볼일 없는 사람조차도 하늘에서 그의 천사들이 대신 하느님께 기도하고 있다는 것이다.

또한 성경은 사람을 섬기도록 파견된 일꾼들이 있음을 언급한다.

"천사들은 모두 하느님을 시중드는 영으로서, 구원을 상속받게 될 이들에게 봉사하도록 파견되는 이들이 아닙니까?"(히브 1,14)

악마의 존재

교회의 전통은 '악에서 구하소서'와 관련하여 '악'(惡)이 아니라 '악마'(惡魔)에 무게를 둔 해석을 하고 있다. 곧 하나의 위격(位格, person)을 지닌 사탄(악마)에 대해 명시적으로 언급한다.

먼저 악마의 기원에 대한 해명이 필요하다.

하느님은 선하시고, 본래 그 창조는 선했다. 하느님은 악의 창시자가 아니다. 그렇다면 악은 어디에서 왔는가?

"마귀와 악신들은 하느님께로부터 선한 본질로 창조되었지만 자기들의 탓으로 악하게 되었다"(제4차 라테란공의회)는 것이 교회의 공식 입장이다. 결국 천사가 타락해서 마귀가 됐다는 것이다. 그 타락의 이유 두 가지는 다음과 같다.

첫째, 자기중심적 태도로 자유 의지를 남용했다.

바빌론 왕의 야망을 꾸짖고 있는 이사야서의 다음 말씀은 실상 타락한 천사, 곧 사탄을 겨냥한 말이다. "너는 네 마음속으로 생각했었지. '나는 하늘로 오르리라. 하느님의 별들 위로 나의 왕좌를 세우고 북녘 끝 신들의 모임이 있는 산 위에 좌정하리라. 나는 구름 꼭대기로 올라가서 지극히 높으신 분과 같아져야지'"(이사 14,13-14).

여기서 '나는' 또는 '나의'라는 말이 세 번씩이나 나온다. 이는 자기중심적 야망을 갖고 과욕을 부렸다는 것을 시사해 주는 대목이다.

바로 앞장에서 만났던 나폴레옹을 기억하는가? 그의 전쟁 패망 원인은 무엇이었나? 바로 "나 나폴레옹이…… 내가 성패를……" 하며 '나'를 주장하다가 그렇게 되었던 것이다. 유혹과 사탄의 영향력은 나만을 세울 때 결국 내 안에서 일어나는 것이다.

둘째, 교만 때문이었다.

위의 성구에서 "나는 구름 꼭대기로 올라가서 지극히 높으신 분과 같아져야지" 하는 말은 교만에서 나온 것이다. 이는 타락한 천사가 본래 아름답게 지음받았고 그 지위가 영화로웠기 때문이라고 한다. 피조물인 천사가 아무리 아름답게 지음을 받았어도 자신을 감히 창조주이신 하느님과 비기며 그의 지위를 탐낼 수는 없는 것이다. 그럼에도 하느님을 능가하려는 지나친 그 교만이 그를 타락하게 만들었다.[2]

필자의 체험   이 사탄 또는 마귀가 하는 일은 구원을 방해하고 사람을 타락으로 이끌며 영혼을 파괴하는 것이다.

필자는 특히 마귀의 방해 공작과 관련된 체험이 많다.

한번은 신흥영성운동을 연구할 때 일어난 일이다. 알다시피 여기에는 사탄이 배후로 깔려 있다. 우선 기초자료조사를 위해 한 연구원을 전담으로 동원시켰다. 그런데 그 뒤로 이 연구원이 연구소에 오면 이상하게 하루 종일 꾸벅꾸벅 조는 것이었다. 당시 필자는 그 이유가 새로 가입했다는 동아리활동 탓인 줄로만 알았다. 거의 한 달을 그렇게 흘려보냈다. 그래서 일단 작업을 정지시키고 다른 연구원에게 맡겨보았다. 그런데 약속한 날짜가 됐는데도 기초자료가 안 올라오는 것이었다. 화가 난 필자는 여태껏 한 자료들만이라도 다 받아서 마무리 짓기로 결심했다.

다음 날 새벽 4시, 연구소에 도착한 필자가 컴퓨터를 켜고 자료를 전부 훑어보는데 내용이 보통 뒤죽박죽이 아니었다. 가장 머리 맑던 그 시간이 그날따라 어수선한 원고들로 인해 두통과 졸음이 확 몰려오는 것이었다. 그제야 필자는 실체를 파악했다. 곧바로 기도서를 꺼내 '103위 호칭기도'를 바치고 대천사 세 분을 불러 각각 기도드렸다.

"영적 전투가 시작됐습니다. 오셔서 이 하늘을 맑게 해 주십시오."

그러자 30분도 채 안 되어 거짓말처럼 하늘이 개고 졸리던 기운이 가시는 것이었다. 몇 달 동안 진척 없던 그 작업은 필자의 명오가 열리자 오전 내에 다 정리되었다. 그렇게 해서 탄생한 것이 신흥영성운동을 낱낱이 파헤친 『저희가 누구에게 가겠습니까?』라는 책이다.

이 체험을 통해 필자는 확실히 깨달았다. '역시 대천사들의 끗발이 좋구나. 진짜 어려울 때는 이분들을 불러 기도해야겠다!'

또 다른 체험은 『다빈치 코드의 족보』라는 책을 집필할 때다. 당시 『다빈치 코드』가 유행하면서 일부 젊은이들과 무신론자들 사이에는 예수님을 부정하고 교회를 멸시하는 분위기가 대세였다. 필자는 그 상황을 두고 볼 수 없어 『다빈치 코드』가 내세운 얼토당토않은 주장들을 조목조목 반박하는 글을 쓰는 중이었다. 역시 기초자료 수집을 위해 연구원 한 명을 투입시켰다. 그런데 그 연구원이 얼마 못 가 필자한테 상담을 요청했다.

"신부님, 이걸 연구한 이후로 밤에 잠을 못 자고 뭔가 헛것이 자꾸 나타나요. 건강도 나빠지는 것 같구요."

대충 짐작한 필자는 그 연구원 대신 일부러 아주 이성적이고 논리적인 연구원에게 맡겨보았다. 역시나 곧 골치가 지끈지끈해서 못하겠다는 말이 나왔다. 그동안 해 놓은 원고작업들을 몽땅 날리기까지 했다. 결국 필자가 전 작업을 도맡을 수밖에 없었다.

필자의 경험상 이렇듯 아주 중요한 영적인 싸움은 말하자면 일반 신자들이 건드렸다간 공격을 받는다는 것을 알게 되었다. 이러한 영적 전쟁이 실제 존재하는 것이다.

마귀의 전략을 알자　　마귀는 사실 그렇게 두려워할 존재가 못 된다. 그들의 간계만 알면 쉽게 물리칠 수 있다. 그렇다면 마귀의 전략은 무엇일까. 이냐시오 성인의 지혜를 빌려 그 내용을 함께 보자.

예수회의 설립자 이냐시오 성인은 영적 회심의 체험 이후, 자신의 내면에 일어난 일들을 회상하고 성찰하면서 어떤 규칙들을 발견하였다. 다른 사람들도 이를 알면 영성생활을 진보시키는 데 도움을 줄 수 있으리라고 믿은 그는 위대한 저서 『영신수련』에 그 내용을 기록하였다.

그 가운데 필자가 기억하는 내용들을 소개해 본다.

마귀의 전략 첫 번째는 '극단으로 몬다'는 것이다.
처음 마귀는 인간을 '무신론'이라는 한쪽 극단으로 몰고 간다. 그래서 그를 '물질'과 '쾌락'에 빠지게 한다. 그런데 이후 인간이 눈이 뜨여 하느님을 알게 되면 마귀는 방법을 바꾸어 다른 쪽 극단으로 유혹한다. 이미 무신론으로 되돌아갈 수 없게 되어버리니 아예 '광신'(狂信)으로 모는 것이다. 그러면 그 사람은 '-주의(主義, ism)자'가 되어 부분만 보고 한쪽으로 치우친 사상을 갖게 된다. 교회를 보아도 알 수 있듯 광신도들은 혐오감만 줄 뿐 본이 되지 않는다. 그들은 하느님을 틀에 가둬 두거나 아니면 자기만의 하느님을 찾을 뿐이다.

이는 양심성찰의 경우도 비슷하다.

처음에 마귀는 이완주의로 몰아간다. "하느님은 자비로우신 분이니까 다 용서하실 거야. 네가 무슨 죄를 지어도 괜찮아. 네 맘대로 해. 다 용서받으면 되지."

그러다 슬슬 인간이 양심의 가책을 느끼기 시작하면 아예 엄격주의로 몰아버린다. 그럼으로써 한마디로 '세심증'에 걸리는 것이다. "이것도 내가 죄지은 것 아닌가. 내가 하느님을 어겼어. 난 끝이야."

이렇듯 양심의 가책을 가장해서 인간을 절망에로 몰아간다. 이는 특히 쉬는 신자들에게서 흔히 볼 수 있는 현상이다. "난 예전에 다 베렸어요", "전 죄가 많아서 성당 못 나가요" 등.

여기서 중요한 식별 기준을 알 수 있다.

성령이 우리의 양심을 비춰주면 우리가 아무리 죄를 지었어도 하느님의 품에서 다시 분발할 수 있도록 평화를 주신다. 반면 악령이 우리를 건드리면 절망하고 못 일어나게 만든다. 우리는 성령이 주는 힘으로 회개하고 새출발해야 한다.

마귀의 전략 두 번째는 '물타기를 한다'는 것이다.
이 말은 무슨 뜻인가. 진리에 거짓을 섞어놓는다는 말이다. 이와 관련하여 교부들에 의해 전해 내려오는 우화가 하나 있다.
악마가 친구와 함께 산책 중이었다. 그들은 산책길에서 다양한 사람들을 만날 수 있었다. 그런데 앞서 걸어가던 어떤 사람이 허리를 굽히더니 길바닥에서 무언가를 주워들었다. 악마의 친구가 물었다. "저 사람이 발견한 게 뭐지?" 악마가 대답했다. "그는 지금 '진리' 한 조각을 발견했어!" 친구가 뜻밖이라는 듯 되물었다. "인간이 진리 조각을 주웠는데도 명색이 악마인 너는 속상하지도 않아?" 그러자 악마가 웃으며 말했다. "속상할 것 전혀 없지. 난 저 사람이 진리 조각을 자신의 종교적 신조로 믿도록 내버려둘 생각이거든!"[3]
이렇게 왜곡된 신앙에 빠지는 사람들은 흔히 반문한다. '1% 틀리다고 뭐가 문제야?'
생각해 보자. 99%가 보약성분인데 1%가 독약이면 이 약이 보약인가, 독약인가? 독자라면 먹을 수 있겠는가?

마귀의 전략 세 번째는 '제비(꽃뱀)처럼 접근한다'는 것이다.
마귀는 '정체'를 숨기고 인간을 감언이설로 속이다가 정체가 드러나면 다시 숨는다. 이 과정은 속이고 숨고를 반복한다. 궁극적으로 인간을 갈취하는 것이다.

마귀의 전략 네 번째는 '바가지 긁는 여자처럼 공격한다'는 것이다.

마귀는 인간의 약점을 물고 늘어지다가 '큰소리'를 치면 조용해진다. 인간이 가진 약점 하나가 잡히면 마귀는 그것을 매일 물고 늘어진다. 이때 인간이 영적으로 중무장하여 "사탄아 물러가라! 내가 예수님의 자녀다!" 하고 큰소리를 치면 이길 수 있는 것이다.

이렇듯 이냐시오 성인의 영적 식별 지혜는 우리에게 하느님의 뜻과 관련되는 올바른 생활양식을 찾고 그것을 실천하는 데 도움을 준다.

악령을 쫓아내려면   예수님께서 사도들에게 권한을 주시며 마귀를 쫓아내라고 명하셨다.

"가서 '하늘 나라가 가까이 왔다.' 하고 선포하여라. 앓는 이들을 고쳐 주고 죽은 이들을 일으켜 주어라. 나병 환자들을 깨끗하게 해 주고 마귀들을 쫓아내어라"(마태 10,7-8).

제자들이 가서 마귀를 쫓아내려고 노력해 봤지만 그게 그렇게 호락호락한 일이 아니었다. 그들은 그 이유가 궁금하였다.

"스승 예수님, 당신께서는 한마디만 하시면 마귀가 쫓겨나는데 저희는 왜 안 될까요?"

이에 예수님은 크게 두 가지를 강조하셨다.

첫째, 믿음의 필요성이다.

"너희의 믿음이 약한 탓이다. 내가 진실로 너희에게 말한다. 너희가 겨자씨 한 알만 한 믿음이라도 있으면, 이 산더러 '여기서 저기로 옮겨 가라.' 하더라도 그대로 옮겨 갈 것이다. 너희가 못할 일은 하나도 없을 것이다"(마태 17,20).

둘째, 기도의 필요성이다.

"그러한 것은 기도가 아니면 다른 어떤 방법으로도 나가게 할 수 없다"(마르 9,29).

요약하면 무엇인가. '너희가 믿음이 부족해서 그런 것이다. 믿음을 쌓고 평소에 미리 기도해 두어라. 그러면 물리칠 힘이 생긴다'는 말씀 아니겠는가.

성사와 준성사의 힘을 빌려

성사의 힘을 빌려 이제 악의 본질을 알았으니 악을 물리치는 방법, 사탄과 마귀의 속박에서 자유로워지는 방법에 대해 알아보자.

물론, 마귀를 물리치는 가장 힘 있는 방법은 예수님처럼 '말씀'을 활용하는 것이다. 사도 바오로는 에페소서 6장에서 '말씀'이 악을 물리치는 공격용 칼이라고 언급하였다(에페 6,17 참조). 그때그때 필요한 말씀이 우리에게 칼이 되어 준다.

다음으로, 칠성사의 힘을 통하여 마귀를 물리칠 수 있다. 하느님께서 보이지 않는 거룩한(聖) 은총을 보이는 것(事)을 통해 베푸시는 것을 성사(聖事)라고 한다. 성사는 말뜻 그대로 '거룩한 일' 또는 '거룩한 거행'을 의미한다. 이에 우리가 활용할 수 있는 성사들을 간단히 보면 다음과 같다.

우선 하느님을 모르고 마귀의 세력에 지배받는 사람들이 마귀의 영향권에서 완전히 벗어나게 해 주는 성사가 무엇인가? 세례성사다.

그리고 견진성사를 통하여 성령의 은사를 받으면 악마와 대적할 수 있는 성숙된 믿음을 갖추게 된다.

또한 우리는 미사 때에 성체(성사)를 모심으로써 영적인 내공을 키우게 된다.

만약 유혹에 빠져서 죄를 지었으면 어떻게 하면 되는가? 고해성사로 회복될 수 있는 것이다.

최근에 구마예식 때 성체를 안치한 성광을 앞세우면 큰 효과가 있다는 얘기를 성령기도회 지도신부로부터 들은 적이 있다.

준성사의 힘을 빌려　　마귀를 물리치는 데 우리는 준성사도 활용할 수 있다. 준성사는 칠성사에는 속하지 않지만 성사의 특성을 지니는 거룩한 상징(행위)들을 말한다.

대표적으로 성수가 있다. 실제로 뉴에이지에 빠져서 헤어나오지 못하는 어떤 신자가 필자에게 상담을 부탁한 적이 있다. 필자는 여러 조언과 함께 한마디로 이렇게 강조했다.

"성수를 가져다가 집에다 뿌리세요. 하여튼 매일매일 뿌리세요."

나중에 필자가 들은 바에 의하면 실제 이 방법이 통해서 그가 정말 사이비 영성에서 해방되었다고 한다.

또 무엇이 있을까? 성물(십자가, 성상 등)이 있다. 성물에는 축복 또는 축성을 받기 때문에 그 안에 말씀이 서려 있다. 때문에 마귀가 아주 싫어하는 것이다.

묵주기도 역시 빼놓을 수 없다. 묵주는 원래 마귀를 쫓아내기 위해서 하느님께서 주신 선물이다.

수호기도

수호기도 에센스   지금까지 '악에서 구하소서' 속에 숨겨진 보물들을 탐사하였다. 먼저, 이 악이 추상적인 악이 아니라 악마 또는 마귀라는 이름으로 표상되는 실제적인 존재라는 사실을 확인했다. 여기서 이 악령들과의 영적인 전쟁에서 승리하려면 영적으로 중무장하여야 함을 다시금 짚어 봤다. 다음으로, 악의 세력을 물리치기 위해 성사와 준성사를 적절히 활용할 수 있다는 것을 배웠다.

이에 우리가 성령과 천사들의 힘을 빌려 하느님의 보호지대를 결코 벗어나지 않기 위해 강력히 청하는 기도가 수호기도다. 악의 세력이 도처에서 기승을 부리는 이 시대의 우리에게 특히 수호기도가 필요하다.

오상의 비오 신부와 수호천사   오상의 비오 신부는 거룩한 천사들, 특히 대천사 미카엘의 보호를 받았다고 한다. 비오 신부는 자신의 수호천사뿐 아니라 다른 사람의 수호천사들도 보았다. 그에게는 수호천사와 대화를 나누고 또 하느님께 수호천사의 도움을 청할 수 있는 특은이 주어졌었다.

몇 가지 일화가 있다.

한번은 사람들이 비오 신부에게 어떤 맹인을 데려와서 그가 항상 넘어지고 비틀거리는 문제로 고충을 겪고 있으니 그를 위해 기도해 줄 것을 청했다. 이에 비오 신부는 친절하게 대답했다. "앞으로 형제는 넘어지거나 비틀거리는 일이 없을 것이오. 왜냐하면 내가 주님께 기도를 드려서 형제에게 두 명의 수호천사를 더 주시도록 허락받았기 때문이오. 그들이 형제에게 방향을 가르쳐 주고 안내하고 이끌어 줄 것이오. 그 천사들은 매우 민첩하고 늘 완벽하게 준비가 돼 있지요."

그리고 말을 이었다. "제가 미사 때에 미사 경본을 거의 넘길 수도 없는 그런 고통을 받을 때, 저를 도와주는 천사들이 있습니다."

어느 날은 같은 학교에서 교사를 하던 어떤 부부가 학교에서 집에 돌아와 보니 그들 아이가 열병이 나 있었다. 모든 비상약을 이용해 보았지만 아이는 아무런 차도가 없었다. 시간은 벌써 자정이었다. 하다 못한 남편이 아내에게 말했다.

"내일을 위해 지금은 자야겠소. 그래야 학교에 출근할 것 아니오. 당신은 여기서 아이와 함께 자구려. 나는 다른 방에 가서 자겠소."

그러나 그는 잠들기 전, 비오 신부에 관한 책에서 누구라도 자신의 수호천사를 비오 신부에게 보낼 수 있다는 내용을 읽었던 것을 기억하고는 그렇게 했다. 밤 1시 5분 전이었다.

3시에 잠에서 깬 남편이 아이를 보러 가자 상태가 무척 호전되어 있었다! 남편은 기뻐 아내를 깨우며 말했다. "여보, 이것 봐! 아이가 건강해졌어!"

아내가 대답했다. "전, 그 이유를 알아요. 잠자기 전에 나의 수호천사를 비오 신부님께 보냈거든요."

두 사람 다 같은 일을 했다는 것이 드러났다.

몇 주가 지난 후, 그 교사 남편은 개인적으로 비오 신부에게 감사의 말을 전하기 위해서 비오 신부를 찾아갔다. 그가 제의실에 도착했을 때 비오 신부는 많은 사람들에게 둘러싸여 있었다. 그런데 비오 신부가 그 남편을 보자 손가락으로 가리키며 농담조로 말했다. "형제님 때문에 밤에도 평화롭지가 못해요."

놀란 교사가 비오 신부에게 용서를 청하자 그는 부드럽게 대답했다. "왜 내게 용서를 청하지요? 수호천사들이 내게 올 때 그 때가 밤이라 할지라도 저는 늘 기쁩니다."

교사가 비오 신부에게 감사를 전하려 하자 비오 신부는 말했다. "감실이나 성모님께 가보시오!"

그러나 그 사람은 무안해 하고 수줍어하며 덧붙여 물어 보았다. "비오 신부님, 누구의 수호천사가 먼저 왔나요? 제 수호천사인가요, 아니면 제 아내의 수호천사인가요?"

비오 신부는 미소 지으며 대답했다. "형제님의 수호천사가 1시 5분 전에 나와 함께 있었고, 부인의 수호천사는 조금 뒤에 왔습니다."

수호기도 바치기 _성 미카엘 대천사에게 드리는 기도   교황 요한 바오로 2세는 마귀의 간계로부터 보호받기 위해, 세상의 어둠과 악의 세력을 극복하기 위해 교회가 전통적으로 바쳐오던 '성 미카엘 대천사에게 드리는 기도'를 매일 바치기를 요청하셨다고 한다.[4] 이 장을 닫으면서 마음을 실어 자신의 기도로 바쳐보자.(이 기도는 눈으로 읽지 마시고 꼭 소리를 내어 바쳐야 은혜가 됩니다!!!)

천상 군대의 영광스러운 지휘자이신 성 미카엘 대천사여,
권세와 폭력과의 싸움에서 우리를 보호하시며
암흑세계의 지배자들과
하늘 아래 있는 악신들과의 싸움에서
저희를 보호하소서.
하느님의 모습대로 창조되고
사탄의 압제에서 비싼 값을 치르고 빼내신
인간을 도우러 오소서!
성교회는 당신을 수호자로 공경하고
하느님께서는 구해 내신 영혼들을
천상 기쁨으로 인도하기 위해서 당신에게 맡기셨나이다.
성 미카엘 대천사님,
평화의 하느님께서 사탄의 세력을 우리 발아래 섬멸하여
사탄이 더는 인간을 지배하지 못하고
교회를 해치지 못하도록 간구하여 주소서.
주님의 자비가 빨리 저희 위해 내리도록
저희의 기도를 지존하신 분의 대전에 전달해 주소서.
용과 늙은 뱀에 불과한 마귀와 사탄을 붙들어
쇠사슬에 묶어 심연 속에 빠뜨리고
백성을 더 이상 유혹하지 못하게 하소서. 아멘.

"주님께서 모든 악에서 너를 지키시고 네 생명을 지키신다. 나거나 들거나 주님께서 너를 지키신다, 이제부터 영원까지"(시편 121,7-8).

21 '악에서 구하소서' (2)
_헌신기도

원문에 숨겨진 보물   악마는 우리 개개인을 직접 공략하기도 하지만, 자신들의 계획을 구조화하여 조직적으로 공략해 오기도 한다. 이를 구조악이라 한다. 성경은 명백하게 말한다.

"우리의 전투 상대는 인간이 아니라, 권세와 권력들과 이 어두운 세계의 지배자들과 하늘에 있는 악령들입니다"(에페 6,12).

이렇게 악의 세력이 권세와 권력과 어두운 세계를 장악하여 구조화되면 이는 거대한 메커니즘을 형성한다. 누구든지 이 메커니즘에 들어가면 이를 개인적인 차원의 결심으로는 거부하거나 벗어날 수 없게 된다.

이러한 구조악은 정치, 사회, 문화, 주의, 가치관, 직장, 관계네트워크 등으로 엮여서 엄청난 악행과 불의를 저지른다.

'악에서 구하소서' 하고 기도할 때, 우리는 이런 구조악도 염두에 두어야 한다.

> '구조악'을 염두에 두고 '악에서 구하소서'를 깊이 묵상하며 기도할 때, 우리가 바칠 수 있는 이상적인 기도는 '헌신기도'다. 이는 구조화된 악 곧 조직화된 악에 대항하여 싸우는 하느님의 전사로 스스로를 바치는 기도를 말한다.

구조악

간디의 통찰   '악에서 구하소서'라고 기도할 때 우리는 악의 세력이 연합하여 이루어 놓은 구조악(構造惡)을 간과해서는 안 된다.

일찍이 간디는 7개의 (사회)구조악에 대하여 언급한 바 있다. 이는 여러 형태의 구조악에 대한 탁월한 고발이다. 그의 통찰에 의거하면 7대 구조악은 이렇다.

첫째, '원칙 없는 정치'다. 정치가 잘못되면 말 그대로 구조악이 된다. 일례로 탄압장치 속에 많은 사람이 희생으로 짓눌리는 것만을 보더라도 알 수 있다.

둘째, '도덕 없는 상업'이다. 자본주의에 도덕이 주저앉으면 어떻게 되겠는가? 약육강식에 휘둘려 작은 슈퍼마켓이 대형마트에 먹히는 등 억울한 일이 생기는 것이다.

셋째, '노동 없는 재산'이다. 불로소득을 좋아할 게 못 된다. 잘못되면 멀쩡한 사람이 날벼락을 맞기 때문이다.

넷째, '인격 없는 교육'이다. 교육현장에 인격이 사라지면 올바른 사제지간이 형성될 수 있겠는가? 이런 데서 배우면 아이들이 망쳐진다.

다섯째, '인간성 없는 과학'이다. 첨단과학의 시대에서 특히 생명

공학의 과학맹신은 위험하다. 자칫 잘못하면 슈퍼맨이 나오는 것이다. 여기에 밝은 미래만을 보장받을 수 있을까?

여섯째, '양심 없는 쾌락'이다. 바로 환락가 자체가 구조악이라는 것이다.

일곱째, '봉헌과 희생 없는 신앙'이다. 아주 중요한 언급이다. 여기서 희생은 바꿔 말해서 나눔이다. 신앙의 이름으로 이기적인 행위만 일삼고 나누지 않는다면 이 역시 구조악이다.

실제로 필자가 한 본당신부였을 때 농사짓는 교우 한 분이 모내기를 못해 쩔쩔매는 모습을 본 적 있다. 사정을 들어 보니 동네에서 자기가 왕따 당했다는 것이다. 그 동네 어떤 종교집단이 자기들 교회 다니는 사람만 품앗이에 끼워주고 자기는 빼버렸다는 것이다. 안타까운 현실이다.

구조악의 함정   구조악의 함정을 철학자 키르케고르가 유명한 비유를 통해 훌륭하게 말해 주고 있다.

"무대는 어떤 극장이다. 그 극장은 사람들로 초만원을 이루었다. 그런데 극장 밖에서 불이 났다. 만일 '불이야!' 소리를 지르면 많은 사람이 넘어져 발에 밟혀 죽는 아수라장이 될 것으로 생각한 주인공인 희극 배우는 공연을 멈추고 사람들 앞에 나서서 침착하고 진지하게 이야기를 한다.

'여러분, 지금 밖에서 불이 났습니다. 여러분이 한꺼번에 뛰어나가면 모두 죽습니다. 출입구는 뒤와 좌우에 하나씩 있습니다. 출입구 가까이에 있는 분부터 차례로 나가시면 좋겠습니다.'

그러나 거기 모인 관중들은 이것도 그 희극 배우가 지어낸 우스갯말이라고 생각하며, 가벼운 희극으로 취급하여 한층 더 큰 소리로 그 배우에게 갈채를 보낸다.

큰 고민에 싸인 그 배우는 그들이 어서 바삐 조용히 일어나서 이 극장을 떠나가기를 애원한다. 그러나 그럴 때마다 관중석에서는 전보다 더 큰 소리로 박수갈채를 그에게 보낸다.

그러는 동안에 불은 점점 맹렬히 그 극장 전체를 휩쓸게 되었다. 그리하여 마침내 그 극장 안에 있던 모든 사람들이 전부 화염에 둘러싸여 나갈 길이 막혀 타 죽을 때까지 이 갈채는 계속된다."

일단 구조악 속에 들어가면 모두가 집단논리에 빠진다. 설령 올바른 인식이 생긴다 해도 또다시 군중심리에 휩싸이게 되어 헤어나오기 어렵게 된다.

사명

패미카   필자는 구조악에 대항하기 위하여 하느님의 일꾼들이 갖춰야 할 덕목으로 '패미카'를 꼽는다. 이는 신약의 신학을 종합하여 필자가 만들어낸 용어다.

'패미카'는 세 단어의 합성어다.

첫째, '패'는 '패션'(passion) 곧 '열정'을 뜻한다. 우리가 신앙생활을 하면서 열정이 없다면 그것은 문제다.

둘째, '미'는 '미션'(mission) 곧 '사명'을 뜻한다. 한 단계 더 나아가 사명감을 갖는 것이 중요하다.

셋째, '카'는 '카리스마'(charisma) 곧 '은사'를 뜻한다. 이를 통해 우리는 자신을 헌신하는 것이다.

우리가 구조악에 대항하기 위해 하느님의 전사가 될 때, 혹은 그리스도인으로서 세상의 빛과 소금이 되고자 할 때, 우리 자신은 패션, 미션, 카리스마를 갖춰야 한다.

패션: 성령의 열정   열정이란 무엇인가? 설교를 잘하여 '황금의 입'(金口)이란 별명을 가진 성 요한 크리소스토모는 열정의 가치를 제대로 안 성인이다.

그가 한번은 자신의 교구 가운데 성직자가 없어 어려움을 겪고 있는 지역을 찾아갔다. 그는 그곳의 농부 한 사람을 잘 교육해 성직자로 임명했다. 그러나 이내 후회했다. '준비가 부족한 사람을 사제로 임명하다니. 내가 큰 잘못을 저지른 게 아닐까?'

얼마 후 크리소스토모 성인은 다시 그곳을 찾아가 농부 출신의 사제가 드리는 미사를 지켜보았다. 모든 예식을 지켜보던 그의 눈가에는 어느새 눈물이 흐르고 있었다. 그는 그렇게 정성을 다해 거룩한 얼굴로 기도드리고, 열정을 다해 강론하고, 신자들의 눈을 보며 마음을 사로잡는 사제를 어디서도 본 적이 없었기 때문이다.

미사가 끝나고 크리소스토모는 제단으로 나아가 농부였던 사제 앞에 무릎을 꿇고 말했다.

"나를 축복해 주시오. 나는 당신처럼 불같은 열정과 사랑으로 하느님을 섬기는 사람을 어디서도 본 적이 없소."

중요한 것은 무엇인가? 열정이다. 교회에서 일하는 사람들 중에 아무리 사회적으로 똑똑한 이들이 있다 하더라도 열정이 없으면 아무 소용없다. 열정이 있는 사람을 당해낼 수가 없는 것이다.

본당신부에게 제일 힘든 사람이 누굴까? 열정 없이 뜨뜻미지근한 사람들이라고 한다. 우리는 열정을 가져야 한다.

미션: 사명 　열정이 아직 꼴을 갖추지 않은 에너지라면 이 열정이 이제 사명으로 바뀌게 된다. 사명과 관련하여 오프라 윈프리가 우리에게 도움말을 준다.

오프라 윈프리는 자신의 자서전 『이것이 사명이다』에서 사명에 관한 그녀의 네 가지 인생철학을 다음과 같이 밝혔다.

"첫째로 남보다 더 많이 가졌다는 것은 축복이 아닌 사명입니다.

둘째로 남보다 더 아파하고 있다면 그것은 고통이 아닌 사명입니다.

셋째로 남보다 설레는 것이 있다면 그것은 망상이 아닌 사명입니다.

넷째로 남보다 부담 되는 것이 있다면 그것은 강요가 아닌 사명입니다."

공감이 가는 말이다. 자신의 처지에 비추어 잘 음미한다면 '사명'이 보일 것이다.

우리는 각자가 처한 상황 속에서 여러 형태의 '구조악'에 직면하여 각자의 사명을 깨달을 수 있다. 예컨대, 정의구현을 위해, 환경보전을 위해, 건전 문화 운동을 위해, 건강한 직장 문화를 위해 투신함으로 구조악을 물리치는 고유한 사명의 몫을 감당할 수 있는 것이다.

카리스마: 은사   각자가 느낀 사명을 수행하려면 은사가 필요하다. 그렇다면 은사는 어떻게 발휘할 것인가?

필자는 오스트리아 비엔나 유학시절, 인스브루크에 있는 예수회 수도원을 방문한 적이 있다. 널리 알려져 있듯이 예수회는 공부를 많이 한 인재들이 입회한다. 더구나 필자가 방문했던 그곳은 신학교 교수 신부들의 숙소였다. 세계적인 신학자들이 서로 이웃으로 지내는 곳이 그곳이었다. 가장 위대한 가톨릭 신학자 가운데 하나인 칼 라너도 그곳에서 살았다고 한다.

그런데 안내를 맡았던 형제가 필자에게 이곳에서 '복자' 한 분이 배출되었다고 자랑을 해 주었다. 누군가 하고 궁금하던 차, 그 주인공이 수위실에서 봉사를 하던 수사였다는 말에 필자는 크게 감동을 받았다. 이처럼 박사들이 집단으로 살고 있는 곳에서 수위 직책을 맡고 있던 수사가 복자품에 올랐다는 것은 참으로 의외였다. 바로 이 의외성이 더욱 감동을 주는 까닭이기도 하다.

그 수사는 수위 직책을 하느님이 맡겨주신 천직으로 알고 혼신을 다해 봉사했던 것이다. 나가고 들어가는 사람들에게 늘 미소를 보이며 따뜻하게 맞아주고 정성껏 안내를 해 주었던 것이다. 그래서 그 수사를 통해서 사람들은 덩달아 기쁜 하루를 살 수 있게 되었다고 한다.

놀랍지 않은가. '첫째가 꼴찌 되고 꼴찌가 첫째 된다'는 말이 바로 이러한 경우를 두고 한 말이다. 우리에게 주어진 은사는 다양하다. 중요한 것은 얼마만큼 그 은사를 귀히 여기며 실천하는가다. 그날의 감동은 필자의 마음속에 여전히 살아 있다.

헌신기도

> **헌신기도 에센스**   지금까지 '악에서 구하소서' 속에 숨겨진 보물들을 두 번째로 탐사하였다. 먼저, 이 세상에 만연하게 침투해 있는 구조악을 확인해 보았다. 이는 악마들의 조직적인 계획에 의한 뿌리치기 힘든 함정의 늪이다. 그리고 이를 물리치기 위해 각자에게 주어진 사명과 은사를 깨닫는 것이 그리스도인들이 지녀야 할 자세임을 짚어 봤다.
>
> 이에 모든 악으로부터 해방되기 위해 보다 적극적인 자세로 하느님께 나를 투신하여 바치는 기도가 헌신기도다. 헌신기도를 통해 우리는 보다 열정적으로 자신의 사명을 다지고 수행하게 된다.

필자의 소명   대학교 2학년 때, 필자는 기숙사에서 개신교 선배들과 이른 아침에 만나 소위 '큐티'(QT: quiet time)를 하곤 했다. 그때 필자에게 로마서의 한 말씀이 레마(rema: 나를 위한 하느님의 메시지)로 '탁!' 다가왔다.

"여러분의 몸을 하느님 마음에 드는 거룩한 산 제물로 바치십시오. 이것이 바로 여러분이 드려야 하는 합당한 예배입니다"(로마 12,1).

이 말씀이 가져온 두근거림은 사뭇 달랐다. "왜 내 가슴이 이렇게 두근두근거리지?" 하고 그 말씀을 피하고만 싶었다. 산 제물로 바치라니, 조금 과하다 싶었기 때문이다. 그래서 안 읽으려고 건너뛰려고 했는데 레마는 도망갈 길도 없다. 이 말씀이 필자의 가슴을 막 고동치게 하고, 이리 몰고 저리 몰고 가더니, 결국 신학교에 들어가도록 몰지 않았는가.[1]

나무는 나무가 됨으로　　토머스 머튼은 말한다. "나무는 나무가 됨으로써 하느님께 영광을 드린다."

그렇다면 인간은 어떤가? 머튼은 말한다. "나에게 성인이 된다는 것은 나 자신이 되는 것이다. 따라서 거룩함과 구원의 문제는 내가 누구인가를 발견하며 참된 나 자신을 찾는 것이다."

그렇다. '소명'은 어떤 특별한 일이나 생활방식이 아니다. 미리 맞추어 놓은 옷을 입는 것도 아니다. 각자의 처지에서 자신에게 가장 적합한 삶의 방식을 선택하는 것이다.

프랑스 장교였던 샤를 드 푸코는 알제리의 한 은둔소에서 자신만의 고유한 길을 발견했다. 하지만 그는 우리에게 이렇게 권한다. "하느님은 모든 영혼이 똑같은 일로 각자의 사랑을 당신께 보여야 한다고 요구하지 않으신다. 똑같은 사다리로 천국에 오르고 똑같은 방식으로 선을 행하라고 하지 않으신다. 그렇다면 나는 어떤 일을 해야 하는가? 천국에 이르는 나의 길은 어떤 길인가? 나는 어떤 삶으로 나 자신을 성화시켜야 하는가?"[2]

푸코의 마지막 말이 바로 우리의 질문이 되어야 한다. 자신의 헌신으로 꽃피울 수 있는 자리를 찾기 전까지 우리는 온전히 행복을 누릴 수 없다.

헌신기도 바치기 _프란치스코 성인의 기도　　우리가 가진 것을 다 바치면 기적이 일어난다. 지성이면 감천이기 때문이다. 저 유명한 프란치스코 성인의 '평화의 기도'가 바로 기적을 일으키는 헌신기도의 전형이다. 이 장을 닫으면서 마음을 실어 자신의 기도로 바쳐보자.(이 기도는 눈으로 읽지 마시고 꼭 소리를 내어 바쳐야 은혜가 됩니다!!!)

주님,
저를 당신의 도구로 써 주소서.
미움이 있는 곳에 사랑을
다툼이 있는 곳에 용서를
분열이 있는 곳에 일치를
의혹이 있는 곳에 신앙을
그릇됨이 있는 곳에 진리를
절망이 있는 곳에 희망을
어두움에 빛을
슬픔이 있는 곳에 기쁨을 가져오는 이 되게 하소서.
위로받기보다는 위로하고
이해받기보다는 이해하며
사랑받기보다는 사랑하게 하여 주소서.
저희는 줌으로써 받고
용서함으로써 용서받으며
자기를 버리고 죽음으로써 영생을 얻기 때문입니다.

"여러분의 몸을 하느님 마음에 드는 거룩한 산 제물로 바치십시오. 이것이 바로 여러분이 드려야 하는 합당한 예배입니다"(로마 12,1).

아멘!

22 '아멘!'(1) _명령기도
23 '아멘!'(2) _긍정기도
24 '아멘!'(3) _감사기도

22 '아멘!' (1) _명령기도

원문에 숨겨진 보물 우리는 "아멘"을 '주님의 기도' 끝과 모든 기도의 끝에 붙인다. "아멘"이라는 말마디의 일차적 의미는 '확실히', '참말로!', '그렇다!'를 뜻한다. 이 말마디는 '확실하다', '견고하다', '든든하다' 등을 뜻하는 히브리어 동사에서 파생한 부사다. 따라서 "아멘"은 방금 말한 것을 참된 것으로 받아들인다는 선언이며 또한 기도에 자기 자신을 일치시킨다는 것을 뜻한다.

우리는 여기서 "아멘" 하며 기도함으로써 지금 바친 기도가 그대로 이루어지기를 간절히 바라며 또한 그것을 실천하겠다는 결연한 의지를 표명하는 것이다.

'아멘'을 깊이 묵상하며 기도할 때 바람직한 기도는 첫째 '명령기도'다. 하느님께 명령하는 것이 과연 가능한가? 성경을 보면 시편에서 그러한 예를 찾아볼 수 있다. 한번 생각해 보라. 아무것도 모르는 어린아이가 아빠, 엄마한테 명령할 때가 있는 법이다. 생떼 차원의 "~해 주세요"를 넘어 "~해 줘!" 하고 강력하게 요구하는 것이다.

입술로 시인함

드러나게 고백하라　　'아멘'을 하려면 먼저 입술로 시인하는 것이 중요하다.

"그대가 예수님은 주님이시라고 입으로 고백하고 하느님께서 예수님을 죽은 이들 가운데에서 일으키셨다고 마음으로 믿으면 구원을 받을 것입니다"(로마 10,9).

혹시 이 말에 반발을 느끼는 사람이 있을지도 모르겠다.

"거 그냥 속으로 믿으면 됐지 뭘 그렇게 요란을 떨라고 합니까?"

이 물음에 필자는 우회적으로 답하고 싶다. 언젠가 필자는 신자로부터 이런 얘기를 들은 적이 있다.

"신부님, 예비신자교리 교육을 받다가 들은 건데요, 좀 이상해서 물어보는 거예요. 사람들이 많은 곳에서 식사기도를 하기 위해 십자성호를 그을 때 '티'내지 않고 하는 방법이 있다는 거예요. 그럴 땐 배꼽에다 대고 그으면 된다는데, 그래도 되는 건가요?"

주님께서 말씀하셨다.

"누구든지 나와 내 말을 부끄럽게 여기면, 사람의 아들도 아버지의 영광에 싸여 거룩한 천사들과 함께 올 때에 그를 부끄럽게 여길 것이다"(마르 8,38).

구두가 문제야? 　　어느 교회에서 있었던 일이다. 한 신자가 항상 맨 앞자리에 앉아 미사를 드리곤 했다. 이 신자는 사제의 강론 도중 은혜가 깊으면 언제나 큰 소리로 이렇게 외쳤다.

"할렐루야!", "아멘!"

필자와는 반대로 그 교회의 사제는 이 소리가 강론을 방해한다고 느꼈다. 어느 날 사제는 이 신자의 낡은 구두를 보고 한 가지 제안을 했다.

"형제님, 다음 미사 때 조용히 해 주시면 제가 구두 한 켤레 사드리겠습니다."

그 신자는 짐짓 고민하더니 그렇게 하겠다고 약속을 했다.

다음 주일이 되었다. 사제의 강론을 통해 주님의 사랑이 증거 되자 그 신자가 일어나 외쳤다.

"할렐루야! 할렐루야! 구두가 문제야? 전, 구두 필요 없어요. 오, 할렐루야!"

자연스레 입술로 믿음이 나오는 걸 어떻게 막을 수 있겠는가?

기적의 이유 　　'아멘!'은 한마디로 믿음의 발로다. 저 '아멘!', '할렐루야!'를 외치게 한 것이 바로 믿음인 것이다. 그러므로 여기서 우리는 바람직한 믿음에 대해 생각해 볼 필요가 있다.

프랑스의 왕 루이 9세의 재임 시절의 이야기다. 어느 날 파리의 한 성당에서 미사 중 놀라운 기적이 일어났다. 본당 사제의 큰 성체 속에서 예수님의 모습이 나타난 것이다. 소문은 사방으로 퍼져 루이 9세의 귀에도 들어갔다. 왕궁의 신하들은 어서 빨리 그 현존을 보러가자고 왕께 아뢰었다. 왕은 잠시 침묵하더니 신하들에게 말했다.

"그대들이여! 주님은 이곳에도 계시네. 그 같은 기적은 믿음이 없는 사람들을 위해서나 필요한 것이네. 주님의 현존을 믿지 못하겠거든 가서들 보도록 하게. 그렇지만 주님께서 토마스에게 하신 말씀을 잊지 말게. '보지 않고도 믿는 사람은 행복하다'(요한 20,29)."[1]

군더더기가 필요 없는 명언이다.

신부가 치른 곤욕

때로는 사제보다 신자들의 믿음이 더 좋을 때가 있다.

이탈리아의 영성 신학자 존 퓔렌바흐 신부는 필리핀 마닐라의 한 병원에서 근무하던 유능한 의사 하나를 알고 있었는데 그 역시 가톨릭 신자였다. 어느 날 퓔렌바흐 신부는 심각한 질병을 앓고 있는 한 여인을 데리고 그 의사를 찾아갔다. 신부가 의사에게 이 여인이 회복될 수 있을지 물었다.

"신부님, 이제 우리가 할 수 있는 것은 기도뿐입니다."

의사의 말에 신부는 순간 기가 막혔다.

"이봐요, 의사 선생. 그게 의사로서 할 말이오?"

그러자 이번엔 의사가 화를 내며 되받아쳤다.

"신부라는 분이 기도에 대한 믿음이 없다니 부끄러운 줄 아세요! 나는 대단히 신앙 깊은 신자는 아니지만 적어도 이것만은 알고 있습니다. 이 여인이 살고자 하는 의지가 있다면 기도만이 이 여인을 도울 수 있습니다. 그것이 기적 아닙니까! 그러니 신부님은 당장 기도해 주세요."

퓔렌바흐 신부는 부끄럽기보다 기도해야겠다는 생각이 우선이었

다고 한다. 결국 그 여인은 건강을 되찾을 수 있었다.[2]

우리에게는 실질적인 믿음이 필요하다.

몸의 고백

스스로 돕는 자를 돕는다　　마음으로 믿고 고백하는 것이 입술의 시인이라면 이번에는 몸의 고백을 말할 차례다. 믿었으면 일단 실천해야 한다.

실천은 얼마나 중요한가.

미국의 인권지도자인 킹 목사가 젊었을 때였다. 하루는 짐을 가득 실은 수레를 끌고 가다 비탈길에 이르렀다. 가파른 비탈을 올려다보니 한숨이 나왔다.

"나 혼자서는 어렵겠군."

그는 수레를 세우고 함께 밀어줄 사람을 기다렸다. 지나가는 사람은 많았지만 선뜻 도와주려는 사람이 없었다. 그는 어쩔 수 없이 혼자서 수레를 끌기로 했다. 온몸이 땀에 젖었고 숨이 막혔다. 그런데 어느 순간부터 수레가 가벼워졌다. 혼자 애쓰고 있는 그의 모습을 보고 지나가던 사람들이 하나둘 다가와 수레를 밀어주었던 것이다.

사람들이 킹 목사를 도와준 이유는 몸소 그가 실천하는 모습이 보였기 때문이다. 이처럼 스스로 돕는 자를 하느님께서는 도와주신다.

척하기만 했는데　　또 하나의 아름다운 이야기가 있다.

막스 비어봄의 소설 『행복한 위선자』에는 '변신'이 어떤 것인지를 잘 드러내는 주인공이 나온다.

런던에 로드 조지 헬이라는 악인이 살았다. 이름조차 'George Hell'(지옥)인 그의 악명은 아이에서 노인에 이르기까지 모르는 사람이 없을 정도였다. 그는 야비했고 난폭했으며 자신의 사악한 행동을 즐기기까지 했다.

그러던 그에게 어느 날, 제니 미어라는 아름다운 아가씨가 나타났다. 사랑에 빠지게 된 조지 헬은 당장 그녀에게 찾아가 결혼해 달라고 했다. 그러나 제니는 평소에 늘 '성자의 얼굴을 한 사람과 결혼하겠다'라고 생각하고 있었기에 그 청혼을 거절했다.

그녀와의 결혼만이 유일한 목표가 된 조지 헬은 최고의 가면 제작자를 찾아가 성자의 가면을 만들어 썼다. 그러고는 세상에서 가장 거룩하고 인자하게 보이는 모습으로 위장한 채 제니에게 청혼했다. 결국 조지 헬은 그녀와의 결혼에 성공했다.

결혼 생활을 해 나가면서도 조지 헬은 날마다 자신의 본 모습을 감추며 참을성 있고 너그럽게 보이려고 애를 썼다.

그러던 어느 날 방탕하고 사악한 시절을 함께 보냈던 그의 옛 친구가 찾아왔다. 그런데 이게 웬일인가! 이미 그의 모습은 위장한 모습이 아니라 실제의 모습이 되어 있었다. 그는 이제 진정 거룩한 성자가 된 것이다.[3]

이야기의 메시지는 분명하다. '척'만 해도 된다는 것이다. 믿음이 없는 사람은 '믿음이 있는 척하라'는 것이다. 믿음 있는 척하는 방법이 무엇인가?

우선 아침에 일찍 일어나서 기도하고 성경을 읽는다. 믿음이 있는 척 성당에 가고 헌금도 많이 낸다. 이렇게 척하면서 1년만 살면 어떻게 되겠는가? 믿음 있는 사람으로 변화된다.

믿음을 두 배로 갖고 싶다면 봉헌금도 두 배로, 교무금도 두 배로 내 보는 것이다. 그러면 신앙이 딱 두 배로 증가한다. 한번 상상해 보자. 일단 강론시간이 짧게 느껴진다. 예전에는 신부님의 강론이 '언제 끝나려나' 하고 시계만 봤다면 이제는 오 분, 십 분이 성에 안 차는 것이다. '왜 벌써 끝나? 내가 얼마를 냈는데 이 좋은 말씀이 벌써 끝나는 거야…….' 우스갯소리지만 분명 요런 심리가 작용하지 않겠는가?
또 하나, 주보도 꼼꼼히 챙겨서 읽게 된다. 주일 헌금, 교무금 얼마 안 냈을 땐 주보를 대개 버리고 갔던 것이 봉헌금 잘 바친 이후부터는 본당살림이 제대로 돌아가는지 관심을 갖게 되는 것이다. 이 역시 믿음이 증가했다는 표시다.
이렇듯 척하기만 해도 신앙에 신바람이 분다. 아멘!

'어머니가 가르쳐 준 노래' 그리스도인이 신앙을 몸으로 증거하면 다른 사람들이 그것을 보고 표양으로 배운다.
소설가 최인호(베드로)는 그의 글 '어머니가 가르쳐 준 노래'에서 살아생전의 어머니를 추억하며 어머니 때문에 갖게 된 신앙을 다음과 같이 고백한다.

"영원하신 어머니여
[…] 어머니, 저는 어머니가 기도를 드리기 전에 성호를 긋는 모습이

언제나 좋았어요. 함께 기도드릴 때마다 저는 언제나 그 모습을 가만히 훔쳐보곤 하였지요. 눈이 무겁게 감기셔서 앞을 제대로 못 보는 어머니가 묵주를 들고 그곳에 입을 맞추고 아주 경건한 자세로 두 손을 모으고, 작으면서도 그렇게 힘찬 성호를 긋는 모습은 언제나 제겐 놀라움이었습니다. 어머니, 십자가를 긋는 그 모습은 하루아침에 이룩된 모습이 아니었습니다. 온 생애를 다하여 거룩한 마음으로 성호를 그었던 사람만이 이룰 수 있었던 십자가를 어머니는 이마에, 가슴에, 두 손에 그을 수 있었던 것입니다.

돌아가신 그날까지 기도를 드리셨으니 어머니, 어머니야말로 생애의 마지막까지 기도를 드리신 성도가 아니었습니까. 〔…〕 아들 베드로 올림."⁴

독자들 중에 자녀가 있다면 그들이 과연 부모인 자신을 이러한 모습으로 기억할 수 있을지 잠시 성찰해 볼 일이다.

기도하는 모습을 보여 주라!!! 예수님은 말씀하셨다.

"너는 기도할 때 골방에 들어가 문을 닫은 다음, 숨어 계신 네 아버지께 기도하여라"(마태 6,6).

이 말씀은 옳다. 그런데 필자가 알기로 요새 우리 주님께서는 다른 문제 때문에 무척 고민하고 계신다. 자녀들 신앙교육에 관한 것이다. 아마도 요즘 부모들에게 기도에 관한 팁(tip)을 한 말씀 주신다면 이렇게 얘기하시지 않을까?

"너희는 기도할 때 아이들 보는 데서 기도하여라."

당연히 그래야 한다. 수험생인 아이가 자기를 위해서 부모가 기도하고 있다는 것을 안다면 이보다 더 큰 격려와 위로가 또 있을까. 그러니 아이를 위해 간식거리 챙겨줄 때 꼭 묵주를 손에 쥔 모습도 보이는 것이다. 그러면 자녀들이 생각하기에 '우리 엄마, 아빠가 나를 위해 기도해 주고 있구나. 난 틀림없이 시험 잘 칠 수 있어!' 하고 힘을 내는 것이다. 이보다 좋은 응원이 어디 있을까.

이 대목에서 우리는 판관기의 경종에 귀를 기울일 줄 알아야 한다. 판관기는 비극의 시작을 이렇게 묘사한다.

"그의 세대 사람들도 모두 조상들 곁으로 갔다. 그 뒤로 주님도 알지 못하고 주님께서 이스라엘에게 베푸신 업적도 알지 못하는 다른 세대가 나왔다"(판관 2,10).

"야훼를 모르는 새 시대가 등장했다"는 말은 결국 무슨 말인가? 무엇을 위해 깔아놓은 공식인가? 야훼를 모르니 이제 죄에 빠진다는 말이다.

그러니, 주님의 현존을 인식하지 못하고, 주님 두려운 줄 모르며, 자칫 현세적 달콤한 유혹에 빠지기 쉬운 차세대들을 위해, 부모님들은 입으로, 몸으로, 그들 보는 데서 열심히 기도할 일이다. 신앙의 유산보다 더 큰 유산이 어디 있겠는가.

명령기도

명령기도 에센스   지금까지 '아멘' 속에 숨겨진 보물들을 탐사하였다. 먼저, '아멘'은 확신에 찬 선언이며 또한 나 자신을 그 속에 일치시킨다는 뜻을 지님을 알아봤다. 다음으로, 우리가 확신에 가득 차 입술로 시인하고 몸으로 고백하면 하느님께서 반드시 이루어 주심을 확인하였다.

이러한 인식을 바탕으로 우리의 온 존재를 다하여 믿음을 드러내는 '아멘'의 기도법 첫 번째가 명령기도다. 명령기도는 사실 청원기도나 성취기도의 강력한 표현방식이다.

믿음을 믿자 우리가 입으로 무슨 말을 하든지 이것이 결국 우리의 현실로 이루어진다.

"내가 살아 있는 한, 너희가 내 귀에 대고 한 말에 따라, 내가 반드시 너희에게 그대로 해 주겠다"(민수 14,28).

우리의 운명을 바꾸는 주님의 약속이다. 긍정적으로 말한 사람들에게는 긍정적인 결과를 보게 해 주고, 부정적으로 말한 사람들에게는 부정적인 결과를 맛보게 해 주겠다는 말씀이다.

이와 관련하여 예수님께서는 다음과 같은 이벤트를 행하신 적이 있다.[5]

어느 날 예수님이 제자들과 무화과나무가 있는 곳을 지나시다 그 나무를 향하여 이르셨다.

"이제부터 영원히 어느 누구도 너에게서 열매를 따 먹는 일이 없을 것이다"(마르 11,14).

멀쩡한 나무를 향해 저주를 하신 것이다. 이는 예수님께서 일부러 행하셨던 말씀이다. 후에 다시 되돌아오는 길에 예수님 일행은 무화과나무가 말라 비틀어 죽은 모습을 발견한다. 궁극적으로 이 사건을 통해 예수님께서 하고 싶으셨던 말씀은 무엇일까?

"내가 진실로 너희에게 말한다. 누구든지 이 산더러 '들려서 저 바다에 빠져라.' 하면서, 마음속으로 의심하지 않고 자기가 말하는 대로 이루어진다고 믿으면, 그대로 될 것이다. 그러므로 내가 너희에게 말한다. 너희가 기도하며 청하는 것이 무엇이든 그것을 이미 받은 줄로 믿어라. 그러면 너희에게 그대로 이루어질 것이다"(마르 11,23-24).

이 말씀을 풀면 다음과 같다. "너희가 하느님을 믿는 믿음 위에서, 곧 하느님이 뒤에서 반드시 도와주신다는 전제 위에서, 확고한 믿음으로 뭔가를 명령하면 그대로 되리라."

기가 막힌 말이다. 이것이 명령기도인 것이다.

모세의 명령!!! 구약의 그 유명한 모세도 명령기도로 큰 효력을 발휘하였다.

이집트에서 탈출한 이스라엘 백성을 이끌고 가던 모세는 갈대 바다 앞에 이르러 당황하게 된다. 이에 하느님께서 모세에게 말씀하신다.

"우선 백성들부터 진군하라고 하고, 너는 바다를 향해 손을 뻗쳐라. 그리고 바다가 갈라지게 만들어!"(탈출 14,16 참조)

성경에는 '모세가 바다 위로 손을 뻗었다'(탈출 14,21.27)라고만 기록되어 있으나 실상 손만 뻗은 게 아니라 "바닷물아, 갈라져라!" 하고 명령한 것이다. 그랬더니 놀랍게도 바다가 갈라졌다. 모세의 명령기도가 바다를 주물렀던 것이다. 그래서 그들은 맨땅을 딛고 바다를 넘어갔다.

이는 또한 오늘 우리의 기도와 연결된다. 사실 이전 장들에서 우리가 '유혹에서' 또는 '악에서' 구해 달라는 소극적인 기도를 바쳤다면 이제 당당히 명령할 수 있는 것이다.

"나자렛 예수 그리스도의 이름으로 명한다. 썩 물러가라!"

우리는 이미 성령의 은사를 받은 그리스도인들이 아닌가. 그러기에 우리는 이처럼 선언할 수 있는 권능을 받았다. 우리의 말도 예수 그리스도의 이름으로 명하면 힘을 지니는 것이다.

다윗이 사용한 명령문   시편 17편에 등장하는 다윗의 요청은 명령문으로 되어 있어 언뜻 보면 마치 하느님께 명령을 내리는 듯하다. 그러나 히브리어에서 윗사람에게 사용하는 명령문은 무례함이 아니라 존경과 위엄을 의미한다.

"당신 눈동자처럼 저를 보호하소서"(시편 17,8).

다윗은 겸손히 하느님의 보호를 요청하는 것이다.

그런데 "주님, 일어나소서. 다가가 그를 내던지소서"(시편 17,13)에 이르면 하느님을 재촉하는 듯하다. 감히 하느님께 명령하는 것이다.

곰곰이 생각해 보자. 한밤중에 어린아이가 잠에서 깨면 불현듯 겁에 질려 엄마, 아빠를 찾는 경우는 흔하다. "엄마, 아빠! 어디계세요? 일어나세요!"

이는 오만함이 아니라 절박함에서 나온 것이다.

이처럼 우리가 담대하게 구할 수 있는 이유는 하느님의 자녀기 때문인 것이다.

"그러므로 확신을 가지고 은총의 어좌로 나아갑시다"(히브 4,16).

명령기도 바치기 _시편 17편   다윗의 시편 17편을 보면 아주 무례하기 짝이 없다. 번역상 많이 희석되었지만 원어를 공부한 사람들은 당황한다. 우리말에는 좀 애매하지만, 다윗은 하느님 앞에 어린 아이가 부모에게 반말을 하듯 명령기도를 하였던 것이다. 이 장을 닫으면서 마음을 실어 자신의 기도로 바쳐보자.(이 기도는 눈으로 읽지 마시고 꼭 소리를 내어 바쳐야 은혜가 됩니다!!!)

주님, 의로운 사연을 들어 보소서. 제 부르짖음을 귀여겨들으소서. 거짓 없는 입술로 드리는 제 기도에 귀 기울여 주소서. 당신 앞에서 저에게 승소 판결이 내려지게 하소서. 당신 눈으로 올바른 것을 보아 주소서.
당신께서 제 마음을 시험하시고 밤중에도 캐어 보시며 저를 달구어 보셔도 부정을 찾지 못하시리이다. 저의 입은 사람들이 하는 것처럼 하지 않고 저는 당신 입술에서 나온 말씀에 주의를 기울였습니다. 계명의 길을 저는 꿋꿋이 걷고 당신 길에서 제 발걸음 비틀거리지 않았습니다.
하느님, 당신께서 제게 응답해 주시겠기에 제가 당신께 부르짖습니다. 당신의 귀를 기울이시어 제 말씀을 들어 주소서.
당신 자애의 기적을 베푸소서. 당신 오른쪽으로 피신하는 이들을 적에게서 구해 주시는 분이시여!
당신 눈동자처럼 저를 보호하소서. 당신 날개 그늘에 저를 숨겨 주소서,
저를 억누르는 악인들에게서 저를 미친 듯 에워싼 원수들에게서. 〔…〕
주님, 일어나소서. 다가가 그를 내던지소서. 악인에게서 제

영혼을 당신 칼로 구해 주소서.

주님, 당신의 손으로 저 사내들에게서, 세상살이를 제 몫으로 삼는 사내들에게서 저를 구해 주소서. 당신께서 숨겨 놓으신 벌로 그들의 배를 채우시어 아들들도 배불리고 나머지는 자기네 어린것들에게 물려주게 하소서.

저는 의로움으로 당신 얼굴을 뵙고 깨어날 때 당신 모습으로 흡족하리이다.

(시편 17,1-9.13-15)

"아, 하늘을 쪼개시고 내려오십시오. 산들이 당신 앞에서 떨 것입니다"(이사 63,19: 공동번역).

23 '아멘!' (2) _긍정기도

원문에 숨겨진 보물 '아멘'은 그 자체가 '그대로 이루어지소서'라는 믿음의 명령인 동시에 강력한 '긍정'의 언어다.

'아멘'은 어떤 난관이나 절망도 부인하는 긍정의 선언이다. '반드시 된다', '꼭 이루어진다', '이미 사실이다'라는 의미의 긍정의 함성인 것이다.

모든 것이 실패로 끝나고 아무도 자신을 받아 주지 않을 것 같아 낙심될 때, 그저 '아멘' 하고 기도하라. 당신의 아픔을 함께 나누며 힘을 주는 분이 계심을 알게 될 것이다.

우리 자신이나 주위의 다른 사람들에게 일어난 일들에 대해 이해할 수도 없고 받아들이기도 힘들 때, '아멘' 하고 기도하라. 마음을 가라앉히고 문제를 새로운 시각으로 바라볼 수 있게 될 것이다.

분노, 행복, 슬픔, 두려움 등이 너무 커서 감당할 수 없을 때, '아멘' 하고 기도하라. 버거운 짐을 나누어 지시려고 손을 내미는 분이 계시다는 것을 느끼게 될 것이다.

당신의 삶을 전혀 통제할 수 없다는 무력감이 밀려올 때, '아멘' 하고 기도하라. 당신의 삶을 주재하시는 하느님이 우리를 옳은 길로 인도하시며 당신을 염려하고 사랑하고 계시다는 것을 깨닫게 될 것이다.

'아멘'의 긍정적 메시지를 깊이 묵상하며 바칠 때 그 기도는 '긍정기도'가 된다.

무조건적인 신뢰

절대 긍정의 근거, 케세드 '아멘'은 믿음의 발로인 동시에 '긍정'의 강한 고백이다.

앞에서 우리가 하느님께 '달라는' 청을 할 수 있는 구체적인 근거에 대해 짚어 본 적이 있다. 복습해 보면 그 첫째는 '하느님과 우리의 관계'였다. 하느님은 아빠고 나는 아빠의 자녀니까 무조건 달라고 할 수 있는 것이다. 그 둘째는 '하느님의 약속'이었다. 하느님께서 우리에게 주겠다고 분명하게 약속하신 것이었다.

그렇다면 우리가 하느님의 약속에 매달릴 수 있는 근거는 무엇인가? 그것은 하느님의 자비를 나타내는 히브리어 '케세드'(Chesed)다. 이 자비는 궁극적으로 '당신 약속에 충실하시다'라는 뜻이다.

"나는 확신합니다. 죽음도, 삶도, 천사도, 권세도, 현재의 것도, 미래의 것도, 권능도, 저 높은 곳도, 저 깊은 곳도, 그 밖의 어떠한 피조물도 우리 주 그리스도 예수님에게서 드러난 하느님의 사랑에서 우리를 떼어 놓을 수 없습니다"(로마 8,38-39).

이 사랑이 바로 약속에 대한 충실로 나타나는 것이다.

합하여 선을 이루시는 분   하느님께 대한 절대 신뢰의 근거를 우리는 창세기 마지막 장에서 한 요셉의 고백에서 발견한다.

"형님들은 나에게 악을 꾸몄지만, 하느님께서는 그것을 선으로 바꾸셨습니다"(창세 50,20).

이것이 바로 하느님의 자비에 대한 믿음이다. 결국 이는 우리의 삶에서도 나타난다. 우리들의 삶 가운데에 억울한 일, 잘 안 풀리는 일 등, 이 모든 것을 종합해 보면 하느님께서 좋은 일을 하시기 위한 과정이었다는 것을 알 수 있다. 후에 사도 바오로는 이 말씀을 묵상하고 이렇게 바꿔서 고백했다.

"하느님을 사랑하는 이들, 그분의 계획에 따라 부르심을 받은 이들에게는 모든 것이 함께 작용하여 선을 이룬다는 것을 우리는 압니다"(로마 8,28).

이 믿음을 우리도 가져야 한다. 하느님의 안목은 지극히 크고 높은 것이어서 인간의 제약된 이성으로는 도저히 측량할 수 없다. 그냥 믿고 모든 것을, 심지어 역경까지도 송두리째 그분께 맡기는 것이 상책이다. 이 긍정의 믿음이 있을 때 우리는 환경의 변화에 두려움과 의심 없이 굳건히 설 수 있다.[1] 이것이 신앙이다.

긍정의 학교   이스라엘 백성은 왜 광야에서 40년을 지내야 했는가?

이 물음에 대한 답을 얻기 위해 말머리는 이스라엘 민족이 파란 광야에 이르렀을 때로 넘어간다. 모세는 가나안을 정탐하기 위해 한 지파에서 한 명씩, 똑똑한 청년 12명을 뽑아서 가나안 땅으로 들여보낸다. 그런데 40일간 정탐하고 돌아온 이들 중에서 10명은 아주 비관적이고 비극적인 견해를 밝힌다.

"거기에는 장대같이 키가 큰 거인족이 살고 있습니다. 거기에는 너무 강한 사람들이 살고 있기 때문에 우리는 들어가지 못합니다. 그들 앞에 섰더니 꼭 우리가 메뚜기만 하게 보였습니다"(민수 13,32-33 참조).

그때 눈의 아들 여호수아와 여푼네의 아들 칼렙이 나서서 반론을 펼친다.

"아닙니다. 야훼 하느님께서는 그 땅을 우리에게 주시겠다고 약속하셨습니다. 우리가 야훼의 마음에 들기만 하면, 그 땅은 우리 땅입니다. 그들은 우리의 밥입니다"(민수 14,8-9 참조).

결국 이스라엘 백성들은 다수의 의견을 받아들이게 되고, 이에 하느님께서는 분노하시어 흑사병을 내리겠다고 엄포하신다. 모세의 간청으로 겨우 마음을 돌리신 하느님은 광야 38년을 이스라엘 민족의 트레이닝 기간으로 삼으셨다.

38년의 광야생활, 모두 다 합쳐서 40년 동안의 광야생활은 결국 '긍정의 학교' 수업이었다. 주님께서는 부정적인 사람들이 긍정적인 생각을 가질 때까지 광야를 뺑뺑 돌게 하셨다. 이는 아무리 극한 상황에서도 원망하거나, 죽겠다는 소리 하지 말고 하늘에 삿대질하지 말 것을 가르치신 것이었다. 여기서 실제 못 들어간다고 한 사람들은 못 들어가게 만드셨다. 기가 막히게도 들어간다고 한 긍정의 사고

방식을 가진 사람들만 데리고 가나안 땅을 밟게 하셨다.[2]

우리도 마찬가지다. 나의 꿈과 소망은 언제 이루어지는가? 긍정의 사고방식을 가질 때만 약속된 가나안 땅에 들어가는 것이다. 아무리 주님의 기도를 바쳐도 부정적인 사고방식으로 바치는 사람들은 탈락이다. 그것은 하느님도 구제하지 못하고 버리고 가신다. 긍정기도만이 통하는 기도다.

인간 안목의 한계

우리는 하느님의 선하신 섭리를 어떤 경우에도 긍정할 줄 알아야 한다.

어느 마을의 농부들이 하느님께 기도했다.

"하느님, 일 년만 저희가 원하는 대로 날씨를 변화시켜 주세요."

하느님이 흔쾌히 응답하셨다.

"그래, 좋다. 일 년 동안 너희 원하는 대로 해 주겠다."

그때부터 농부들은 자기들의 경험에 비추어 하느님께 요구하기 시작했다.

"하느님, 지금 비를 주세요!", "햇빛을 주세요!", "바람을 주세요!"

곧 가을이 되어 들판에 곡식이 무르익었다. 농부들은 신이 나서 추수를 했다. 그런데 이게 무슨 일인가? 막상 벼들을 탈곡하니 알곡이 하나도 없었다.

"아니, 하느님. 왜 알맹이가 없는 겁니까?"

농부들이 따져 묻자 하느님이 대답하셨다.

"나는 너희들이 원하는 대로 비와 햇빛과 바람을 주었다. 그렇지만 너희들은 알곡 달라는 얘기는 한마디도 없지 않았느냐?"

그제야 농부들은 자신들의 경험보다 모든 것을 하느님께 맡겨 드리는 편이 이롭다는 것을 깨달았다.

'하느님께서 어련히 섭리하시겠는가' 하는 믿음이 필요한 것이다.

나에 대한 긍정　　긍정 가운데 가장 중요한 것이 자신의 존재에 대한 긍정이다.

카를 바르트는 20세기가 낳은 가장 위대한 신학자요 철학자다. 한번은 그가 미국에서 특별 강연을 하던 중에 한 신학생으로부터 다음의 질문을 받았다.

"박사님의 마음을 사로잡은 가장 큰 진리는 무엇입니까? 알고 싶습니다."

모든 신학생들의 눈빛이 반짝였다. 무언가 아주 위대하고 깊고 심오한 대답이 나올 것이라 예상했다. 바르트 박사는 짧고 분명하게 대답했다.

"예수님께서 나를 사랑하십니다."

잠시 후 그가 다시 말을 이었다.

"바로 이것입니다. 왜냐하면 성경이 내게 그렇게 말하고 있기 때문입니다."

이 말은 구약과 신약을 압축한 것이나 다름없다. '예수님이 나를 사랑하신다'라는 것을 염두에 두면 우리 인생에 있어서 언제나 긍정적인 생각을 가질 수 있다.

신앙 여정 속에서의 '아멘'

시편 23편과 영성의 3단계   신앙 여정에서 주님의 인자하심을 '절대 긍정' 하는 마음으로 '아멘!' 할 때, 우리의 영성은 날로 성장하게 마련이다. 그 길잡이가 바로 시편 23편이다.

시편 23편은 유다인들이 달달 외우는 성경구절로, 우리들도 성가로 만들어 자주 노래로 부르고 있다. 이 시편을 독자들이 외워두면 큰 은혜를 받을 것이다. 일단 본문을 3연의 구조로 나누어 읽어보자.

"주님은 나의 목자, 나는 아쉬울 것 없어라.
푸른 풀밭에 나를 쉬게 하시고 잔잔한 물가로 나를 이끄시어
내 영혼에 생기를 돋우어 주시고 바른길로 나를 끌어 주시니
당신의 이름 때문이어라"(시편 23,1-3).

"제가 비록 어둠의 골짜기를 간다 하여도
재앙을 두려워하지 않으리니
당신께서 저와 함께 계시기 때문입니다.
당신의 막대와 지팡이가 저에게 위안을 줍니다"(시편 23,4).

"당신께서 저의 원수들 앞에서 저에게 상을 차려 주시고
제 머리에 향유를 발라 주시니 저의 술잔도 가득합니다.
저의 한평생 모든 날에 호의와 자애만이 저를 따르리니
저는 일생토록 주님의 집에 사오리다"(시편 23,5-6).

이는 앞의 '관상기도'에서 언급한 영성의 3단계와 일치한다.

첫 번째 연은 신앙의 초보단계로서 '정화의 단계'(거비정화)에 해당한다. 초보인 나를 주님은 먹여 주시고 걸음마를 걷게 하시고 정화시켜 인도해 주신다.

두 번째 연은 신앙의 숙달단계로서 '조명의 단계'(진명덕화)에 해당한다. 중간 중간 어둠의 골짜기에도 빠지는 나에게 주님은 항상 함께 하시며 빛을 비추시어 위안을 주신다.

세 번째 연은 신앙의 일치(완성)단계로서 '일치의 단계'(신인일화)에 해당한다. 마침내 호의와 자애로서 잔치를 벌여주시는 주님과 내가 한평생 일치하여 하나가 되는 것이다.

그러므로 시편 23편을 노래하면서 '아멘!'이라 고백할 때, 괄목할 만한 영적 성장의 은혜를 입게 될 것이다.[3]

사망의 음침한 골짜기에서 미국의 어린 소년 하나가 암을 선고 받아 거의 죽음에 이르렀을 때였다. 소년의 어머니는 아들과 함께 성경의 시편 23편을 읽기 시작했다. 그러고는 아들에게 첫 구절인 "주님은 나의 목자"(시편 23,1)를 다음과 같이 마음에 새겨주었다.

이 구절은 영어로 꼭 다섯 단어인데 바로 "The LORD is my shepherd"다. 어머니는 이 말씀을 아들의 왼쪽 손가락 하나하나를 꼽으며 반복하였다. 특히 'my'(나의)에 이르는 네 번째 손가락을 꼽을 때 아들의 손에 더욱 힘을 주며 말했다.

"주님이 나의 또 너의 목자가 되신다면 아무것도 두려워할 것이 없단다. 하느님은 너를 반드시 천국으로 인도하실 거야. 이 고백이 큰 은총임을 잊지 마렴."

잠시 후 소년은 눈을 감았다. 그런데 아들의 손을 본 어머니는 깜짝 놀랐다. 아들은 마지막 떠나던 순간까지 자신의 오른손으로 왼손의 네 번째 손가락을 꼭 쥐고 있었던 것이다.[4]

소년은 손가락으로만이 아니라 마음으로 주님은 '나의 목자'임을 고백하며 힘주어 '아멘!' 하였던 것이다. 그것은 죽음도 두렵지 않게 해 준 절대 긍정이었던 것이다.

긍정기도

긍정기도 에센스 지금까지 '아멘' 속에 숨겨진 보물들을 두 번째로 탐사하였다. 먼저, 구세사에서 아멘이 지닌 '긍정'의 중요성을 되짚어 봤다. 다음으로, 우리 일상으로 고백되는 '아멘'의 전망에서 시편 23편을 통해 영성의 3단계를 다시금 조명하여 신앙성장을 위한 길을 모색하였다. 결국 믿음의 긍정 곧 우리의 하느님께 대한 무조건적인 신뢰만이 참신앙인이 누릴 수 있는 은총임을 깨달았다.
　이에 우리가 아버지 하느님께 절대 긍정의 신앙으로 고백하는 기도가 긍정기도다. 긍정기도는 뚝심기도와 보조관계에 있다.

눈이 녹으면 우리가 긍정의 사고를 가지면 새로이 보이는 것이 있다.

어느 날 한 학생이 아인슈타인에게 질문했다.

"선생님, 이 세상에서 일어나는 모든 일이 과학으로 설명될 수 있다고 믿으십니까?"
음악에 조예가 깊던 아인슈타인이 이렇게 응수했다.
"물론입니다. 하지만 그것은 아무런 의미가 없습니다. 만약 내가 베토벤 교향곡을 '음파 압력의 변화'라고 해석한다면 그게 무슨 의미가 있겠습니까?"

누군가 물었다.
"눈이 녹으면 뭐가 되지요?"
평범한 사람들의 대답은 하나같이 다음과 같았다.
"당연히 물이 되지요."
그러나 풍부한 상상력을 가진 어떤 사람은 이렇게 대답했다.
"곧 봄이 될 겁니다."

세상에 일어나는 일을 곧이곧대로 딱딱하게 바라보면 재미없다. 관점을 바꾸는 순간, 긍정적인 사고방식이 형성되는 법이다.

은혜가 휠체어에 가득   1967년 다이빙 사고로 목이 부러진 조니 에릭슨 타다. 그녀는 하루아침에 전신마비 장애인이 되었다. 그러나 조니는 자신의 처지에 좌절하지 않았다. 불타오르는 재활의지와 주위의 도움을 통해 입으로 그림을 그리면서 많은 글을 쓰고 또 여러 곳에서 강연을 하곤 했다. 그는 자신의 자서전 『조니』란 책의 서문에서 다음과 같이 말하였다.
"그림 그리는 일과 가족, 그리고 친구들의 도움은 나를 완전히 절망에서 끌어내어 주었습니다. 그러나 이 휠체어의 인생으로부터 무엇보다도 먼저 감사받으셔야 할 분은 하느님이십니다. 하느님은 인생의 참된 의미를 깨닫도록 도와주셨습니다. 그리고 지금 생각해 보면 마비로 인한 내 모든 시련은 바로 하느님의 사랑이 제게 임한 것임을 확신합니다. 하느님께서는 내 고통 뒤에 이유를 두셨고, 그것을 알고 나니 세상은 완전히 달라졌습니다. 여러분의 고통에 대해서도 하느님은 이유를 가지고 계십니다."

현재 그녀는 '조니와 친구들'(JAF)이라는 협회를 창설, 전 세계 장애인들을 위한 대모로 활동하고 있다.

인간적인 눈으로 봤을 때 조니의 삶은 이미 불의의 사고를 당했을 때 끝장난 것이나 다름없었다. 그녀의 고백마따나 그녀 자신도 얼마간 '절망'의 늪에서 헤어나오지 못했다. 그녀를 절망에서 결정적으로 끌어내어 준 분은 하느님이셨다. 그리하여 조니는 불편한 몸을 가지고 오히려 성한 몸을 가진 사람들에게 삶의 의욕을 불어넣어 주는 명사(名士)가 되었다.

이것이 바로 긍정의 힘이다.

긍정기도 바치기   성 요한 크리소스토모는 콘스타티노플의 주교가 된 후, 사회악을 비판하고 정의를 위해 힘쓰다 결국 적대자들의 모략에 빠졌다. 다음은 유배길을 떠나기에 앞서 성인이 했던 마지막 강론이다.[5] '황금의 입'이라는 별칭만큼이나 하느님께 대한 그의 절대 긍정의 메시지가 우리에게 잘 전달된다. 이 장을 닫으면서 마음을 실어 자신의 기도로 바쳐보자.(이 기도는 눈으로 읽지 마시고 꼭 소리를 내어 바쳐야 은혜가 됩니다!!!)

내가 무엇을 두려워하겠습니까? 죽음입니까? 아닙니다.
내 생명은 하느님께 감추어져 있습니다.
내가 사는 땅에서 쫓겨나는 것이 두렵겠습니까? 아닙니다.
땅과 그 안에 있는 모든 것은 다 주님의 것입니다.
내 소유물을 잃어버리는 것이 두렵겠습니까? 아닙니다.
나의 보화는 하늘에 감추어져 있습니다.
저들이 나를 쫓아내면 나는 엘리야처럼 될 것이고
구덩이에 던져 넣으면 예레미야처럼 될 것입니다.
굴에 던져 넣으면 다니엘처럼 될 것이요
바다에 던지면 요나처럼 될 것입니다.
돌로 친다면 스테파노처럼 될 것이고
목을 벤다면 세례자 요한처럼 될 것입니다.
그리고 나를 매질한다면 사도 바오로처럼 될 것입니다.
이렇게 하느님을 의지하고 믿으니 아무런 두려움도 없습니다.
내가 당하는 모든 고난과 사건을 통해서 하느님은 높임을 받을 것이며,
나는 환난 중에 주시는 영광을 누리게 될 것입니다.

"믿음은 우리가 바라는 것들의 보증이며 보이지 않는 실체들의 확증입니다"(히브 11,1).

24 '아멘!'(3) _감사기도

원문에 숨겨진 보물　　'아멘'이라는 말 속에는 '감사'가 들어 있다.

앞서 우리는 '아멘' 속에 '반드시 이루어진다!'는 명령의 에너지가 있음을 보았다. 또한 '아멘' 속에 '된다!'는 긍정의 에너지가 있음을 알았다. 이제 마지막 세 번째 '아멘' 속에서 '감사합니다!'라는 감사의 에너지를 함께 확인해 보자.

'아멘'을 깊이 묵상하여 찾은 세 번째 통하는 기도는 '감사기도'다. 모든 사건과 모든 필요는, 청원기도의 동기가 될 수 있는 것처럼, 감사기도의 동기가 될 수 있다.

감사의 심리학

감사의 선순환   '아멘'은 궁극적으로 주님께서 베푸신 은총에 대한 '감사'를 강력하게 표현해 준다.

감사에 대한 사도 바오로의 권고는 너무 많이 알려져 있지만 여전히 새로운 말씀으로 알아들을 줄 알아야 한다.

"모든 일에 감사하십시오. 이것이 그리스도 예수님 안에서 살아가는 여러분에게 바라시는 하느님의 뜻입니다"(1테살 5,18).

우리가 감사할 때 어떤 일이 일어나는가? 감사는 '선순환'을 가지고 있다. 물론 불평의 '악순환'도 있다. 이들을 도해화하면 다음과 같다.

우리가 '은총'(축복)을 많이 받으면 그것을 인정하고 '감사'하게 된다. 이를 말로만 하는 것이 아니라 하느님께 감사한 마음을 담아 '봉헌' 예물을 올린다. 봉헌을 많이 할수록 다시 은총을 받게 된다. 이처럼 감사의 선순환이 반복되는 것이다.

한편, 자신의 상황에 '불만'을 갖게 되면 '불평'이 절로 나온다. '나는 받은 것이 없어', '내 삶은 불행의 연속이야' 등. 그러면 사람은 '인색'해져서 나눌 줄도, 감사할 줄도 모른다. 이렇게 인색하니까 또 받지 못하게 되고 다시 불만이 쌓여간다. 이처럼 불만의 악순환이 반복되는 것이다.

출발은 같다. 독자들은 어느 순환 속에 들어오고 싶은가? 내가 지금 불평의 악순환에 있다면 빨리 끊어 버리고 감사의 선순환으로 들어오라!

이것이 감사의 힘이다. 『무지개 원리』 책에도 등장한 일본의 마쓰시타 고노스케 사장은 이런 말을 한 적이 있다.
"감옥과 수도원의 공통점은 세상과 고립돼 있다는 점이다. 다른 게 있다면 불평하느냐 감사하느냐의 차이뿐이다. 감옥이라도 감사하면 수도원이 될 수 있다."
옳은 말이다. 누군가 감옥에 살더라도 감사하는 마음을 가지면 그곳은 수도원이다. 반면 수도원에 살면서도 매일 불만을 가지면 그곳이 감옥이다. 이 작은 차이를 우리는 깨달아야 한다.
이 감사를 표현해 주는 언어가 바로 '아멘!'과 '할렐루야!'인 것이다.

감사의 열매   일상에서 감사가 생활화되면 그야말로 좋은 일들이 생긴다.
미국 심리학자 로버트 에먼스 교수와 마이클 매컬로프 교수의 연구팀은 '감사하는 태도가 사람에게 어떤 영향을 끼치는가'에 대한 흥미로운 실험을 했다.[1]
그들은 자원자를 뽑아 우선 A · B · C 세 그룹으로 나누었다. 그런 다음 일주일 동안 각각 세 가지 말과 행동에 집중하게 했다. 우선 A그룹은 기분 나쁜 말과 행동에, 다음 B그룹은 감사를 드리는 일에, 마지막 C그룹은 일상적인 말과 행동에 집중하도록 했다.

실험 결과 B그룹은 다른 그룹보다 가장 많은 행복감을 느꼈다. B그룹 주변 사람들도 B그룹의 긍정적 변화에 동의했다. 그들의 긍정적 변화에 동의하고 그들의 변화를 증언했다. 반면 A그룹과 C그룹에서는 이와 같은 긍정적 변화가 나타나지 않았다.

실험 연구팀은 이 실험 기간을 늘려 1년 동안 변화를 지켜보았다. 그 결과 "매일 감사하는 태도를 훈련한 이들은 긍정적인 마인드에 더 큰 효과가 있다"는 것이 밝혀졌다. 실험 참가자들이 겪은 주요 변화의 일부는 다음과 같다.

- 낙천적인 성격으로 변했다.
- 활력이 넘치는 생활을 하게 되었다.
- 열정적으로 활동하게 되었다.
- 결단력이 강해졌다.
- 유머 감각이 생겼다.
- 힘든 일을 처리하는 데 자신감이 붙었다.
- 운동을 더 열심히 하게 되었다.
- 다른 사람들을 돕는 데 적극적으로 나서게 되었다.
- 재산을 많이 가진 사람들에 대해 시기하고 원망하는 마음이 사라졌다.
- **스트레스에 강해졌다.**
- **가족 관계가 돈독해졌다.**
- **신앙심이 깊어졌다.**

이와 비슷한 또 하나의 실험이 있다.

미시간대학교 피터슨 교수 연구팀은 '훈훈한 느낌, 그 행복한 느낌을 어떻게 하면 오랫동안 지속시킬 수 있을까'를 연구하기 위해 실험 참가자들에게 하루하루 감사한 일을 발견하고 세어 보게 하였다. 참가자들은 인생에서 축복이라고 생각하는 세 가지를 매일 노트에 적고, 그 축복이 왜 자신에게 일어났는지 이유를 적었다. 그 과정에서 참가자들은 일상의 사소한 것들을 '지나치지 않으면서' 감사함을 발견하는 안목을 갖게 된 것이다.

간단한 진리다. 삶에서 감사를 발견하는 그 순간 우리는 행복을 얻게 된다.

신통한 수사의 비밀

어느 수도원에 치유의 은사가 있는 수사 한 분이 있었다. 그런데 원장 수사의 눈에는 그 수사가 그리 탐탁지 않았다. 보아하니 기도에 충실하지 않고, 덕도 수준미달인 듯한데 그런 귀한 은사를 받았으니 질투심마저 생기는 것이었다. 원장 수사는 참다못해 그 수사에게 물었다.

"자네 도대체 어떻게 했기에 그런 은사를 받은 겐가?"

"특별한 건 없습니다. 그저 한 가지 있다면 저는 하루하루 일어나는 모든 일에 감사를 드린다는 것 정도입니다. 어느 때건 '주님 뜻이 이루어져 감사드립니다' 하고 기도하지요."

원장은 어이가 없었다. 문득 한 달 전 수도원에서 일어났던 도난사건이 떠올랐다.

"그럼 그 도난사건이 일어난 때에도 감사했단 말인가?"

"그럼요. 전 주님께서 나중에 더 좋은 걸 주시리라 믿으면서 감사 기도를 드렸습니다."

원장은 그제야 속으로 조용히 응답했다.

'자네의 그 영성을 이제 인정하겠네. 내가 부족한 사람이었군.'

은사의 비밀도 은총의 비밀도 감사에 있다. 어느 경우에도 감사의 말을 입에 달고 다니자.

"감사합니다. 주님, 아멘! 할렐루야!"

헤아리고 표현하라

고마운 낡은 운동화　　어느 가난한 집에 하루는 세탁기가 고장 났다. 그 집 가장은 마침 중고 세탁기 광고를 내놓은 한 저택으로 찾아갔다. 대궐 같은 집에 도착해 안으로 들어가니 내부는 더 훌륭했다. 그는 내심 울적한 기분이 들었다. 저택 주인 남편이 세탁기를 가지러 간 사이에 부인이 그에게 차를 내왔다. 남자는 감사표시를 하며 부인에게 말했다.

"새로 살 돈이 없었는데 광고를 보고 무척 기뻤습니다. 저한텐 맨날 잘도 뛰어다니는 두 아들 녀석에게 신발 한 켤레를 사줄 여유조차 없거든요."

그러자 부인의 얼굴이 어두워지더니 갑자기 방안으로 들어가 버렸다. 순간 당황한 남자는 부인의 태도에 적잖게 기분이 상했다. 잠시 후 남편이 나와 자초지종을 설명했다.

"죄송합니다. 우리도 딸이 하나 있는데……, 그 아이는 태어날 때부터 병이 있어서 걷지를 못합니다. 당신 아이들의 얘기에 제 아내가 아마도 딸이 생각나 그랬던 모양입니다."

집으로 돌아온 남자는 현관에 놓인 아이들의 낡은 운동화를 바라보았다. 그는 무릎을 꿇고 하느님께 기도드렸다.

"주님, 저의 어리석은 불평을 용서하소서. 저희 아이들에게 건강한 두 다리를 주심에 감사드립니다. 아멘."

신용불량을 풀으라   보는 눈이 없으면 있는 것도 보지 못한다. 밥 러셀의 책 『Money: A User's Manual』에는 한 농부 이야기가 나온다.

농부는 자기 농장에 대하여 불만이 많았다. 농장 안 호수를 늘 관리해야 하는 것도 귀찮았고 풀밭을 초토화시키는 살찐 젖소들도 이만저만한 골칫거리가 아니었다. 울타리를 보수하고 가축을 먹이는 일도 지긋지긋했다. 끝내 농부는 부동산 중개업자에게 농장을 매물로 내놓았다.

며칠 후 중개업자로부터 농장을 소개할 광고문을 확인해 달라며 전화가 왔다.

"조용하고 평화로운 곳, 굽이굽이 이어진 언덕이며 보드라운 목초가 쫙 깔린 곳. 깨끗한 호수로부터 자양분이 들어오고 가축은 무럭무럭 자라는 축복의 땅."

말이 끝나기도 전에 듣고 있던 농부가 말했다.

"미안하지만 마음이 바뀌었소. 농장을 팔지 않겠소. 그 땅이 바로 내가 평생 찾고 있던 땅이오."

현재 자신이 누리고 있는 것이 사실 감사해야 할 대상이다. 이미 우리는 많은 것을 받고 축복을 누리고 있는 것이다.

기도하다 보면 가끔 이런 말이 불쑥 튀어나올 때가 있다. '요즘엔 왜 응답이 안 올까? 기도 끗발이 떨어졌나?'

이런 때 바로 점검이 필요한 순간이다. 응답이 안 오는 이유는 틀림없이 내가 떼먹은 감사가 있기 때문이다. 내 이름이 지금 신용불량자 명단에 올라가 있는 것이다. 일단 신용불량자는 거래가 안 된다. 이 거래를 다시 트려면 어떻게 해야 하는가? 여태 안 갚은 것을 갚아야 하는 것이다.

필자가 처방 하나를 드리자면, 일단 내 자신이 감사가 부족해 신용불량자 명단에 올라갔다 생각되면 모을 수 있는 만큼 돈을 모아보자. 액수는 중요하지 않다. 그런 뒤 본당에 가서 감사미사를 올리고 주님께 기도하는 것이다.

"지금까지 제가 주님께 드리지 못한 감사는 이걸로 완전히 청산입니다. 쌤쌤입니다."

그러면 말 그대로 쌤쌤이 되는 것이다.

복음서에는 예수님께서 나병 환자 열 사람을 치유해 주셨다는 이야기가 나온다(루카 17,11-19 참조). 여기서 예수님의 치유의 기적보다 눈여겨볼 대목은 단 한 사람만이 예수님께 돌아와 감사인사를 드렸다는 데에 있다.

"열 사람이 깨끗해지지 않았느냐? 그런데 아홉은 어디에 있느냐?" (루카 17,17)

바로 이 예수님의 말씀이 오늘 우리에게 묻는 질문일 수도 있다는 것을 기억하자.

매일 400번　　천국에 사는 성인들은 주로 무슨 기도를 바칠까? 그리스도교 신학에 따르면 감사기도라고 한다.

"Deo gratias"(하느님 감사합니다).

페루 출신 예수회 신부인 마르티네스는 매일 400번씩 이 감사의 기도를 올리며 주변에 그 방법을 전했다고 한다. 늘 아낌없이 우리에게 베푸시는 하느님께 대해 감사드리는 것이 당연하다고 믿었기 때문이었다.[2]

유다인들도 여기에 빼놓을 수 없다. 그들은 날마다 최소한 100가지 이상 감사할 거리를 찾는 훈련을 한다. 탈무드는 아예 우리가 천둥소리를 들을 수 있고, 번개를 볼 수 있고, 갖가지 맛을 느낄 수 있고, 대자연의 모든 것과 함께할 수 있음에 감사하라고 가르친다.

에릭 호퍼는 이런 말을 남겼다.

"세상에서 가장 어려운 산수가 있다면 그것은 바로 우리에게 주어진 축복을 헤아리는 것이다."

필자는 이 말을 뒤집어서 생각해 본다. '세상 모든 것이 감사할 거리라면 이처럼 쉬운 산수가 또 어디 있겠는가!'

감사기도

감사기도 에센스　　지금까지 '아멘' 속에 숨겨진 보물들을 세 번째로 탐사하였다. 먼저, '아멘'은 결과적으로 '감사'로 표현됨을 확인하면서 우리가

> 감사에 눈을 떠야 할 필요를 보았다. 그리고, 감사를 생활화하면, 삶에서 자꾸자꾸 감사드릴 것들이 기적처럼 생겨남을 깨달았다.
>
> 이에 하느님을 사랑하고 또 그분께 사랑받는 가장 찐한 응답인 '아멘' 속에 '감사'가 녹아 있음을 인식하고 이를 적극적으로 표현하는 기도가 감사기도다. 감사기도에서 중요한 것은 그것을 말과 행동으로 표현한다는 것이다.

우직한 감사의 결과

탈무드에는 아키바라는 랍비의 이야기가 있다. 어느 날 그가 먼 길을 여행하게 되어 짐을 꾸렸다. 그는 책을 보기 위한 등잔과 시간을 알리는 수탉, 먼 길을 가기 위한 나귀와 유다 경전인 토라를 가지고 떠났다. 도중에 날이 저물어 한 마을에 들어가 쉴 곳을 청하였으나 모두 거절당했다. 언제나 감사하는 마음을 가진 그는 속으로 생각했다. '모든 것을 좋게 하시는 하느님의 뜻이야. 나를 더 유익하게 이끄실 거야.'

그리고는 마을 밖 모퉁이에 천막을 치고 잠을 청했다. 막상 노숙하려니 잠이 오질 않아 그는 토라를 읽으려고 등불을 켰다. 그런데 그만 바람에 등불이 꺼지고 말았다. 그는 그래도 하느님께 우직하게 감사했다. 다시 잠을 청하며 누우려 하자, 이번에는 사나운 짐승의 울부짖는 소리에 놀란 나귀가 도망갔다. 그 바람에 수탉도 놀라 날아가 버렸다. 그에게 남은 것이라고는 토라밖에 없었다. 그러나 그는 또다시 하느님께 우직하게 감사했다.

이튿날 아침 날이 밝자 그는 마을로 다시 들어갔다. 그런데 전날 밤 도적 떼의 습격으로 마을은 쑥대밭이 되었고 사람들은 모두 죽임을 당한 뒤였다.

만일 등잔이 켜져 있었다면 또는 나귀나 수탉이 울부짖었다면, 그가 과연 살아남을 수 있었을까?

감사는 궁극적으로 우리에게 선을 이룬다. 특히 우직한 감사는 기적을 가져온다.

감사기도 바치기 _시편 118편 감사기도의 전형을 우리는 시편에서 발견한다. 이스라엘 민족이 해방자 야훼 하느님께 사은의 정을 노래했던 시편 118편에서 우리는 아직도 그 감사 전례의 박동을 강하게 느낄 수 있다.³ 이 장을 닫으면서 마음을 실어 자신의 기도로 바쳐보자.(이 기도는 눈으로 읽지 마시고 꼭 소리를 내어 바쳐야 은혜가 됩니다!!!)

주님을 찬송하여라, 좋으신 분이시다. 주님의 자애는 영원하시다.
이스라엘은 말하여라. "주님의 자애는 영원하시다."
아론의 집안은 말하여라. "주님의 자애는 영원하시다."
주님을 경외하는 이들은 말하여라. "주님의 자애는 영원하시다."

곤경 속에서 내가 주님을 불렀더니 주님께서 응답하시고 나를 넓은 곳으로 이끄셨네.
주님께서 나를 위하시니 나는 두렵지 않네. 사람이 나에게 무엇을 할 수 있으랴?

주님은 나를 도우시는 분이시니 나를 미워하는 자들을 나는
내려다보리라.
주님께 피신함이 더 낫네, 사람을 믿기보다.
주님께 피신함이 더 낫네, 제후들을 믿기보다.

온갖 민족들이 나를 에워쌌어도 나는 주님의 이름으로 그들을
무찔렀네.
나를 에우고 또 에워쌌어도 나는 주님의 이름으로 그들을 무
찔렀네.
벌 떼처럼 나를 에워쌌어도 그들은 가시덤불의 불처럼 꺼지고
나는 주님의 이름으로 그들을 무찔렀네.
나를 쓰러뜨리려 그렇게 밀쳤어도 주님께서는 나를 도우셨네.
주님은 나의 힘, 나의 굳셈, 나에게 구원이 되어 주셨네.
의인들의 천막에서는 기쁨과 구원의 환호 소리 터지네. "주님의
오른손이 위업을 이루셨다!
주님의 오른손이 드높이 들리시고 주님의 오른손이 위업을
이루셨다!"
나는 정녕 죽지 않고 살리라. 주님께서 하신 일을 선포하리라.
주님께서 나를 그토록 벌하셨어도 죽음에 내버리지는 않으
셨네.
내게 열어라, 정의의 문을. 그리로 들어가서 나 주님을 찬송
하리라.
이것이 주님의 문이니 의인들이 그리로 들어가네.

제가 당신을 찬송하니 당신께서 제게 응답하시고 제게 구원이
되어 주셨기 때문입니다.

집 짓는 이들이 내버린 돌 그 돌이 모퉁이의 머릿돌이 되었네.
이는 주님께서 이루신 일 우리 눈에 놀랍기만 하네.
이날은 주님께서 만드신 날 우리 기뻐하며 즐거워하세.

아, 주님, 구원을 베푸소서. 아, 주님, 번영을 베푸소서.

주님의 이름으로 오는 이는 복되어라. 우리는 주님의 집에서
너희에게 축복하네.
주님은 하느님 우리를 비추시네. 제단의 뿔에 닿기까지 축제
제물을 줄로 묶어라.

당신은 저의 하느님, 당신을 찬송합니다. 저의 하느님, 당신을
높이 기립니다.

주님을 찬송하여라, 좋으신 분이시다.
주님의 자애는 영원하시다.

(시편 118,1-30)

"저는 당신의 이름을 끊임없이 찬미하고 감사의 노래를 읊었습니다.
그러자 제 기도를 들어 주셨습니다"(집회 51,11).

| 에필로그 |

희망기도

원문에 숨겨진 보물　　이제 우리는 '주님의 기도'라는 코스의 마라톤 레이스 마지막 트랙을 돌고 있다. 기분일망정 골인을 목전에 두고 사도 바오로가 품었던 희망이 마치 자신의 것인 양 넘실대지 않는가.

"나는 훌륭히 싸웠고 달릴 길을 다 달렸으며 믿음을 지켰습니다. 이제는 의로움의 화관이 나를 위하여 마련되어 있습니다"(2티모 4,7-8).

이 꿈은 부질없는 망상이 아니다. 우리가 앞으로 하루에 단 한 번만이라도 '주님의 기도'를 정성껏 바치며 살기만 한다면, 어찌 월계관뿐이랴.

"어떠한 눈도 본 적이 없고 어떠한 귀도 들은 적이 없으며 사람의 마음에도 떠오른 적이 없는 것들을 하느님께서는 당신을 사랑하는 이들을 위하여 마련해 두셨다"(1코린 2,9).

그래서 희망인 것이다. 그러기에 에필로그로 바치는 기도 역시 '희망기도'다.

갈무리

'주님의 기도'로 바치는 관상기도   그동안 우리는 주님의 기도에 숨겨진 보물들을 토씨 하나까지 샅샅이 뒤져가며 탐사해 봤다. 이제 각각의 보물들을 한 줄로 꿰어보자. 함께 주님의 기도의 한 구절 한 구절씩을 음미하며 마치 관상기도를 드리듯이 통하는 기도를 바쳐보자. 눈을 감고 마음의 지긋한 응시로 사랑하는 님을 마주하며 다음의 지시를 따라보라.

　'하늘에 계시-인': 흠숭기도다. 하느님을 우러르며 경외심이 위를 향한다.
　'우리-이': 연대기도다. 형제들을 생각하며 사랑이 옆으로 퍼진다.
　'아버지-이': 생떼기도다. '아빠'를 부르는 어린아이의 심정으로 '아잉!' 하고 어리광을 부려본다.

　'아버지의 이름이-이': 시편기도와 호칭기도다. 성부의 엄위하신 이름, 존재, 인격을 생각하며, 동시에 성자와 성령의 이름도 불러본다.
　'거룩히 빛나시며-어': 찬미기도다. 하느님에게서 흘러나오는 거룩함을 우리가 공유함으로 그분의 영광이 온 땅에 가득해짐을 느낀다.

　'아버지의 나라가-아': 축복기도와 중보기도다. 이미 이 땅에 와 있는 아버지 나라의 축복을 한껏 누리며, 앞으로 올 행복과 기쁨과 평화의 나라를 하느님 가족의 유대감으로 바라본다.
　'오시며-어': 관상기도다. 하늘과 땅이 일치하고 하느님과 내가 완전히 일치에 이름을 온몸으로 느낀다.

'**아버지의 뜻이-이**': 비전기도와 뚝심기도다. 나의 꿈, 나의 삶에 대한 하느님의 계획을 생각하며, 고난 속에서도 아버지의 뜻을 바라보고 버틴다.

'**하늘에서와 같이 땅에서도 이루어지소서-어**': 소통기도다. 하늘 장막이 뚫리고 소통된다.

'**오늘 저희에게-에**': 화살기도다. 하루하루 일어나는 모든 것을 하느님께 미주알고주알 아뢰며 거침없이 소원을 올린다.

'**일용할 양식으-을**': 청원기도다. 영적·육적 양식을 비롯하여 우리에게 필요한 것을 모두 그때그때 하느님께 청한다.

'**주시고-오**': 성취기도다. '하느님은 우리에게 반드시 주신다'는 일념으로 집요하게 매달린다.

'**저희에게 잘못한 이르-을**': 치유기도다. 내가 됐든지 남이 됐든지 서로 화해하고 치유하며 어루만진다.

'**저희가 용서하오니-이**': 용서기도다. 불가능한 용서까지도 십자가에 의지하여 용서한다.

'**저희를 용서하시고-오**': 통회기도다. 하느님 앞에 우리의 잘못을 가슴을 찢으며 통회한다.

'**저희를 유혹에 빠지지 않게 하시고-오**': 결심기도다. "안 가고 끊는다!" 이렇게 결심한다.

'악에서 구하소서-어': 수호기도 및 헌신기도다. 우리의 발목을 잡는 악마로부터 수호천사들과 대천사들이, 그리고 성령께서 오셔서 우리를 구해 주시기를 기도한다. 한편 이 세상의 구조악에 대해서 '제가 주님의 빛과 소금이 되겠습니다' 하고 스스로를 바친다.

'아멘-엔': 명령기도와 긍정기도와 감사기도다. 이루어질 것을 확신하면서 강력하게 아멘! 하고 명령한다. 또한 어떤 상황에서도 낙관적으로 선을 생각하면서 긍정한다. 마지막으로 지금 나에게 있는 것이 은총임을 깨닫고 주님께 감사드린다.

그리고, 그리고, 그리고 주님 안에 점점 잠겨든다. 경계가 없어지고 텅 빈 충만 속에 시간은 느낌 없이, 하염없이 흐른다.

위엣것, 아랫것   주님의 기도는 '하3사4'의 구조로 되어 있다. 즉 하느님의 일과 관련된 3가지 청원과 사람의 일과 관련된 4가지 청원으로 구성되어 있다. 이는 비슷한 구조를 가진 예수님의 말씀을 연상시킨다.

"너희는 '무엇을 먹을까?', '무엇을 마실까?', '무엇을 차려입을까?' 하며 걱정하지 마라. 이런 것들은 모두 다른 민족들이 애써 찾는 것이다. 하늘의 너희 아버지께서는 이 모든 것이 너희에게 필요함을 아신다. 너희는 먼저 하느님의 나라와 그분의 의로움을 찾아라. 그러면 이 모든 것도 곁들여 받게 될 것이다"(마태 6,31-33).

여기서 '하느님 나라와 하느님 의'는 '하3'에 해당하며, '무엇을 먹을까, 마실까, 입을까'는 '사4'에 상응한다.

예수님의 말씀 포인트는 '걱정하지 마라'는 것이다. 이 말은 무슨 뜻인가? '사4' 곧 아랫것에 '집착하지 마라'는 이야기다. 예수님께서는 이런 것들을 구하지 말라고 말씀하시지 않았다. 사실 우리에게 먹는 것, 마시는 것, 입는 것은 대단히 중요하다. 아무리 고상한 척 하늘 나라를 찾아보았자 쉬운 예로 본당에 재정이 딸리면 일을 할 수 없다. 그러므로 예수님의 의중은 이런 것들을 구하되 우리의 시선을 거기에 빼앗기지 말라는 말씀이셨다. 이는 양자택일을 요청한 말씀이 아니었다. 예수님께서는 이 말씀으로 '아랫것에 집착하게 되면 위에 있는 것이 안 보인다'는 것을 가르치고자 하셨던 것이다.

우리가 위에 있는 것을 보면 밑에 있는 것은 자연히 보게 된다. 그러기에 "그러면 이 모든 것도 곁들여 받게 될 것이다"라고 하셨던 것이다.

봉헌을 통하여 축성되는 신비   지상에서 하느님 나라를 추구하는 것은 결코 추상적이지 않다. 각자의 직업이 하느님 나라를 구현하는 거룩한 일인 것이다.

우리의 평범한 직업을 하느님을 위한 거룩한 일로 승화시켜 주는 기막힌 신학이 있다. 그것은 축성(祝聖)의 신학이다. 라틴어로 'consecratio'를 축성으로 번역하기도 하고 봉헌으로 번역하기도 한다. 수도자들의 삶을 가리킬 때 이 말을 사용하는데 우리말로 번역하여 '축성생활'이라고 하기도 하고 '봉헌생활'이라고 하기도 한다.

이 말의 뜻은 심오하다. 봉헌을 통하여 축성이 이루어진다는 것이다. 곧 우리가 우리 직업에서 얻은 결실의 일부분을 봉헌하면 그것을 통해서 우리 직업과 삶이 '거룩한 것'으로 선언된다는 것이다.

뉴질랜드의 사업가이자 열심한 그리스도인인 로버트 레이드로는 자신의 성공 이유를 온전한 십일조에 있었다고 말했다. 그가 18세 때 첫 월급으로 받은 3달러가 십일조의 시작이었다. 20세 때 월급이 늘어나자 십일조를 10%에서 20%로 늘려 냈고, 25세 때까지 그의 십일조는 25%로 늘어났다. 그리고 25세 이후 그는 하느님의 축복으로 말미암은 놀라운 사업의 확장을 경험하고 수입의 50%를 십일조로 바치게 되었다. 즉, 10분의 1이 아닌, 10분의 5가 그의 십일조가 된 것이다.

70세가 되던 해 그는 다음과 같은 고백을 하였다.

"첫 월급을 받아 들고서, 저는 하느님께 받은 것을 하느님께 돌려드리기로 결심하였습니다. 그 이후 저는 놀라운 경험의 연속이었습니다. 제가 하느님의 것을 돌려드릴수록 하느님은 제게 더 많은 것을 주셨던 것입니다."

그는 봉헌이 축성임을 깨달은 현자였다. 그리고 그의 봉헌은 실질적으로 놀랍게 축성을 받았다. 이러한 은혜는 참지혜를 가진 사람의 몫이다.

충성	숙종 때의 일이다. 하루는 평민복장을 한 숙종이 민정 시찰에 나서며 저잣거리를 둘러보는 중이었다. 웬 선비 하나가 죽을상을 하고 있기에 숙종이 그 이유를 물었다.

"과거시험에 낙방했수다."

숙종은 안타까운 생각이 들어 선비에게 이렇게 물어보았다.

"아무 벼슬이라도 좋소? 군수는 어떻소?"

"뉘신데 그런 말씀을 하는지는 모르겠으나 시켜 주면 하겠소."

숙종은 판서, 정승 벼슬을 차례로 대며 할 수 있겠느냐고 물었다. 그때마다 선비는 "하겠다"라고 대답했다. 숙종이 마지막으로 물었다.

"그럼 임금 자리는 어떻소?"

말이 끝나기가 무섭게 선비가 숙종의 모가지를 잡고 소리쳤다.

"이런 쳐 죽일! 나보고 역적질을 하란 말인가!"

숨어 지켜보던 숙종의 무감들이 놀라 뛰어 나왔다. 그러고는 선비의 목에 칼을 겨눈 순간 숙종이 외쳤다.

"멈춰라. 이 선비야말로 진정한 충신이다."

그 후 선비는 벼슬길이 열려 정승의 자리까지 올랐다.

"하느님께 충성!" 하면 덤으로 호박이 넝쿨째 굴러 온다.

임마누엘 하느님

임재훈련　　앞서 주님의 기도를 마음으로 드려보았다. 기도가 깊어질수록 관상의 경지에 올랐던 신앙의 선배들의 고백이 독자들에게 도움이 될 것이다. 이에 몇 가지 엑기스 말씀을 소개해 본다.[1]

아빌라의 성 데레사(1515-1582)는 이렇게 가르친다.

"기도는 사랑의 행위 외에 다른 것이 아니다"(자서전 7,12).

"시간과 조용한 장소가 준비되어 있지 않다면 기도를 하지 못한다고 생각하는 것은 올바른 생각이 아니다"(상동).

"나에게 기도란 나를 사랑하시는 그분과의 친밀한 우정 관계며 잦은 만남이다"(8,5).

기도는 시간이 없어도, 장소가 없어도 어디서든 할 수 있다. 사실 처음에 우리는 종의 영성으로 시작한다. 후에 영성이 깊어질수록 친구의 영성으로 끝이 난다. 그것이 영성의 길이다.

십자가의 성 요한(1542-1591)은 이렇게 안내한다.

"만일 영혼이 하느님 안에서 만족하고 사랑스럽게 주목하고 있으며, 내적 평화와 […] 사고의 고요 속에 있다면 이는 염경기도에서 마음에서 우러나오는 기도로 옮겨가는 순간임을 알 수 있는 표이다"(『영의 노래』,2,13,4).

무슨 뜻인가. 우리가 기도 책을 읽을 때 어느 순간 내 안에 고요와 평화가 찾아오면 그것이 관상기도로 들어간 것이라는 말이다.

리지외의 성 데레사(1873-1897)는 이렇게 고백한다.

"내 성소는 사랑이다! 나는 교회의 가슴에서 내 자리를 찾아냈다"(『영혼의 역사』,11장).

"가장 적은 사랑의 순수한 행동이 한꺼번에 이룬 모든 업적보다 더 유익하다"(상동).

"오직 주님께 내맡기는 것만이 나를 이끈다. 나는 다른 나침반은 모른다. 내 안에 하느님의 뜻을 이루는 것 외에 나는 아무것도 열정적으로 청할 줄 모른다"(상동,8장).

아무리 작아도 순수한 사랑의 행동보다 중요한 것은 없다.

푸코 신부(1858-1916)는 자신의 내면에 들려오는 주님의 음성을 이렇게 기록했다.

"나는 너에게 많이 생각하기보다는 많이 사랑하기를 원한다. 나를 흠숭하고 사랑하며, 나를 바라보고, 네가 나를 사랑하고 너를 나에게 선물한다는 말을 끊임없이 반복해다오"('영적 기록').

"오직 한 가지 필요한 것은 다정하게 나를 명상하는 것이며 이것이야말로 내가 훨씬 더 좋아하는 것인데 너는 그 대신에 나를 위해 분주하다. [···] 네가 만일 행복이 내 발치에 머무는 데 있으며 나를 바라보는 데 있다는 것을 잘 알았더라면 아무것도 아닌 것을 생각하느라 많은 시간을 허비하지는 않았을 것이다"('영적 기록', 529쪽).

"사랑은 사랑한다는 것을 느끼는 데서 이뤄지는 것이 아니고 사랑하기를 원하는 데서 이뤄진다. 다른 어떤 것보다 사랑하기를 원할 때 더욱더 사랑하게 된다"(상동, 315쪽).

"기도하기 위해서는 명상하면서 다정하게 내 발치에 서 있는 것으로 충분하다"(상동, 164쪽).

"그분은 나를 사랑하면서 나를 바라보시고 나는 그분을 사랑하면서 그분을 바라본다."

사랑을 느끼려고 하지 말고 '사랑하고 싶어요'라고 말하는 것이다. 부족해도 이는 사랑이 된다. 사랑하고 싶은 마음 자체로 사랑이 된다. 주님 앞에서 일어날 수 있는 일이다.

성인들의 말씀을 종합해 보면 한 가지 떠오르는 장면이 있다. 한번 품에 잠든 아기를 바라보는 엄마의 모습을 떠올려 보라. 그 어머니의 모습 자체에서 우리는 말하지 않아도 엄마가 아이를 얼마나 사랑하고 있는가를 알 수 있지 않는가! 우리가 하느님 품에 안겨 온전히 의탁할 때 하느님께서는 기뻐하신다. 그것이 바로 우리 기도의 본질이다.

사랑의 원적외선 쬐기   필자에게 가끔 신자들이 이렇게 묻는다.
"성체조배실에서는 어떻게 기도해야 효과가 있나요?"
필자는 오히려 되묻는다.
"찜질방에 가면 어떻게 하세요?"
"그냥 가만히 앉아 있죠."
"바로 그겁니다. 성체조배는 원적외선을 쬐는 거예요. 아무것도 하려 하지 말고 그냥 성체의 원적외선을 쬐세요. 그럼 사랑받고 땀나는 겁니다. 그거 쬐고 집에 가시는 거예요."
필자의 이 말을 들은 어떤 형제가 맞장구를 쳤다.
"신부님 맞습니다. 제가 그 체험을 했어요."
다음은 그의 말이다.
"언젠가 사업이 망해 동네 성당의 성체조배실을 찾았습니다. 사실 그곳이 뭐하는 곳인지 몰라 그냥 멍하니 뒤에 앉아 있었죠. 기도를 하려는데 입이 열리지 않았습니다. 그렇게 한 시간을 앉아 있다가 다음 날 또 찾아갔죠. 이제 뭔가 좀 하소연을 하려고 하니 도저히 입이 붙어서 안 열리는 거예요. 그 다음 날 또 가고, 또 그 다음 날 가고……. 저는 생각했습니다. '이거 주님께서 무슨 뜻이 있구나. 나보고 여기 좀 앉아 있으라는 얘기구나.' 그렇게 앉아 있기를 습관이 되어 7년 동안을 왔다갔다 했습니다. 그랬더니 제 안에 하느님을 사랑하는 마음이 커지고 그곳에 앉아 있는 시간을 즐기게 됐지요. 더욱 놀라운 사실은 그 7년 동안 망했던 사업을 차츰 다 회복했다는 것입니다. 한 번도 주님께 달라고 기도한 적 없는데도 말입니다."

형제의 은총 체험은 여기서 끝이 아니다.

"그런데 최근 제가 아주 기가 막힌 체험을 했습니다. 그날도 제가 성체조배실에 앉아 있는데 하도 피곤해서 눈을 감고 한참을 잤어요. 일어나 보니 한 시간이 금세 지났더라구요. 집에 돌아온 저는 양심에 가책을 느껴 주님께 기도했습니다. '맨날 조배실에서 잠만 자서 죄송해요, 하느님.' 그랬더니 하느님의 음성이 이렇게 들렸답니다. '애야, 네가 내 품에 안겨 잠을 자는 게 얼마나 좋은 줄 아느냐? 나는 네가 잠을 자는 동안에도 너를 어루만지고 있단다. 너의 상처를 어루만지며 너를 감싸 안고 있단다. 그러니까 걱정하지 말고 푹 쉬어라.'"

그렇다. 우리 하느님은 당신을 찾아온 자녀들에게 졸고 있다고 "야, 기도시간에 뭐하냐? 얼른 일어나라" 하고 깨우시는 분이 아니다. 오히려 우리를 다독이면서 "많이 피곤했구나. 푹 쉬고 가라. 네가 쉬는 동안에도 나는 너에게 은총을 퍼부어 주마" 하고 사랑의 원적외선을 쏴 주시는 분이다.

'행함'보다 '존재'다 카네기가 젊은 시절 막 사업을 시작한 그때 하필 경제 불황이 덮쳤다. 그는 무일푼 신세가 되어 급기야 자살을 결심했다. 그리고는 뉴욕 허드슨 강 쪽으로 걸어가고 있는데 한 남자가 뒤에서 그를 불러 세웠다. 남자는 엉성하게 바퀴를 달아 만든 휠체어에 앉아 웃으며 말했다.

"선생님, 연필 한 다스만 사세요."

카네기는 주머니를 뒤져 1달러짜리 지폐를 꺼내 남자에게 주었다.

돌아서서 걸으려는 찰나 남자가 다시 카네기를 불렀다.

"선생님, 여기 연필 받아 가셔야죠."

자살을 결심한 사람에게 연필이 무슨 소용 있겠는가. 그런데도 그 남자는 카네기를 끈질기게 따라왔다.

"선생님, 연필을 가져가지 않으시려면 돈을 도로 가져가세요."

카네기가 더 이상은 못 참겠다는 듯 휙 돌아서서 남자를 쳐다봤다. 그런데 남자는 계속 웃음 띤 얼굴을 하고 있지 않은가. 결국 연필 한 다스를 손에 쥔 카네기는 자살이 답이 아님을 깨달았다.

훗날 카네기는 그때를 회상하며 이렇게 말했다.

"두 다리도 없고 가진 거라곤 없는 그의 얼굴에서 웃음을 본 순간 저도 살아야겠다는 의지가 생겼습니다."

카네기의 관심사는 온통 '행함'(doing)에만 초점이 맞추어져 있었다. 자신의 업적만 쌓으려다가 결과는 실패로 끝나버렸다. 반면 그가 만난 남자는 카네기처럼 무언가 '행함'(doing)을 할 수 없는 인물이었다. 그저 숨만 쉬며 '존재'(being)하는 것뿐이다. 그런데 그의 얼굴은 어떤가? 환하게 웃고 있는 것이다. 이를 통해 카네기는 깨닫게 된 것이다. '저 친구는 생존 그 자체를 만족하고 감사하고 행복하게 살고 있는데 나는 왜 조건이 훨씬 좋음에도 불구하고 죽으려고 했던 것일까.'

믿음 역시 마찬가지다. '행함'(doing)보다 '존재'(being)에 가깝다.[2]

이 '존재'의 영성이 바로 주님의 기도 전체를 관통하는 신앙원리며, 성경 전체를 꿰뚫는 금맥인 것이다.

희망기도

희망기도 에센스　　지금까지 '주님의 기도' 전체가 우리 삶의 굴곡에서 어떤 형태로든지 우리와 함께하는 임마누엘 하느님을 체험하게 해 주는 기도임을 확인하였다.

주님의 기도 전체에 의지하여 우리의 미래를 온전히 주님께 맡기는 기도가 희망기도다.

희망기도의 원리를 우리 신앙의 선배는 이렇게 고백한다.

"믿음은 우리가 바라는 것들의 보증이며 보이지 않는 실체들의 확증입니다"(히브 11,1).

바로 믿음이 희망을 만나는 대목이다. 무슨 뜻인가. 믿음은 우리가 희망하는 것이 이미 우리 안에 이루어졌다는 확신이라는 것이다. 그래서 이 믿음은 우리가 희망기도를 올릴 때 우리 안에서 이루어진다.

"우리가 지금은 거울에 비친 모습처럼 어렴풋이 보지만 그때에는 얼굴과 얼굴을 마주 볼 것입니다. 내가 지금은 부분적으로 알지만 그때에는 하느님께서 나를 온전히 아시듯 나도 온전히 알게 될 것입니다"(1코린 13,12).

우리 미래의 소망은 바로 이 말씀처럼 될 것이다. 이 총체적 염원의 기도가 희망기도다.

목표를 보면 달라진다　　한때 번창했던 중세 어느 수도원에서 어느 날부턴가 하나둘 회원들이 계속 떠나기 시작했다.

"왜 원장님께선 떠나는 이들을 말리지 않으십니까?"

한 수련자가 따져 묻자 원장은 잠시 생각에 잠기더니 어떤 이야기를 들려주었다.

"한 사냥꾼이 사냥개들과 토끼사냥을 나갔다네. 맨 처음 토끼를 발견한 사냥개는 흥분하여 마구 짖어 대며 토끼를 쫓아가지. 그러면 다른 사냥개들도 그 뒤를 따라 쫓아가네. 뒤따라가는 개들은 토끼를 직접 보지는 못했지. 그러다 어느덧 지치면 뒤따르던 개들은 토끼의 꼬리도 못 보고 포기하게 된다네. 그렇지만 토끼를 직접 본 그 개는 멈추지 않고 꿋꿋하게 쫓아가지. 자기 목표물을 분명히 보았기 때문이야. 이렇듯 목표가 있으면 어떤 어려움이나 힘든 일도 극복하는 법이라네."

이야기를 들은 수련자는 말없이 자기 자리로 돌아갔다.

목표를 누가 세워야 하는가. 바로 나다. 비전을 누가 봐야 하는가. 바로 나 자신이다. 남의 목표와 남의 비전을 따라가면 결국엔 내가 흐트러진다. 스스로 각자의 미래를 보길 바란다.

마지막 순간까지

"나는 내 일생이 녹슬어서 소멸되는 것보다는 내 일생을 태워서 소멸시키겠다."

크리스마스 에반즈라는 사람이 남긴 말이다.

녹슬어서 소멸되는 건 무슨 뜻인가. 내 안의 에너지는 고스란히 남겨 둔 채 말년에 노닥거리면서 기운 빠뜨리겠다는 말이다. 반면 태워서 소멸시키는 것은 무슨 뜻인가. 마지막 한 점 에너지까지도 다 발휘해서 내 일생을 거룩한 것을 위해 헌신하고 바치겠다는 뜻이다.

또 우리도 잘 알고 있는 성녀 잔 다르크는 하느님께 이렇게 기도했다고 한다.

"저의 생은 앞으로 일 년 남짓밖에 남지 않았습니다. 당신께서 하실 수 있는 대로 저를 써 주소서."

 헌신은 바로 이와 같다. 열과 성을 다해 남은 인생을 주님께 바치고 주님이 잘 사용해 주시기를 청하자. 그곳에 참희망이 있다.

 우리도 언젠가 사도 바오로의 고백을 자신의 고백으로 바칠 수 있 다면!

 "나는 훌륭히 싸웠고 달릴 길을 다 달렸으며 믿음을 지켰습니다. 이제는 의로움의 화관이 나를 위하여 마련되어 있습니다. 의로운 심판관이신 주님께서 그날에 그것을 나에게 주실 것입니다. 나만이 아니라, 그분께서 나타나시기를 애타게 기다린 모든 사람에게도 주실 것입니다"(2티모 4,7-8).

희망기도 바치기 _아우구스티노의 기도_ 우리 교회의 위대한 성인 아우구스티노가 나중에 회개하고 주님께 드렸던 저 유명한 기도문은 우리의 회한과 희망을 대신한다. 우리의 희망기도로 마음을 실어 자신의 기도로 바쳐보자.(이 기도는 눈으로 읽지 마시고 꼭 소리를 내어 바쳐야 은혜가 됩니다!!!)

 늦게야 님을 사랑했습니다.
 이렇듯 오랜, 이렇듯 새로운 아름다움이여,
 늦게야 당신을 사랑했습니다.
 부르시고 지르시는 소리로 절벽이던 내 귀를 트이시고
 비추시고 밝히사 눈 멀음을 쫓으시니,

향내음 풍기실 제 나는 맡고 님 그리며
님 한 번 맛본 뒤로 기갈 더욱 느끼옵고,
님이 한 번 만지시매 위없는 기쁨에 마음이 살라지나이다.[3]

주님의 기도 실전 해설인 이 『통하는 기도』를 덮으며, 설레이는 미래를 향하여 사도 바오로의 희망을 우리의 마지막 신앙 고백으로 바쳐보자.

"어떠한 눈도 본 적이 없고 어떠한 귀도 들은 적이 없으며 사람의 마음에도 떠오른 적이 없는 것들을 하느님께서는 당신을 사랑하는 이들을 위하여 마련해 두셨다"(1코린 2,9).

■참고문헌

| 프롤로그 | 저희에게 기도하는 법을 가르쳐 주세요
1. 김병삼, 『하나님을 눈물나게 하는 이야기』, p.156-157 재인용
2. 『가톨릭교회교리서』 2721항 참조
3. 『가톨릭교회교리서』 2723항
4. 『가톨릭교회교리서』 2767항
5. 정의채, 『주님의 기도 묵상』, p.21 참조
6. 『천주성교공과』(1836년)

01 '하늘에 계신'_흠숭기도
1. 『가톨릭교회교리서』 2795항
2. W.B. 프리맨 엮음, 『기도』, p.58-59 참조
3. 차동엽 외, 『저희가 누구에게 가겠습니까?』 참조
4. 송현, 『엠마오로 가는 길에서』, p.172 참조
5. 이현주 옮김, 『세기의 기도』, p.18-19 참조

02 '우리'_연대기도
1. 류해욱, 『사랑이 없으면 우린 아무것도 아니라네』, p.82-84 재인용
2. 차동엽, 『맥으로 읽는 성경』 참조
3. 맥스 루케이도, 『아주 특별한 사랑』, p.103-104 재인용
4. W.B. 프리맨 엮음, 『기도』, p.44-45 참조
5. 「국민일보」, 2001년 10월 4일자 참조
6. 이현주 옮김, 『세기의 기도』, p.157-158 참조

03 '아버지'_생떼기도
1. 필립 얀시, 『기도』, p.576 참조
2. 김보록, 『기도하는 삶』, p.27-28 참조
3. 앨리스 그레이, 『내 인생을 바꾼 가족사랑』 참조
4. 차동엽, 『여기에 물이 있다』 참조
5. 이현주 옮김, 『세기의 기도』, p.178-179, 181 참조

04 '아버지의 이름이'(1)_시편기도
1. 차동엽, 『맥으로 읽는 성경』 참조
2. 김보록, 『영성의 시냇물③』, p.62 재인용

05 '아버지의 이름이'(2)_호칭기도
1. 로버트 엘스버그, 『우리를 행복으로 이끄는 성인들』, p.97-99 재인용

06 '거룩히 빛나시며'_찬미기도

1. 차동엽, 『맥으로 읽는 성경』 참조
2. 송현, 『엠마오로 가는 길에서』, p.282 참조
3. 위의 책, p.136 참조
4. 안 영 엮음, 『스물넷, 못다 사른 불꽃』 참조
5. W.B. 프리맨 엮음, 『기도』, p.88-89 참조

07 '아버지의 나라가'(1)_축복기도

1. G 스콧, 『생명과 사랑의 선물』 참조
2. 차동엽, 『맥으로 읽는 성경』 참조
3. 필립 얀시, 『기도』, p571-572 재인용

08 '아버지의 나라가'(2)_중보기도

1. 조용기, 『받은 복과 누리는 복』, p.223-224 참조
2. 카를로 카레토, 『보이지 않는 춤』 참조
3. 김승업 엮음, 『평화의 어머니와 함께하는 일상기도』 참조
4. 위의 책, p.87 재인용
5. 위의 책, p.86-87 참조

09 '오시며'_관상기도

1. 우정숭, 『내심낙원』 참조
2. 위의 책 참조

10 '아버지의 뜻이'(1)_비전기도

1. 『가톨릭교회교리서』 2822항
2. 차동엽, 『여기에 물이 있다』 참조
3. 성 아우구스티노, 『고백록』 1.5 참조

11 '아버지의 뜻이'(2)_뚝심기도

1. 정영진, 『광야수업』, p.27-28 참조
2. 차동엽, 『여기에 물이 있다』 참조
3. 차동엽, 『무지개 원리』 재인용
4. 『말씀이 홀랑 꽂혔어요!』, 수원교구 율리아나 글 참조

12 '하늘에서와 같이 땅에서도 이루어지소서!'_소통기도

1. 차동엽, 『여기에 물이 있다』 참조
2. 무명의 그리스도인, 『무릎으로 사는 그리스도인』, p.167 재인용

13 '오늘 저희에게'_화살기도

1. 송현, 『엠마오로 가는 길에서』, p.334 참조

2 필립 얀시, 『기도』, p.292 재인용
3 류해욱, 『사랑이 없으면 우린 아무것도 아니라네』, p.68-69 참조
4 조용기, 『받은 복과 누리는 복』, p.371-372 재인용
5 김보록, 『기도하는 삶』, p.97-98 참조
6 위의 책, p.98-100 참조

14 '일용할 양식을'_청원기도

1 『가톨릭교회교리서』 2837항 참조
2 대검찰청 통계(2006년) 참조
3 차동엽, 『여기에 물이 있다』 재인용

15 '주시고'_성취기도

1 차동엽, 『맥으로 읽는 성경』 참조
2 위의 책 참조
3 이동원, 『짧은 이야기 긴 감동』 참조
4 이현주 옮김, 『세기의 기도』, p.35-36 참조

16 '저희에게 잘못한 이를'_치유기도

1 정호승, 『내 인생에 힘이 되어준 한마디』 참조
2 차동엽, 『무지개 원리』 재인용
3 위의 책 재인용
4 차동엽, 『맥으로 읽는 성경』 참조

17 '저희가 용서하오니'_용서기도

1 『가톨릭교회교리서』 2842항 참조
2 「좋은 생각」, 1993년 10월 호 참조
3 리차드 범브란트, 『새장을 벗어난 새의 이야기』 참조
4 「사목」(247호), 1999년 8월 호 참조

18 '저희 죄를 용서하시고'_통회기도

1 차동엽, 『맥으로 읽는 성경』 참조
2 필립 얀시, 『기도』, p.488 재인용
3 피에르 르페브르, 『당신을 바꿀 100가지 이야기』, p.203-205 참조
4 송현, 『엠마오로 가는 길에서』, p.232-233 참조
5 차동엽, 『맥으로 읽는 성경』 참조

19 '저희를 유혹에 빠지지 않게 하시고'_결심기도

1 한태완, 『예화 포커스 41』, p.78 참조
2 차동엽, 『맥으로 읽는 성경』 참조

3 차동엽, 『여기에 물이 있다』 참조
4 한태완, 『예화 포커스 41』, p.79 참조
5 송현, 『엠마오로 가는 길에서』, p.26-27 참조
6 한태완, 『예화 포커스 41』, p.56 참조
7 송현, 『엠마오로 가는 길에서』, p.132 참조

20 '악에서 구하소서'(1)_수호기도

1 『가톨릭교회교리서』 2851항
2 차동엽, 『여기에 물이 있다』 참조
3 송현, 『엠마오로 가는 길에서』, p.214 참조
4 김승업 엮음, 『평화의 어머니와 함께하는 일상기도』, p.83-84 참조

21 '악에서 구하소서'(2)_헌신기도

1 차동엽, 『맥으로 읽는 성경』 참조
2 로버트 엘스버그, 『우리를 행복으로 이끄는 성인들』, p.75-76 재인용

22 '아멘!'(1)_명령기도

1 송현, 『엠마오로 가는 길에서』, p.200 참조
2 류해욱, 『사랑이 없으면 우린 아무것도 아니라네』, p.65-66 재인용
3 차동엽, 『맥으로 읽는 성경』 재인용
4 공선옥 외, 『뒤늦게 만나 사랑하다』, p.177-178 재인용
5 차동엽, 『맥으로 읽는 성경』 참조

23 '아멘!'(2)_긍정기도

1 차동엽, 『맥으로 읽는 성경』 참조
2 위의 책 참조
3 우징송, 『내심낙원』 참조
4 이동원, 『새벽 사슴의 노래』 참조
5 송현, 『엠마오로 가는 길에서』, p.90-91 재인용

24 '아멘!'(3)_감사기도

1 데보라 노빌, 『감사의 힘』, p.51-55, 122-123 참조
2 도널드 드마르코, 『미덕 이야기』, p.98 재인용
3 주교회의 성서위원회 편찬, 『시편』 참조

| 에필로그 | 희망기도

1 안드레아 가스파리노, 『마음에서 우러나오는 기도』, p.146,149,151-153 재인용
2 류해욱, 『사랑이 없으면 우린 아무것도 아니라네』, p.73-75 참조
3 성 아우구스티노, 『고백록』 10, 27 참조

Nihil Obstat:
Rev. Benedictus Ahn
Censor Librorum
Imprimatur:
Most Rev. Boniface CHOI Ki-San, D.D.
Episc. Incheon
2008. 10. 17.

주님의 기도로 뚫리는 하늘장막
통하는 기도

2008년 10월 16일 1판 1쇄 발행
2022년 9월 1일 1판 52쇄 발행

글 | 차동엽

펴낸이 | (사)미래사목연구소
펴낸곳 | 위즈앤비즈
주소 | 경기도 김포시 고촌읍 신곡로 134
전화 | 031-986-7141 **팩스** | 031-986-1042
출판등록 | 2007년 7월 2일 제409-3130000251002007000142호

ISBN 978-89-92825-35-1 03230
값 12,000원

ⓒ 차동엽, 2008
· 이 책 내용의 일부를 재사용하려면 반드시 저작권자와 위즈앤비즈 양측의 서면에 의한 동의를 받아야 합니다.
· 잘못 만들어진 책은 바꾸어 드립니다.